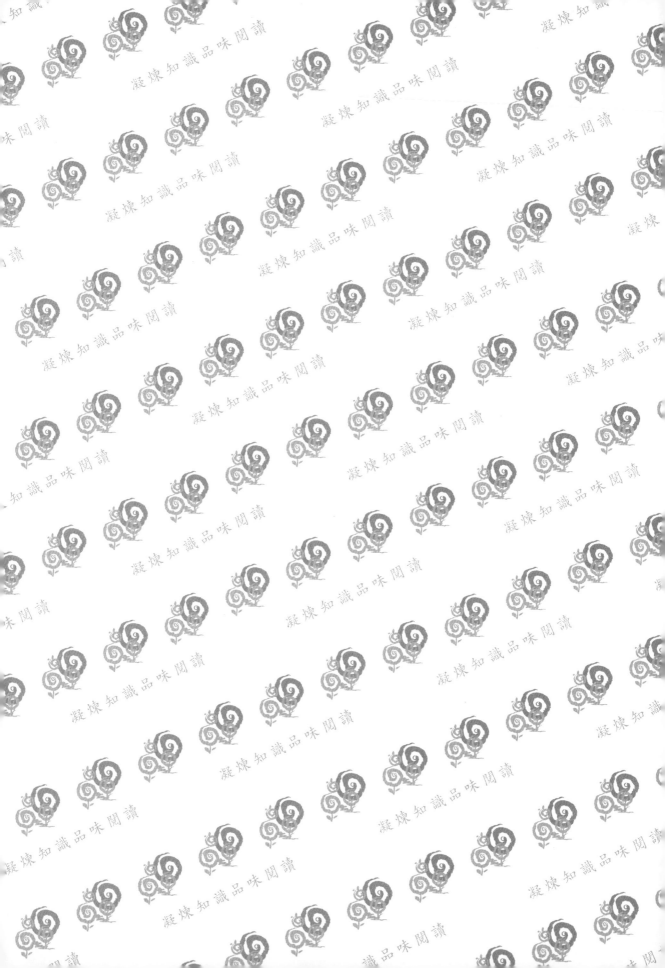

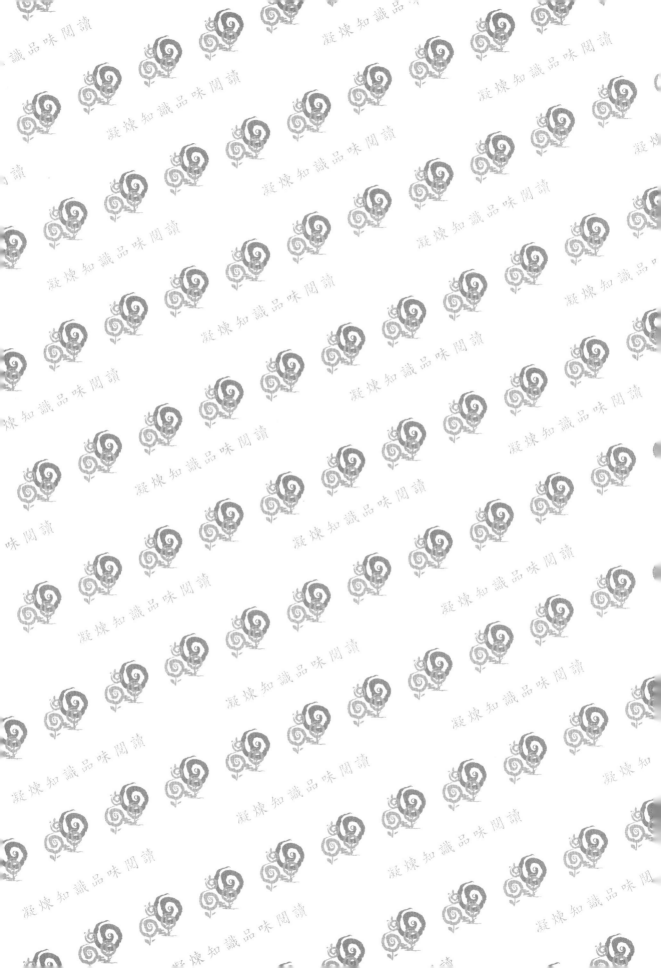

危機中的晚期現代社會：
社會理論能做什麼？

Andreas Reckwitz、Hartmut Rosa　著

鄭作彧　譯

五南圖書出版公司 印行

Spätmoderne in der Krise: Was leistet die Gesellschaftstheorie?

目　錄

導　論

　　我們是在 1997 年德國學術獎學金基金會於敏斯特地區一間修道院裡舉辦的博士研究生學術研討會上認識對方的。那時羅薩的那本研究泰勒（Charles Taylor）思想的博士論文已經寫到尾聲，萊克維茨則才剛開始他那關於文化理論的博士研究。那場研討會上，我們對「文化轉向」以及社會科學與人文科學的社會建構論的意涵進行了很熱烈的討論。那時候是上個世紀 90 年代，東德與西德之間（不只立在空間上，也立在人們心裡）的那堵圍牆剛倒塌，那場研討會的話題是當時很典型的主題。那時會上的討論，也開始了我們之間關於學科的、工作的、個人的對話，直到今天。

　　2000 年之後，我們兩人都在大學取得了教席，著作撰寫和研究計畫也都在各自的道路上不斷前行著。羅薩探討了加速、共鳴、不受掌控，萊克維茨討論了主體、創造性以及獨異性。我們的人生軌跡雖然有時看似分道揚鑣，但又總是交會在一起。例如 2016 年秋天在班堡的德國社會學年會，羅薩在某個場次上介紹他剛出版的《共鳴》，萊克維茨正好是點評人。該場次結束後，我們第一次萌生一個想法：一起來合寫一本書，把我們各自很不相同，但卻在許多方面對現代社會、對社會學能做什麼且應該做什麼等問題有理論親近性的觀點，各自表述並進行相互對話。

　　這個想法並沒有馬上付諸實現。後來，社會學，甚至在社會學之外，一直有很多豐富精彩的討論，追問社會學該怎麼繼續推動下去，社會學應該做些什麼、不應該做什麼，大家需要什麼樣的社會理論，社會期待什麼樣的社會理論。在這樣的背景下，我們最終決定把這本書寫出來。當然，這也必須感謝蘇爾康普出版社編輯伊娃·吉爾莫（Eva Gilmer）對我們的大力支持。我們都覺得這本書很有意義，甚至必須出版，因為我們有一個基本共識、共同動機，即我們最終都覺得，發展出強而有力的社會理論（包括現代性理論）是社會學的核心任務。這也是我們兩人自 2000 年以來的研究主旨。

　　如果從社會科學在國內甚至是國際上的現況來看的話，這種對社會學的任務的看法完全不是理所當然的，甚至很多地方都持相反看法。近年來在知識圈裡我們常常可以看到一個很引人注意的矛盾：一方面，大眾明確且急迫地盼望一種廣泛探討當代社

會——亦即探討總體人類社會與人類歷史——的理論；但另一方面，社會學雖然在國際上有越來越完備的體制，但有意願從事社會理論研究的人卻越來越少。換句話說，國際社會學界對社會理論的「供」不應大眾的「求」。

大眾期待有一種理論，既能對當代社會也能對人類社會從開始到未來的長時段（longue durée）的轉型提供廣泛的分析與說明，而且這個期待在二十一世紀這20年來明顯日益強烈。不只對於歐洲、北美等「西方」社會來說尤其是這樣，此外對於中國、印度、巴西，或是阿拉伯國家來說，也同樣如此。這也許是很令人訝異的一件事。李歐塔（Jean-François Lyotard）在1979年出版的《後現代狀態》中提出了一個命題，即現代性與現代化所仰賴的「宏大敘事」已經「終結了」。[1] 在古典現代性中發展出來的宏大社會發展理論在後現代已經失去信用，人們對於問題所提出的更多是侷限在特定地區、特定時間、特定事物的「小型敘事」。李歐塔對歷史哲學的遺產，以及對今天表面上看起來過於天真且片面的進步史觀，提出了諸多批判，他的批判也很有道理。但他認為任何嘗試提出廣泛理論說明的嘗試都是多餘的，這就大錯特錯了。今天情況完全是相反的。

如果社會科學在1985-2005年間抱怨大眾對社會分析感到興趣缺缺，那麼至少從2008年開始，我們已經可以看到大眾對於「宏大圖景」的興趣有了復甦趨勢。「我們到底是在什麼樣的一種社會裡生活的？」「人類社會應朝往何種方向發展？」我們到處都可以看到人們（再一次）提出這樣的問題。大眾的這些討論並不滿足於對專門問題提出的專業經驗分析，也不滿足於「小型敘事」，而是越來越好奇甚至渴望有一種總體的社會分析。萊克維茨和羅薩近年來都以各自的經歷切身體會了這件事。我們兩人在社會理論方面的嘗試都很令人驚訝地獲得了廣泛的認可，並且這些認可不僅存在於學術圈之內，而是也存在於學術圈之外，像是存在於媒體圈中，存在於政治、經濟、文化藝術等領域中，存在於宗教、社會心理方面的組織中，或是也獲得了各大學的碩博士生的認可。此外，不論是在社會領域還是在政治領域中，有很多讀者都表示了對我們的理論的高度興趣，同時也有很多讀者或公開或私下對我們提出了批評。面對這些讀者的求知慾和時常令人印象深刻的觀察能力，如果學術界的人簡單將之視為「外行」而嗤之以鼻，那就太過傲慢了。

超越日常各樣經驗而呈現出有科學根據的整體理論與「宏大圖景」，已是大眾日益強烈期待的。之所以被如此強烈期待，有可想而知的原因。最重要的原因無疑在

---

[1] Jean-François Lyotard, *Das postmoderne Wissen. Ein Bericht*, Wien 1986.

於，近十年來社會出現許多危機，迫使西方社會對自己進行批判反思。2008 年的全球金融危機與經濟危機，讓人們開始探討後工業資本主義的結構特質與社會後果，例如追問這種結構特質是否會造成了嚴峻的社會不平等、影響日常秩序。人們也注意到氣候變遷帶來的具威脅性的後果，因此開始提出生態問題，追問人與其自然環境之間關係的歷史，追問「人類世」造成了什麼。這些問題都引起了廣泛的注意。地球的地質本身是可以被人類行動改變的，而這在某些方面會造就非常深刻的本體論方面的不確定性。右翼民粹主義在國際上的崛起，讓人們廣泛熱烈討論其結構成因，討論現代化下誰獲利、誰蒙受損失。這些情況普世皆然。二十世紀 90 年代，眾人相信「歷史的終結」已經到來，我們將進入後歷史階段，西方穩定的市場民主模式將被定於一尊。或是眾人被許諾會有一場新的全球化、數位化或一個新的知識社會。然而近年來這種看待「進步」的觀念急速失去了地位。「西方模式」從地緣政治上來看也節節敗退。所有這些危機都跟新的社會運動與政治運動息息相關。不論是「課徵金融交易稅以協助公民組織」（ATTAC）、「星期五護未來」（Fridays for Future）、法國的黃馬甲運動，還是黑人人權運動或原住民運動，皆是如此。然而這些危機引發的自我反思，都很仰賴社會理論或其他宏大的社會發展模式（即便這種仰賴可能不是那麼明顯）。我們如何面對與解釋這些現象？有哪些後果是可以預期的？能否設想出其他種可能性？有哪些可能性是可以期許的？

　　大眾之所以強烈渴望一種廣泛的綜合性的理論，第二個原因顯然在於大眾本身也出現了改變。有些人認為這是過去幾年資訊數位化帶來的資訊爆炸與觀點意見爆炸所造成的。關於社會事務及其危機的資訊，在數位媒介世界中此起彼落地出現，有時甚至都超出了人們接收資訊的能力範圍。許許多多異質破碎的資訊與觀點意見——政治事件，社會統計，人情新聞，各種訪談、醜聞，個人評論——源源不絕地被生產出來。網路變成一種煽動情緒的媒介，讓人們很容易因為資訊而激動，因為資訊而心情不好、憤怒、憎恨。或是相反，網路為暴動提供了相應的資訊、所需的「燃料」。然而，新的、零碎的資訊，以及令人喘不過氣的情緒煽動，卻讓人們更迫切想對社會發展與歷史發展有進一步的了解。無數人都希望能藉助學術專業、經驗資訊、理論闡述來理解呈現在面前的這堆資訊碎片。人們必須藉助一種一氣呵成的整體分析與解釋，才能理解所身處的社會。如果知識圈明明對此如此期待、盼望、要求，社會學卻不基於自身學科的可能性與能力提供相應的動力，那就不能怪其他的「供給者」趁虛而入了。

　　在這樣的背景下，相應的暢銷知識叢書在國際上廣泛應運而生。在歷史科學方

面，哈拉瑞（Yuval Harari）那長居銷售排行版前位的《人類大歷史》呈現了人類從遠古到當代的總體歷史，並給出了政治性的結論。[2] 克里斯欽（David Christian）也是必須提及的這類代表人物，他的《大歷史》同時探討了自然史和文化史。[3] 在經濟學領域，近年來更是有一系列優秀且磅礴的著作，呈現了社會發展總體趨勢，並且在國際上都極受歡迎。皮凱提（Thomas Piketty）關於經濟、國家、財富分配的轉型的著作，米蘭諾維奇（Branko Milanović）關於全球不平等的書，祖博夫（Shoshana Zuboff）論數位化後果的大作，皆屬此類。[4] 另外還有許多有專業學理支撐的非虛構文學，例如米什拉（Pankaj Mishra）的《憤怒年代》解釋了全球的怨恨文化，[5] 格佩爾（Maja Göpel）的《重新思考我們的世界》反思了氣候變遷的政治後果。[6] 這些著作都發展出一些綜合性的論述，引起廣泛的討論。

那社會學呢？這裡我們可以看到，社會學存在著我們在前面提過的矛盾。人們期待社會學具有跨學科的性質，社會學也非常重視其他學科的研究成果。社會學打從一開始就旨在建立起一套呈現出「宏大圖景」的社會理論與磅礴的現代性理論。社會學作為一門科學，在建立之初就旨在對現代性甚至是整個社會形式的結構特徵與結構動力進行重構，並以此解釋經濟的、科技的、文化的、政治的以及社會的變遷。社會學的學科計畫，就是研究當代危機。社會學自身在理論方面和經驗方面總是不斷推陳出新，具有跨學科的體質。我們深信，社會學是一門系統性地**探討社會的**科學，擁有豐富的經驗工具、概念工具與理論工具。

雖然社會學的社會理論有著如此優秀的條件，但當代這門學科在完成這個任務方面出現了明顯的止步不前。在長期由英語世界的社會學所支配的國際層面上，情況也是如此。在我們看來，美國和英國的各社會學機構很明顯的越來越少人在推動社會

---

[2]　Yuval Noah Harari, *Eine kurze Geschichte der Menschheit, München 2013; ders., 21 Lektionen für das 21. Jahrhundert*, München 2019；類似的書還有：Robert L. Kelly, *Warum es normal ist, dass die Welt untergeht. Eine kurze Geschichte von gestern und morgen*, Darmstadt 2020.

[3]　David Christian, *Big History. Die Geschichte der Welt – vom Urknall bis zur Zukunft der Menschheit*, München 2018.

[4]　Thomas Piketty, *Das Kapital im 21. Jahrhundert*, München 2016; ders., *Kapital und Ideologie*, München 2020; Branko Milanović, *Die ungleiche Welt. Migration, das eine Prozent und die Zukunft der Mittelschicht*, Berlin 2016; Shoshana Zuboff, *Das Zeitalter des Überwachungskapitalismus*, Frankfurt/ M., New York 2018.

[5]　Pankaj Mishra, *Das Zeitalter des Zorns. Eine Geschichte der Gegenwart*, Frankfurt/M. 2017.

[6]　Maja Göpel, *Unsere Welt neu denken*, Berlin 2020.

理論的發展，也越來越少人會在從事現代理論或晚期現代理論的研究。這是很值得注意的一件事，因為以前完全不是這樣的。在二十世紀 90 年代，英語世界還有很多社會科學家提出了許多影響甚鉅且引起廣泛討論的社會理論，並且全球知名。想想鮑曼（Zygmund Bauman）的《現代性與矛盾性》，哈維（David Harvey）的《後現代的狀況》，拉許（Scott Lash）和厄里（John Urry）的《符號與空間的經濟分析》，紀登斯（Anthony Giddens）的《現代性的後果》，柯司特（Manuel Castells）那宏大的《資訊時代》三部曲，就知道了。[7]

　　社會學的社會理論研究為什麼會沒落呢？第一個，也是最重要的原因，無疑來自社會科學強烈的經驗導向的專門化趨勢。充滿競爭的科學體系，總是要求制訂能量化考核的學術成果評價模式，要求爭取頂尖期刊發表與科研經費，這加劇了社會理論的沒落。社會學急速分化成各種「XX 社會學」或「XX 研究」。雖然社會學的分化一方面給出了豐富的定量研究和定性研究成果，但另一方面這卻也顯示出綜合性的理論研究在制度化的社會學越來越難擁有一席之地。在這樣的制度下，人們很難抱著雄心壯志跨越「XX 社會學」的藩籬，運用理論提取各 XX 社會學的研究結果中重要的內容，或是運用理論將這些研究結果結合起來。此外，大學相應於「新公共管理」的、以經驗研究為導向的學術薪資體系，也讓「撰寫專著」（這一直是呈現理論的最好形式）這件事變得越來越沒有吸引力。在這樣一種以「標準化的經驗研究」為本位的體系中，一整本書的「價值」，常常僅等同於（甚至還比不上）一篇刊在頂尖期刊上的論文。魯曼（Niklas Luhmann）1968 年入職比勒費爾德大學時，在其研究計畫書上寫著：「主題：社會理論；研究時間：30 年；經費：0。」這種做法在今天的學術領域中無疑是一件已行不通的事。

　　社會理論在當代社會學處於困頓地位的第二個原因，我們可以在所謂的後現代科學批判的影響中找到答案。這種後現代科學批判從 2000 年開始在英語世界廣為流傳。這些科學批判的主流看法認為：如果人們認識到，科學的特質就是在進行詮釋、選擇，各種論述中生產出來的真實是異質且多元的，那麼一套整體的理論、「掌握整體」，不就都會是徒勞無功的嗎？或甚至更糟：不就都必然是片面扭曲的嗎？人們怎麼還能說有**一種**叫做「現代性」或「後現代」的事呢？這種思維模式明顯削弱和阻礙

7　Zygmunt Bauman, *Moderne und Ambivalenz. Das Ende der Eindeutigkeit*, Hamburg 1991; David Harvey, *The Conditions of Postmodernity*, Oxford 1989; Scott Lash, John Urry, *Economies of Signs and Space*, London 1993; Anthony Giddens, *Konsequenzen der Moderne*, Frankfurt/M. 1990; Manuel Castells, *Das Informationszeitalter*, 3 Bde., Opladen 2001-2003.

了理論研究。但只要細想，就會發現這種說法並沒有說服力：每個科學研究最終都會是選擇性的，不論是個案研究、統計相關分析、社會理論都是，這無關乎處理的是「小」現象還是「大」現象。當然，科學自我反思是很重要的，這也是後現代科學批判的一個重要貢獻。但若因此就勸阻人們從事全面性的理論研究，那就矯枉過正了。的確，任何一種探討總體社會形態的理論構想，必然馬上會引起不同陣營的強烈反對意見，每個理論家無可避免需要預先設想到自己的「缺失」和「盲點」。這有時候也會嚇退想進入理論領域的社會科學家。在英語世界的社會學中，經驗的、以自然科學模式為榜樣的學科分化，後現代的碎片化，大學的新公共管理，這些因素相互勾結在一起。而對理論來說，這意味著理論承受極大的壓力，甚至有完全消失的危險。

雖然，或正是**因為**今天的歷史文化背景，讓社會理論在「提問」這一端有著蓬勃的風氣，但是，或**所以**社會學必須在這樣一種碎片化的趨勢下再次變成一支突破困境之矛。英語世界的社會科學在國際層面上一直占據領導地位，這也對整個歐洲大陸（包括德語世界）帶來了各種阻礙。然而依然有兩位德國的社會學家寫出了各位面前的這本書。這不是偶然的，因為從趨勢上來看，社會理論在德國的風氣比在例如美國或英國還要更盛。除此之外還有一個原因：純粹從歷史來看，德國的社會學和社會哲學（在法蘭克福學派的理論工作的努力下）有較為緊密的結合，因此一直都不乏有人從社會學的角度來提出與社會相關的問題。此外，德國也有著由韋伯（Max Weber）和齊美爾（Georg Simmel）提出的「理解社會學」（verstehende Soziologie）的傳統，旨在探討生活運作模式和歷史轉型，並且激勵人們從文化科學的層面開啟「整體」視角。再後來，魯曼也發展出知名的系統理論式的現代理論。最後，德語世界的知識公共領域比英語世界更為蓬勃。不只在媒體上，而是在政治、文化產業，甚至在經濟領域，都備受重視，因此很多科學家——包括社會學家——都可以找到讀者與聽眾。這也讓系統性的（晚期）現代理論在這裡，比起國際上主流的情況，能稍微容易地發展起來。[8] 若不是如此，我們這種形式的著作八成是不會出現的。

8　德國在歐洲的鄰居，法國，似乎也有跟德國類似的趨勢。法國社會學在學術企業的碎片化趨勢下似乎也並沒有完全停止在社會理論方面提供貢獻。例如布赫迪厄（Pierre Bourdieu）在法國建立起來的傳統，博爾東斯基（Luc Boltanski）、泰弗諾（Laurent Thevenot）和夏佩洛（Ève Chiapello）的優秀著作，以及拉圖（Bruno Latour）磅礴的《探求存在的模式》（Berlin 2018），當然還有拉依赫（Bernard Lahire）與埃倫伯格（Alain Ehrenberg）的研究。此外，以色列社會學家依洛茲（Eva Illouz）的著作，對晚期現代理論提供了重要貢獻，她的書也深受法國論述的影響。大學之外的研究機構，也促進了自主的、跨學科的人文科學。同時，比起德國，法國學者顯然更樂意扮演公共知識分子的角色，並悠遊在社會理論的領域中。

雖然各地情況不同，但總的來說，社會理論在當代社會學中沒有理所當然的一席之地，而是必須爲自己而奮鬥。我們這本合寫的著作正是面對這樣的情境而提出了一個問題：「社會理論能做什麼？」並且嘗試解釋，社會理論可以用何種方式、哪些概念工具來進行操作，以獲得備受期待的成果。不令人意外的是，雖然我們在回答這些問題上有很多共通之處，但我們在最後卻得出不同的結論。爲了從我們之間不同的觀點出發，以一種系統性的、能進行比較的、啟發式的方式，確立社會理論研究的可能性、難點、邊界，我們兩個人的文章會在一開始一步步展開我們的研究方式：我們首先都會針對如何理解「理論」、「社會事物理論」（Sozialtheorie）和「社會體理論」（Gesellschaftstheorie）之間該如何區分等問題，提出自己的觀點，然後才接著發展出我們各自對於一般的現代性與特殊的當代晚期現代性的看法，並在最後討論一個問題，即「社會理論與其討論的對象之間的關係應是一種批判關係」是什麼意思。萊克維茨和羅薩的社會理論最後都提出了一套當代的危機診斷，我們兩人都看到了「晚期現代社會出現了危機」，並且都在嘗試指出危機的形成、原因和後果。我們相信，這個任務是社會理論在今天能夠且應該做的事，也是我們在這本書想做的事。

在扼要地呈現了我們兩人的觀點之後，接下來則由包爾（Martin Bauer）作爲主持人（非常感謝包爾非常沉穩地接下了這個並不是很容易的任務），讓萊克維茨和羅薩進行深入的對談。這場對談是在 2021 年 3 月柏林的蘇爾康普出版社舉行的。即便理論研究仰賴書寫，但口頭對話也永遠是最好的媒介，可以讓兩個人能實際上不只是你來我往的交談，而是可以對彼此進行建設性的爭論。理論如果要有眞正的辯論、要有引發共鳴的效果，不能沒有面對面的對話。唯有這種形式才能讓理論不會抽象而僵固，而是有活力和生命力，多采多姿、激發火花。

萊克維茨與羅薩
2021 年夏天於柏林和耶拿

安德雷亞斯·萊克維茨

將社會理論作為工具

1

做出理論

　　理論本身是一種實踐；或是更準確地說，是實踐的總和。如果要廣泛描繪人們在從事所謂的理論實踐——「做出理論」——是什麼樣子的話，必須仔細從社會科學的知識社會學來看。反思和概念嘗試的實踐，經驗素材的蒐集與整理的實踐，讀書寫筆記的實踐，製作資料庫和魯曼式的紙片盒的實踐，想法討論實踐，論證的可視化的實踐，還有文本的書寫與編排的實踐——不論用手寫還是用電腦打字——這些全部都很重要。對於「做出理論」來說同樣重要的還有在科學的社會場域中維護正統與離經叛道的人之間的鬥爭。此外，理論家的個人經驗也會影響他們的提問和基本直覺。最新的政治辯論、歷史敏銳度、當下的文化問題情況，都會體現在理論研究中。理論無可避免地處在一種社會形成脈絡中。「theoria」（θεωρια，希臘文的「理論」）字面上的意思是保持距離以對現實進行「檢視」，它要人們站在一個中立的觀察立場上，它要人們表達或得出「純粹的思考」。但實際上理論也完全是一件實踐性的與詮釋性的事，某種程度上是對世界進行一般化的理解的文化技藝。理論的生產實踐與各種理解的實踐是密不可分的。鑽研理論，是每個學科內部的社會化的一部分。活到老，就必須讀到老。人們如果要理解世界、推動政治改變、幫助自己進行轉型，就會不得不主動找書來讀，如此方能「以今日之我，難昔日之我」。

　　在古希臘羅馬時期，首先是哲學為理論實踐提供了制度性的園地。然而，隨著現代科學的逐漸分化，理論實踐逐漸轉移到各專門化的學科領域中，尤其是轉移到社會科學中。由於社會科學乃至所有的現代學科，都被理解為是研究現實的科學，亦即認為所有的科學表述都必須來自現實的經驗，因此理論在面對經驗時確切地位究竟為何，從一開始就是個問題。為了能理解對於社會學來說理論的特殊價值是什麼，我們必須先梳理一下今天被歸在「社會學理論」範疇的那些理論，但也同時必須將之與英語世界所謂的「社會理論」進行一些區分。英語世界所謂的「社會理論」（social theory），在德語中既可以翻譯為「社會事物理論」（Sozialtheorie），也可以翻譯成「社會體理論」（Gesellschaftstheorie），但這兩者在德語裡是不同的，而且其差異

很重要。[1]基本上，社會學作為一門探討現實的科學，日常進行研究時首先面對的是默頓（Robert K. Merton）所謂的中層理論，亦即面對的是社會學理論。在學科內部的分工框架中，中層理論首先牽涉到的是專業的提問與個別的社會現象，並運用定性方法或定量方法來進行研究。一般來說，這類理論在進行描述與解釋時會要求直接的經驗證據，同時這種理論顧名思義其陳述的範疇也會是有限的。

　　相比於五花八門的社會學的中層理論，「社會理論」更抽象些。社會理論（不論是「社會事物理論」還是「社會體理論」）的「理論」是比較狹義上的。「社會事物理論」和「社會體理論」都有一些一般且基本的語彙可以用來回答各自的兩個基本問題。「社會事物理論」問的是：「什麼是具有社會性質的事物？」以及「這類事物要從哪些面向來分析？」「社會體理論」問的則是：「我們所身處的這個社會，尤其是現代社會，有什麼樣的結構特徵？」「我們可以用什麼樣的綱領來研究我們所身處的這個社會？」「社會事物理論」為了回答它自己的問題，會發展出一些基本概念，例如行動、溝通、規範、角色、權力、制度、知識秩序、實踐、論述等等。韋伯的《社會學的基本概念》和涂爾幹（Émile Durkheim）的《社會學方法的準則》是這一類的經典著作；魯曼的《社會系統》，紀登斯的《社會的構成》，拉圖的《重組社會》，也都是在發展這一類用以探討具有社會性質的事物的理論詞彙。「社會體理論」不一樣，它對我們所身處的這整個社會的結構、現象、機制、如何在歷史長流中形成，有一套基本假設。它感興趣的主要是現代社會的結構，因此會創作出像是資本主義理論、功能分化理論、個體化理論、美學化理論等等一類的理論。馬克思（Karl Marx）的《資本論》，齊美爾的《貨幣哲學》，都是經典的例子。較為近代的像是布赫迪厄（Pierre Bourdieu）的《區判》，柯司特的《網絡社會的崛起》，也都是在嘗試發展出這樣一套社會體理論。

　　不論要問的是「具有社會性質的事物」還是「我們所身處的這個現代社會」，這兩種提問的視野都是社會學在十九世紀形成之際很重要的構成要素。這樣的雙重視野引導了許多至今都影響甚鉅的屬於學科奠定世代的學者，像是馬克思、韋伯、齊美爾、涂爾幹。儘管學術工作不斷在進行分工，這種視野對於二十一世紀的社會學來說依然很重要。而且我認為，這樣的雙重視野**應該**依然要是很基本的，因為它同時可以

---

[1] 英文的「社會理論」（social theory）一般來說同時包含德文的「社會事物理論」（Sozialtheorie）和「社會體理論」（Gesellschaftstheorie）這兩者，所以不能不加思索地直接把英文的 social theory 直接等同於德文的 Sozialtheorie。

將無數五花八門的、個別的社會學經驗分析給凝聚起來。如果沒有社會理論，社會學會在極度專門化（雖然無疑非常必要）的精緻研究中迷失自我。社會理論（不論是社會事物理論還是社會體理論），是一種可以讓我們從整體的視角看待總的社會事物與總體社會的工具，讓我們能將之當作整體、「宏大圖景」來進行參照，如同古典時代形成的哲學那樣。同時社會理論還能為文化公共領域與政治公共領域提供廣泛且清晰的說明和建議，促進社會的自我啟蒙。

　　這一篇的第一部分我會仔細解釋我所認為的社會理論所指為何，當中的雙重含意該如何區別開來，以及各自所針對的是什麼。當中，我會明確釐清「理論是工具」的意思。第二部分，我會描繪一套我稱為「社會實踐理論」的社會事物理論。這個理論可以當作一個工具箱，用來對我們所身處的這個社會進行分析。第三部分旨在從社會體理論的觀點出發，強調我認為非常重要的現代社會的三個面向。這三個面向是：偶然性的開啟與偶然性的關閉之間的辯證，一般社會邏輯（即理性化）與特殊社會邏輯（即文化化）之間的對立，以及由創新體制、汰換動力與時間混合化所構成的矛盾的時間結構。基於這些範疇，我在第四部分會講解一種現代社會的歷史轉型模式，即由資產階級現代轉型成工業－組織的現代，然後再轉型成晚期現代。於此我們可以釐清當代的晚期現代社會之所以有這麼多特殊危機的原因。在第五部分我會呈現，在我看來理論如何既能夠給出批判又不會同時變成狹義上的批判理論。這牽涉到一個「批判分析」計畫。最後的終章裡我想提一個問題：人們可以怎麼從事理論工作？這裡，我贊成以實驗的方式來進行理論研究。

1.1 社會事物理論

　　首先我必須澄清一件很重要的事：不論是社會事物理論還是社會體理論，它們都兼具兩個功能、對應兩類人群。第一，它針對的是社會科學的經驗研究。這裡，社會理論的功能旨在為社會科學的經驗研究賦予能量，或是社會理論就是在對經驗研究進行加工。第二，社會理論作為一種涉及面極為廣泛的理論在知識領域內部循環，因此它針對的是整個學術界，但也針對學術界之外的一般大眾。

　　這裡我首先來談社會事物理論。社會事物理論提出的是關於具有社會性質的事物形式的問題。意思是，它要問的是我們應以什麼樣的概念來把握具有社會性質的事物。「具有社會性質的事物」處於集體的層次上，這種層次超越個體，超越個體的個別行動與個別利益。這是社會學思維模式的基本態度。但社會世界的種種究竟具體來

說其根本性質為何呢？對此，社會學從來沒有單一、一致的社會事物理論。對於社會事物，社會學發展出了相當多樣，且異質性相當高的觀點。這也是可以想見的，因為（科學的）文化本身就是多元的，所以就像它產生了現代性那樣，它也為我們提供了空間，讓我們在探討具有社會性質的事物時可以發展出多樣的理論語彙。在面對具有社會性質的事物時，這些理論語言可以是文化論的或是唯物論的，整體主義的或是個體主義的，結構主義的或是過程導向與情境導向的，並且以不同的主導概念（行動、互動、溝通、實踐、結構等等）來進行討論。

　　社會事物理論以此方式發展出諸多具有啟發學地位的基本概念，以指導社會學的經驗分析。它也可以為其他的社會科學與文化科學領域（例如歷史學或文化人類學）的經驗研究實踐提供基本概念方針。社會事物理論可以根據這類「敏銳化的概念」（sensitizing concepts）──像是實踐、溝通、權力、論述、人造物結構、部署、社會系統等等──為經驗研究指出一條路，讓經驗研究知道可以去探索什麼樣的現象和脈絡。這些敏銳化的概念，在啟發學的意義上為經驗研究扮演一種探索技術與發現技術的角色。沒有這些社會事物理論概念，經驗研究就只能盲目進行，或只能基於缺乏反思的日常假設之上來進行。 [2]不過，社會事物理論是有好壞之分的。好的社會事物理論，必須能夠為經驗研究服務，讓經驗研究可以基於紮實的視角，對許許多多不同的現象進行分析。

　　然而，除了為經驗研究發揮啟發學的功能之外，社會事物理論也有它自身獨特的意義，亦即它是一種社會本體論（Sozialontologie）。在這裡，社會事物理論某種程度上獨立於經驗研究，有它自身的「反思價值」。它是對社會世界進行基本反思的園地。社會事物理論是一種描繪了關於行動、文化、語言、情感、物質性、結構、過程等等社會事物的本體論，以此為人文科學提供一些用以將人類世界理解為社會文化世界的基本語彙。就此任務而言，社會事物理論與哲學有著密切的關係，因為哲學從一開始就（也）旨在發展出一套關於人類世界中各種社會事物的本體論。除此之外，社會學的社會事物理論，和其他領域的一些社會事物理論（例如文化人類學的文化理論、傳播研究的媒介理論）有密切的連結。一般來說，社會事物理論作為對社會文化

2　相反的，社會事物理論能以此方式對某些經驗，對特殊的、根本上先於科學的社會世界經驗（例如行動經驗、角色經驗、權力經驗、理解經驗或實踐經驗）進行**加工**。對此可以參閱：Stefan Hirschauer, »Die Empiriegeladenheit von Theorien und der Erfindungsreichtum der Praxis«, in: Herbert Kalthoff, Stefan Hirschauer, Gesa Lindemann (Hg.), *Theoretische Empirie. Zur Relevanz qualitativer Forschung*, Frankfurt/M. 2008, S. 165-187.

世界的基本反思，在人文科學當中是跨領域的，很少囿於學科邊界。[3]

　　社會事物理論作為一種關於社會文化世界的本體論，不只會在學術界中發展出一種自我反思的能力，而是非學術界的一般大眾也會使用這些理論來進行反思。在世俗化的現代社會中，宗教和神學不再壟斷詮釋的權力，因此世俗化的現代社會也面臨關於人類境況的（總是懸而未決且意見紛歧的）自我啟蒙的挑戰。這個任務雖然已經被哲學以古典的方式扛起來了，但從杜威（John Dewey）到拉圖，從普雷斯納（Helmuth Plessner）到哈伯瑪斯，他們的社會事物理論也都在嘗試為自我啟蒙提供貢獻。也正因為如此，社會事物理論和自然科學界的各種生命科學（像是演化生物學、演化心理學、神經生理學等等）常常會有競爭關係，因為社會事物理論可以為一般大眾，尤其是一些非學術界的讀者，提供一些能用來理解自我的基礎詞彙。

1.2 社會學的核心任務 —— 社會體理論

　　不過，在社會科學中，「理論」不是只有社會事物理論，而是還有社會體理論。這兩個有什麼不同呢？簡單的回答是：所探討的對象的普世性與歷史性不同。社會事物理論常常（但並非總是）在概念上會涉及到宏觀的社會事物，例如制度、階級、知識秩序，或整個社會。不過，雖然社會事物理論會談到整個社會，但它在一定程度上是以一種普世的概念框架來談的。社會事物理論探討的是社會事物或我們所身處的整體社會的**性質本身**，也就是說要探討的是超越時間地點的人類實踐結構。而社會體理論則牽涉到**具體的**社會，以及這個社會是如何在具體的時間和具體的地點中存在的。簡單來說，社會體理論旨在做出關於**特定**社會的一般性陳述。在社會學的社會體理論中，重點是「**現代**」社會。現代社會的根源跟歐洲近代的開端是分不開的。它源自十八世紀歐洲和北美，伴隨著工業化、民主化、科學化、世俗化和個體化而誕生，以不同的方式（有的方式比較和平，有的比較暴力），或是將這些不同的方式結合在一起，對全世界產生了深刻的影響。[4]

3　這也難怪，社會事物理論和實用主義、現象學、後結構主義之類的很像，會跨越社會學和哲學的邊界。

4　社會學中有一種長久以來深具影響力的現代化理論，認為現代西方社會是「標準情況」，全世界最終都會殊途同歸到這種標準情況。但我反對這種看法。我認為現代西方社會更多是一種非常特殊的情況，一種人類歷史上在特定時間地點中的非常特殊的實踐網絡。用查卡拉巴提（Dipesh Chakrabarty）的話來說，我們應將「歐洲（還有北美也是）看做一種省分」，亦即現代西方社會

　　為了確立出現代的並且首先是西方的社會的特殊要素，社會體理論的視野在時間面向和空間面向上都要拓展開來。所以在西方所形塑出來的現代社會，要和各種社會形式，像是近代與現代**之前的**（游牧社會、農業社會，或是一些發展出高度文化的帝國），或是**非**歐洲、北美的以前存在過或現在存在著的社會形式，放在一起進行比較。社會體理論能夠讓我們去探討世界上各種人類社會從早期到當代的變遷與相互關聯，並建立起一種一般性的理論。5

　　雖然歐洲和北美的社會學的社會體理論對具體社會的長時段的性質轉型感興趣，但這種理論主要探討的還是現代西方社會。換句話說，社會體理論的核心任務在於探討現代社會。 6我這麼說的理由是，雖然社會體理論一直都有一種歷史學的情懷，但它的旨趣終究還是在於**當代**。它想根據其結構和動力來掌握當代社會。社會學或多或少都是為「我們的」社會在**理論**上提供自我啟蒙，並致力於**實踐**。致力於實踐，可以是從政治上促進社會制度，也可以是對個體自身的生活形式進行反思。這兩者都必須著眼於當代或是放眼未來。從社會學的視角來看，當代社會的特質在於其現代性；它是從傳統封建以及遵循宗教的「前現代」社會發展而來的**現代**社會。正是因為我們是如此理解現代性的，所以理論與實踐才會如此聯繫在一起。意思是，現代社會的出現恰恰反映出社會制度和人們的生活形式不是不可更改的，而是可以透過政治和社會文化來加以形塑的。如果沒有這樣一種對政治和個人加以形塑的興趣作為根本動機，亦即如果沒有這樣一種形塑**可能性**作為前提，是不會有這樣一種探討現代性的理論的。

　　如果社會體理論在根本上就是一套探討現代社會的理論的話，那麼隨著歷史的流

完完全全就只是眾多發展路徑當中極為特殊的一種路徑而已。但這並不影響一個事實，即一些歐洲、北美的現代社會的要素（像是資本主義或科學）超越了狹隘的空間脈絡而被改造並變得普遍適用，且卓有成效。世界社會具有一種艾森斯塔德（Shmuel Eisenstadt）所謂的「多元現代性」的結構，並且這些不同的現代性會交錯混雜。

5 有一種野心勃勃地對整個人類歷史提出一套一般演化論的研究，原本在過去幾十年已經不特別流行了，但最近卻似乎又引起越來越多人的興趣。可參閱：Davor Löffler, *Generative Realitäten I. Die Technologische Zivilisation als neue Achsenzeit und Zivilisationsstufe. Eine Anthropologie des 21. Jahrhunderts*, Weilerswist 2019。關於全球交織的情況，也變成非常熱門的全球史議題。可見：Sebastian Conrad, *Globalgeschichte. Eine Einführung*, München 2013。

6 「現代」這個概念有很多意思。社會學的「現代」和文化科學的「現代」尤其是不一樣的概念。社會學的「現代」，牽涉到的是自十八世紀以來的社會結構轉型，但文化科學指涉的是 1900 年左右先鋒派的現代主義。這方面可參閱：Krishan Kumar, *From Post-Industrial to Post-Modern Society. New Theories of the Contemporary World*, Oxford 1995, Kap. 4.

逝，我們必須考慮到一件比較複雜的事。韋伯、涂爾幹、滕尼斯和齊美爾在1900年左右——亦即傳統社會即將消逝的年代——用以指稱他們那時候的當下的**那個**現代，和今天人們所謂的現代社會，已經有顯著的轉變了。到2021年，「現代」已經經歷了至少有250年，所以它絕不直接等同於我們的當下。我們仔細一想就會知道：1800年左右的社會結構的特質跟1900年是不一樣的；1900年跟1950年也不是一樣的；1950年和今天的社會亦有所不同。這並不是說現代社會內部在這幾百年來都沒有連續性、不具有一貫的特質。但若我們考慮到現代性具有高度的自我轉型能力的話，那麼「社會的一系列基本結構都深刻地轉變了」這件事就並不令人訝異。現代性自己也是有歷史的，這也讓二十一世紀的社會體理論面對了一個新的挑戰。

特別是二十世紀70年代中期之後，出現了一種「新的」當代，人們首先將之稱為「後現代」或「高度現代」，有時候也會稱為「晚期現代」（雖然這也是一個並不是完全沒有問題的措辭，但我們以下姑且權宜地僅使用「晚期現代」這個詞彙）。這種「新的」當代伴隨著全球化、後工業化、數位化和自由主義，產生了新的基本結構，和另外兩種古典的現代——亦即資產階級現代和工業現代——從根本上產生了差異。這對「做出理論」這件事也會產生影響。因為只有認為現代是無時間、不會改變的人（這種人大概會認為我們已經到了一種歷史的終結的階段），才會不經大腦思考地覺得當代社會可以用完全同一套抽象特質（資本主義、功能分化等等）來理解。現代在根本上是具有**歷史性**的（這不只指它的形成有歷史性，而是也指它接下來的過程也有歷史性），並且正是因為它有歷史性，所以我們始終可以看到現代的**當代**版本本身是非常特殊且獨異的。以此而言，社會體理論必須超越一種一般性的現代理論，發展出特殊的、符合當下時代的「分支」，亦即必須發展出一套晚期現代社會理論，或是更簡單地說：**晚期現代理論**。這種理論，因為擁有影響一般大眾、為大眾提供重點方針的能力，因此也會以所謂「時代診斷」的角色登場（雖然社會體理論並非完全就只是時代診斷而已）。 [7]晚期現代理論必然總是需要和整體現代理論整合在一起，不論是與之進行歷史比較還是考察當中的連續性。新穎必須與陳舊相比較才能突顯出來。

在我看來，社會體理論（作為一種一般意義下的現代理論）研究和晚期現代理

---

7 「時代診斷」並不是一個非常學術性的概念。它也包括一些對一般大眾影響甚鉅的、描述當代社會的散文。它跟作為社會體**理論**分支的晚期現代社會理論不一樣。晚期現代社會理論的其中一項旨趣是提出系統性的概念、盡可能廣泛的綜述、解釋性的假設，以及經驗研究綱領。

論（作為探討處於當代階段的現代社會的理論）研究並不僅僅是社會學研究的一個特殊次領域而已，而是它就是社會學最根本的核心任務。雖然各式各樣的經驗研究能為我們提供許多討論素材，但這些素材（必須）在社會體理論的框架中才能進行加工。社會科學在十九世紀之所以會誕生，就是因為人們感覺到那時候的當下社會結構非常特殊、新穎、不尋常、令人訝異，當時的現成概念都無法拿來理解它，所以人們發現必須對這樣的一種社會結構進行深入研究。社會學非常著迷於一個開放性的問題：現代社會的現代性質是什麼？所有理論家都在探討這個問題。之所以馬克思會去分析資本主義動力，韋伯會去研究形式理性化，涂爾幹會去分析持續不斷的社會分工，齊美爾會去研究個體主義，都是因為他們對這個問題非常感興趣，非常希望能掌握現代性的結構、其層出不窮的新穎性、乍看之下難以理解的獨特性。社會學在發展過程中總是不斷重新回顧最初形成的場景，以此不斷重新激發出這個學科自身對現代新事物的持續不絕的迷戀。[8]而晚期現代理論和後現代理論在二十世紀最後20年間登上了知識的舞台。像是貝爾（Daniel Bell）的《資本主義的文化矛盾》，博爾東斯基（Luc Boltanski）和夏佩洛（Ève Chiapello）的《資本主義的新精神》，貝克（Ulrich Beck）的《風險社會》，或是內格里（Antonio Negri）和哈爾特（Michael Hardt）的《帝國》，皆屬此類。這些晚期現代理論或後現代理論是由現代理論所推動的，因為現代理論的宗旨即在於根據當代社會的基本結構與動力來掌握當代社會在歷史上的特殊性。

　　於此，「社會事物理論與社會體理論之間的關係為何」這個問題也就可以得到回答了。雖然社會事物理論為社會學提供了最基本的基本概念，但以「社會學」為名的整個事業，最重中之重的還是理解現代社會。毋庸置疑的，如果沒有社會事物理論，如果沒有對社會事物、文化、權力等等基本概念進行整體的反思，也就不會有經驗分析和現代理論。社會事物理論的語彙可以提供概念背景，讓人們可以知道在什麼樣的社會體理論中能看到什麼樣的現象。社會事物理論的語彙——例如韋伯的世界圖像、涂爾幹的神聖事物、哈伯瑪斯的溝通行動、魯曼的溝通與觀察——可以讓人們更加敏銳地看到某些社會脈絡，雖然這也意味著會相應地看**不**到其他脈絡。要進行社會體理論研究，社會事物理論是必不可少的。但反過來說也一樣：如果沒有社會體理論，社會事物理論也只是沒有軀體的靈魂。社會事物理論無法自給自足，它最終必須醞釀出社會體理論。然而，社會事物理論的語彙並非簡簡單單就能發展出，也並非必然會發

8　參閱：Hans-Peter Müller, *Krise und Kritik. Klassiker der soziologischen Zeitdiagnose*, Berlin 2021.

展出某種社會體理論。社會體理論不是社會事物理論唯一會產生出來的產品。若我們想研究具體的社會脈絡，光使用具有普遍有效性的社會事物語彙是不夠的，我們還必須把握住特殊的歷史現實或當下現實。[9]

1.3 社會體理論的功能

人們可以像探討社會事物理論那樣來確立出社會體理論的一些基本特徵。社會體理論與經驗分析之間有一種雙重關係。一方面，它基於經驗研究與經驗之上，仰賴於對經濟結構或政治系統的變遷、家庭關係、文化潮流等具體現象的觀察與研究，以切合現實世界。一個好的社會體理論必須要能夠對不同的社會領域（例如經濟、政治、文化等等）的知識進行廣泛的評估。經驗研究常會以分工的方式對不同的社會領域進行不同的研究與觀察，這些不同的研究彼此間常常不相往來。社會體理論的任務就是要將這些研究結合起來，並且從中發展出一種**綜合**，讓人們可以看清不同的現象與不同結構之間的關聯。一定程度上，社會體理論就是要見樹又見林。在理想的情況下，人們在面對現代社會時可以期待社會體理論能為我們提供一個總體圖像，以說明(1)經濟的結構與變遷；(2)國家與政治的結構與變遷；(3)社會結構（社會團體結構）的結構與變遷；(4)文化（觀念系統與知識秩序）的結構與變遷；以及(5)科技的結構與變遷。此外人們也可以期待，社會體理論能處理(6)社會與個體之間的關係，亦即探討社會是如何形塑主體的，以及主體在此社會中進行生活實踐的典型方式又是什麼。

不過，並不是一定得先進行各種經驗研究，然後以此為基礎才能建立起一套社會體理論。我們也可以先提出一套理論，然後用這套理論來引導經驗研究，為經驗研究提供基本概念與解釋假設，或是為更細緻的研究提供更廣泛的宏觀社會學脈絡。舉個例子：馬克思的資本主義理論之所以能夠形成並且深具說服力，是因為馬克思對當時出現的極端經濟變遷進行了非常仔細的探究。在那之後，也就是說當這樣一種資本主

---

9 以此而言，我接下來要談的聚焦在實踐理論的社會事物理論，是可以發展出不同的社會體理論觀點的。其他的社會事物理論（例如理性選擇理論、現象學社會學、行動者網絡理論，或是新制度主義理論）也同樣可能可以發展出各種不同的社會體理論。但反過來說，特定的社會體理論必須以特定的社會事物理論概念為前提，否則這個社會體理論就無法「運作」。例如埃利亞斯（Norbert Elias）的《文明的進程》，必須要有一套能為社會學提供紮實的情感概念的社會事物理論為前提。社會事物理論與社會體理論之間存在著鬆散、不緊密的耦合。

義理論被提出之後，它亦能爲經驗研究提供動力與框架。換言之，一般而言社會體理論能顯示出其豐富性的地方在於，它一方面能吸收現有的經驗觀察與經驗研究，對其進行很有啟發性的加工；另一方面它又能從理論上給出新的觀察，促進未來的研究。人們可以說，一個好的社會體理論可以提供一套經驗研究綱領，爲之後的研究提出方針。它本身是一種啟發工具。社會體理論的這種既來自經驗研究也能促進經驗研究的雙重經驗性，不只對於社會學的經驗研究來說是如此，對於其他學科也是一樣。社會體理論可以是一個跨學科的支架，並且也需要歷史學或其他歷史相關學科（例如文學史或藝術史）的研究作爲事前準備資料。政治學、經濟學、社會人類學和文化人類學、文化科學、社會心理學等等，也都可以爲社會體理論提供貢獻。但社會學對於社會體理論來說必然是最爲重要的，因爲它涵蓋了社會的所有次領域與面向。

重點是，社會體理論不只有這樣的綜合功能而已。它還能夠提供一種**理論附加價值**。它可以發展出一些關於總體社會脈絡結構特質的概念，讓我們用以對個別現象進行解釋。它能闡明社會結構動力，讓我們可以對社會的過程與轉型進行剖析與解釋。分析與解釋在此是結合在一起的。用以探討整體結構特質的概念——以一些古典一點的概念爲例——可以像是資本主義、理性化、世俗化、功能分化、個體化、規訓化、風險政治，或是象徵階級衝突等等。社會體理論通常旨在明確指出社會結構於特定（或所有）歷史階段中基於什麼樣的成因而進行再生產，並對社會結構的轉型進行解釋。

社會體理論的理論附加價值意指其理論概念是有**盈餘**的，這種盈餘讓理論能在概念上足夠敏銳，使之超越經驗研究結果。這尤其表現在它的原創性與創造性。社會體理論的典型性質，就是它可廣泛作爲社會脈絡的**指示板**和過程邏輯的大型（歷時）**敘述**。它會運用（像是興盛、衰敗、持續衝突、不斷重新令人感到失望……等等）敘事模式，亦會準備一些術語和隱喻，以將社會脈絡給表達出來（像是將社會比擬爲有機體、系統，或對抗；把行動者比擬爲被欺騙的騙子；把臣服表述爲鐵籠；列出理性的類型清單；運用「統治者」與「被統治者」這樣的隱喻……等等）。所以，社會體理論也總是一種**關於具體社會的指示板**與**關於具體社會的敘事**。[10]

由於社會體理論不是中層理論，所以雖然它有經驗根據且有說服力，但從來不會

---

10 關於隱喻的重要性，可參閱：Susanne Lüdemann, *Metaphern der Gesellschaft. Studien zum soziologischen und politischen Imaginären*, München 2004；關於敘事模式的重要性，一般可參閱：Albrecht Koschorke, *Wahrheit und Erfindung. Grundzüge einer allgemeinen Erzähltheorie*, Frankfurt/M. 2012。

在嚴格的意義上從經驗層面被證明或駁倒。正是因為社會體理論具有高度的抽象性，因此符合奎因（Willard Van Orman Quine）在他的後經驗科學理論中所謂的「不充分決定論」。意思是，理論不單純只是事實的描摹，而是會根據理論的詮釋和自身的複雜性超越事實。同一個事實，原則上我們可以用不同的理論來很有意義地進行理解，就像知覺心理學實驗的兩可圖那樣。[11]社會體理論提供的是一套複雜而系統性的**詮釋方式**，讓我們可以從整體上來理解一堆複雜的具體社會事實。透過其具有啟發性的成果，社會體理論能以一種明確、選擇性的視角來梳理社會世界。這種視角也無疑會受到社會中一些很成問題的情況的影響。理論家會在所處的時代中察覺這種社會問題，而且社會問題也必然會不斷改變。社會體理論的焦點、視野具有**總體性**，但這種總體性從來不會是完備的，也不會假裝是中立的。理論工作必須根據能涵蓋無數經驗現象的模式，彰顯出某些重要的要素與脈絡（並且犧牲掉對其他要素和脈絡的探討），以讓理論能提出更為**一針見血**的概念。所以社會體理論是關於**一般**現象的**特殊**理論。一套獨異的理論語彙，必須要能夠把握住整個社會（或社會事物整體）。

也因為如此，所以經驗現實必然總是會比社會理論提出的詮釋視野所看到和理解到的還要更多樣化。在這個意義上的「理論」，必須從後經驗的（postempirisch）角度來理解。波赫士（Jorge Luis Borges）提到了一個很恰當的比喻：[12]我們不可能為了呈現地球空間上的所有細節而製作一張1：1的地圖，不然這種地圖會失去為人指向的功能而顯得荒謬無比。因為雖然在1：1的地圖上我們會看到所有細節，但它也會同時龐大、複雜到我們什麼都看不到。一個完全複製現實空間的地圖反而是沒用的。社會體理論也是如此：為了看到一些脈絡，理論必須有所選擇。它總是必須忽略某些事情，讓某些事情淡出視野；也就是說，社會體理論的基本概念總是會有一些「盲區」。理論會化約經驗現實的複雜性，但同時也因而能夠在自身的脈絡分析與動力分析中建立起理論複雜性，並以此獲得理論自身的附加價值。以此而言，**理論現實**總是會比純粹的經驗要素還要複雜與豐富。就像所有科學工作一樣，理論也是一種社會實踐，一種〔用古德曼（Nelson Goodman）的話來說〕「生產世界的方式」。[13]這種世

---

[11] 參閱：W. V. O. Quine, »Zwei Dogmen des Empirismus«, in: ders., *Von einem logischen Standpunkt*, Frankfurt/M. 1979, S. 27-50。關於後經驗主義和科學理論，參閱：James Bohman, *New Philosophy of Social Science. Problems of Indeterminacy*, Cambridge 1992.

[12] 見：Jorge Luis Borges, »Von der Strenge der Wissenschaft«, in: ders., *Gesammelte Werke, Bd. 6: Der Erzählungen zweiter Teil*, München 1982, S. 121.

[13] Nelson Goodman, *Weisen der Welterzeugung*, Frankfurt/M. 1984.

界，或是說這**一個**世界，是科學和理論以某種方式建立起來的。

對於社會體理論的這個關鍵意涵來說重要的是，除了它的功能是含括與激發經驗研究之外，它也扮演了爲學術圈之外的領域提供知識動力的角色。如果說，社會學從一開始的首要任務就是爲現代社會提供啟蒙的話，那麼這個啟蒙任務就尤其是社會體理論所擔負的。它對整個人文科學來說有提供反思的價值，但對學術界之外的整個社會也有。我們再來回想一下社會學形成的最初場景：現代和社會學某種程度上是同源的。因爲不論是過去還是現在，只有現代社會才會將**作爲**社會的自身理解**爲**社會。非學術界的一般大眾的興趣，也會輻射進社會體理論中，大眾也當然都會對個別的特殊社會現象與社會**趨勢**感興趣，但他們的興趣最終都是由一個問題所帶來的：整體社會是如何構成的？這樣的整體又是如何變遷的？社會體理論在此對於廣泛的大眾來說也是一種詮釋工具。文化公眾和政治公眾都是對社會體理論感興趣、會閱讀社會體理論的群體。文化公眾是由私人讀者所組成的，當他們對自己在整體社會中的生活進行自我反思時，他們期待社會體理論可以提供解釋。政治公眾則由某政治共同體當中的市民和仲介機關（像是媒體、公民協會）組成，他們希望從理論裡得到動力，協助他們進一步理解社會危機，以從中設想政治行動的可能著力點。

1.4 理論作爲工具

如上所述，我會用**工具**作爲隱喻來理解理論，不管是社會事物理論還是社會體理論都是。抽象的理論是一種詮釋工具包，能爲經驗研究、人文科學，乃至非學術圈的一般大眾提供各式各樣的工具。然而，這種把理論當工具的理解方式不是自然而然的。在我看來，雖然所有社會理論在前述意義上都是工具，但社會理論**本身**不一定非得要理解成工具，或是它在學術界不必然首先會被理解成工具。對我來說，理論可以在理念型的意義上從兩種後設理論的角度來理解：一種是**將理論理解爲體系**，另一種是**將理論理解爲工具**。

將社會理論理解爲理論體系的方式，最初出現在哲學中，並且在社會科學中繼續發展出顯著的影響力。這是古典的理論理解方式。理論作爲體系，意思是它是演繹性的概念系統，有著清楚的定義、前提、概念性的結論，並要求要有盡可能廣泛的有效性。這意味著，理論體系是一體成形、封閉的。一套理論體系被提出來之後，它會是普世皆然的。雖然人們後來可以在這套體系的這邊那邊進行補充與改善，但它的根基不會再改變了，否則整個體系都會崩塌。將理論視作體系，也會讓人們總的來說產生

一種理解模式：若不是人們一旦採用某理論，就必須完整採用一整套，並且學習在這整套理論當中進行思考與言說；不然就是必須完全放棄這個理論，因為理論的提出者沒有要人們對其理論斷章取義。在社會體理論的發展史中，有兩套理論在提出時尤其認為自己是理論體系：馬克思與恩格斯（Friedrich Engels）的資本主義理論，以及帕森斯與魯曼的分化理論。

　　將理論理解為工具，則可以在根本上提供一些不同於「把理論當體系」的東西。這種理解方式也是在社會理論研究一開始就出現了。韋伯和齊美爾都沒有要提出理論體系，而是想用多樣的概念工具來為社會體理論提出貢獻。近代的許多經典理論家，像是傅柯（Michel Foucault）或拉圖，以及大多數晚期現代理論家，像是紀登斯、哈洛威（Donna Haraway）、博爾東斯基，也都是如此。雖然將理論理解為工具絕對不是什麼新鮮的做法，但很多學者都同意，這種理論理解方式在晚期現代的科學文化當中特別有生產力。[14]

　　這種將理論理解為工具的態度，會明顯影響到做出理論的方式，也會影響到探討理論的方法。[15]那作為工具的理論有什麼特質呢？最基本的特質就是人們不會再將理論視為一種自我封閉的概念系統，也不會認為它是一種普世皆然的整體，而是會期待它可以在具體的分析情境中提供豐富的啟發。它可以透過概念進行彰顯，以新穎且令人驚奇的方式為未來的經驗分析提供引導出知識的工具。一般大眾也會在理論中找尋知識工具，透過這些知識工具來看待一個新脈絡中具體的個別社會現象，讓一些問題在文化－個人的層次上，或在政治層次上可以被新穎地揭露出來。

　　一個作為工具的社會體理論的品質是好是壞，首先取決於它能否為學術圈內和學術圈外的人們提供靈感。要評斷一個社會體理論，不是要看它**知道**什麼，而是要看它**可以做**什麼。社會體理論有一種**實驗**的特質，亦即會在與對象的對話中對概念和理論的各方面進行試用與優化。人們可以透過社會世界的一些素材——用藍貝格（Hans-Jörg Rheinberger）的話來說，這些素材是「有助於人們進行認識的東西」——或透過由自己的概念設計所得出的結論，得到令人驚喜的收穫。[16]在這樣的實驗情境中，人

---

[14] 這種理解理論的方式，也尤其跟美國實用主義和實驗態度的開放、自由精神有關。可參閱一本新實用主義的文獻：Richard Rorty, *Consequences of Pragmatism*, Minneapolis 2008.

[15] 我在本書這部分的最後會再談到這件事。

[16] Hans-Jörg Rheinberger, *Experimentalsysteme und epistemische Dinge*, Göttingen 2001。關於實驗主義的態度，亦可參閱：Tanja Bogusz, *Experimentalismus und Soziologie. Von der Krisen- zur Erfahrungswissenschaft*, Frankfurt/M., New York 2018.

們也可以透過嘗試的方式改變個別概念工具和運用不同經驗素材，因此理論也總是處於「流動狀態」的。我們該做的不是反覆認可已經獲學界接受的思想體系，而是善用作為工具的理論的使用價值。這種理論能彈性與靈活地用於分析。如果這種工具在不同的情境都是有用的，並且在我們面對新冒出來的現象時能提出有趣的觀點，那麼這套工具就是好的。此外，雖然作為工具的理論對經驗（Empirie）非常友好，但它通常會強烈意識到自己充滿文本性，意思是它具有語言詞彙的特質，本身是一種特殊的詮釋方式。所以它通常會很積極發揮自身作為敘事與指示板的詮釋特質，以及善用它在概念上的模糊性。我們不能抹消掉這些性質，而是應該要很有建設性地去「玩」理論。作為體系的理論，一旦在分析上遭遇瓶頸，就會陷入窘境。但作為工具的理論不一樣，它沒有這種問題。它更多會發揮作為工具的天性。這種理論不會讓人們無所不能，而是只能用來做特定的事。如果人們有其他的目的，那麼就需要其他工具。但這樣並不會讓理論變得軟弱無能，而是反而會讓理論更強而有力。

　　將理論理解為工具，也就意味著理論沒有要從一種演繹、層級式的概念系統出發，而是要採取一種概念**網絡**形式。理論家和理論運用者都可以不斷參與進網絡的交織。從理論家的角度來看，這意指理論的宗旨不在於從固定的預設出發發展出完整的概念系統，然後讓其他人重複進行理論套用。概念網絡更多是要人們用各種想得到和想不到的方式持續推進理論發展。在這樣的發展過程中，此前占支配地位的概念節點與連結可能會漸漸乏人問津，新的概念節點與連結取而代之。人們也可以連結上舊的概念並隨即偏離到某些其他的概念。[17]理論工作在這裡會是一種拼貼（bricolage），一種概念試驗遊戲。

　　如果一位理論家是用這種方式來看待理論的話，他就不會只抓著一個主題不斷寫下去，而是會更不受拘束，更願意針對有趣的新主題來試用新的工具。傅柯的研究方式就是一個典型的榜樣。他總是不斷發展新的概念工具（像是系譜學、部署、規訓、治理、自我的技術等等），這些概念彼此之間的關聯相對鬆散，但可以構成複雜度越來越高的分析。不過，若我們將理論視為網絡，那麼也就意味著各才華洋溢的作者的位置是去中心化的。意思是，某位A建立起來的理論工具，B可以拿去朝不同的方向進一步發展，然後C可以再在不同的脈絡用不同的形式來進行運用。理論研究實際上是在一個社會網絡中進行的，並且理論在當中是允許被改變的。這種改變也可以，甚

---

[17] 這裡的模式不再是樹形的，而是地下莖式的。參閱：Gilles Deleuze, Félix Guattari, *Rhizom*, Berlin 1977.

至恰恰可以透過經驗研究來促發，所以理論研究和經驗研究之間經典的二元論問題在此是可以被消解掉的。

以網絡的形式來推進理論發展的其中一個例子，就是在千禧年之交發展得越來越蓬勃的實踐理論。無數的學者都在共同參與實踐理論的發展。[18]「網絡」在此不只意指理論的**知識**形式是網絡狀的，同時亦意指理論研究的**社會**形式也是網絡狀的。體系性的理論，其研究模式是一個充滿人格魅力的（理論）領袖，加上（該領袖的「弟子」的）擁護；但作為工具的理論，其做出理論的模式會是一種多方合作的社會形式。

當理論被視為一種工具並且以網絡的方式來形塑時，這類理論也會有高度的與其他理論結合起來的能力。它不會與其他理論涇渭分明，而是可以與其他理論混合在一起。作為體系的理論對內有很強的同一性，對外有很明確的差異，所以會跟其他以同樣理念建立起來的理論之間有競爭關係。但作為工具的理論則不是如此。各個作為工具的理論彼此之間可以毫無問題地結合一起，或者說，可以將各網絡之間的網拉在一起。這也符合實用主義的工具精神。每個作者都可以在他的理論工作中嘗試進行各種不同尋常的理論結合方式，例如可以把資本主義概念跟後現代概念結合起來，或是把神聖性與表演性關聯在一起。這種結合可以不經單一作者的主導而在知識圈中蔓延開來。透過這種結合技巧，這個理論脈絡中的概念可以被其他理論脈絡以新的方式來詮釋。人們可以在學到一些概念後，拓展這些概念的參照，或是反過來，更精確地突出其參照。在這種情況下，理論研究亦包含一種「再脈絡化」的實踐。[19]

---

[18] 參閱：Alison Hui u. a. (Hg.), *The Nexus of Practices. Connections, Constellations and Practicioners*, London 2017.

[19] 在理論史上，作為體系的理論和作為工具的理論是兩種截然不同的理論理解方式（雖然其差異常常沒有被明確指出來）。在理論研究領域很有可能會出現一種情況，就是某一種典範被詮釋者捧到至高無上的地位，但該典範綱領的理論提出者並不是像詮釋者所說的那樣做研究的。像是在大學裡，教師的教學應該要更透明且將多種觀點進行比較，但不少教師卻會偏好將理論詮釋成理論體系，扼殺了理論的實驗精神（就算該理論明明是工具理論）。例如韋伯的現代性理論，很多教師都會將之捧成一個至高無上的體系綱領，但韋伯並沒有要建立一套理論體系，他最終是一位工具理論家。我比較偏好反過來的做法：就算是理論體系，也應該讓它更開放，將之理解為工具：我們是不是可以想想看，怎麼將馬克思或魯曼的理論當作分析工具呢？這兩種做法的關鍵差異在於，我偏好的這種做法，可以為不同的理論詞彙賦予相互結合的能力，這與喜將理論當作體系的人的意圖是背道而馳的。

2

作爲社會事物理論的實踐理論

　　我們已經看到，社會事物理論對社會體理論來說是必不可少的。但社會事物理論的範圍很大。可供我們選擇的例如有個體主義行動理論、現象學社會學、結構主義、系統理論、結構功能論。這還只是龐大多樣的領域當中的其中一些而已。若人們將理論理解爲分析工具，那麼所有這些理論對於研究的進行來說都各有優缺點。而我決定要採用的理論是實踐理論，亦稱爲社會實踐理論或實踐學（Praxeologie）。社會實踐理論可以是一種探討社會本體論的視角，亦可以是一種用以啓發思維的社會事物理論。在我看來，這種理論對於（不只是社會學的，而是整個社會科學與文化科學領域的）經驗分析來說，能讓人們在看待社會世界時有一個既廣泛、又聚焦的視野，也可以爲研究開啓一個更有生產性的視角。實踐學式的社會事物理論爲我在現代社會理論方面的貢獻提供了基礎。因此我主張，我們應大膽地從實踐學的角度來看世界。

　　實踐理論有一些理論特徵使它基本上和其他當下的社會事物理論不太一樣。在我對此進行深入探討之前，我也必須坦承實踐理論對我的吸引力也在於它實際上更多是一種社會事物理論**工具**，而完全不是一套理論體系。實踐理論擁有上述所有社會事物理論具備的優點。例如，它有可能毫無問題地以推陳出新的方式不斷處理各種主要概念，可以與其他理論流派結合起來，並且能夠以令人意想不到的形式與新的對手和概念進行對話。也因爲這種流動性，所以社會實踐理論不是單數的**一套**理論。實踐學沒有**單一**的提出者或經典文本。如前文說明過的，它牽涉到的更多是一種跨學科的、知識性的理論運動或理論社會網絡。自1970年代起，它就在社會科學與文化科學的不同地方產生出具體形式，並且從2000年開始擁有了廣泛國際合作的基礎。

　　若讀者們想閱讀個別的、複雜細緻的實踐理論著作，可以參考像是布赫迪厄的《實踐理論大綱》和紀登斯的《社會的構成》。沙茨基（Theodore Schatzki）的著作《社會實踐》與《社會地點》中也以社會哲學的角度提出了一套相當精彩的實踐理論觀點。另外，加芬克爾（Harold Garfinkel）的常人方法論，巴特勒（Judith Butler）的展演理論，列斐伏爾（Henri Lefèbvre）的空間理論，以及傅柯的一些研究，像是

治理或自我的技術，也都是實踐理論網絡中的重要成員。拉圖及其行動者網絡理論的出發點，亦即堅定的唯物主義立場，雖然和實踐理論的出發點不一樣，但也同樣可以被認為與實踐學的理論網絡有密切關聯。[20]

2.1 實踐理論的特質

儘管各種實踐學的取向多有差異，但作為社會事物理論基本語彙的社會實踐理論都共享一些特質。它們的共同出發點是：社會世界是由不斷進行自我再生產，且同時又處於改變中的實踐集合所構成的。所謂的實踐，意指在時間中重複、在空間中延展的各種活動，是由人類行動者以身體進行擔綱的，但此外擔綱者亦可以是無機實體或有機實體，或可以是人造物。這樣一種被理解為持續處於過程中的、生成的實踐，須以知識秩序和文化上的思維及言說秩序作為前提。這些秩序由論述構成，人類行動者被整合於其中，並且這些秩序讓有意義的現實組織得以可能。從實踐學的觀點視之，社會事物的最小單位不是個體行動，不是互動或溝通，也非規範或規則（即便這些全是有著悠久傳統的社會學概念），而是實踐，亦即重複進行的、散落於空間的、仰賴於知識的身體活動與物的活動。社會事物會持續在這些（借用沙茨基的話來說）「行動與言說的連結」中生產出來。實踐理論在社會理論的圖景中有特殊的一席之地，它超越了三種流行的二元論：行動理論（個體主義）對上秩序理論（集體主義），唯物主義對上文化主義，以及情境導向的微觀理論對上結構導向的宏觀理論。

范柏格（Viktor Vanberg）曾提到過由個體主義與集體主義構成的「兩種社會

---

[20] 參閱：Pierre Bourdieu, *Entwurf einer Theorie der Praxis*, Frankfurt/M. 1979; Anthony Giddens, *Die Konstitution der Gesellschaft. Grundzüge einer Theorie der Strukturierung*, Frankfurt/M., New York 1984; Theodore R. Schatzki, *Social Practices. A Wittgensteinian Approach to Human Activity and the Social*, Cambridge 1996; Theodore R. Schatzki, *The Site of the Social. A Philosophical Account of the Constitution of Social Life and Change*, University Park 2002。關於總的實踐理論，可參閱：Andreas Reckwitz, »Grundelemente einer Theorie sozialer Praktiken. Eine sozialtheoretische Perspektive«, in: *Zeitschrift für Soziologie* 32: 4 (2003), S. 282-301; Theodore R. Schatzki, Karin Knorr Cetina, Eike von Savigny (Hg.), *The Practice Turn in Contemporary Theory*, London 2001; Elizabeth Shove, *The Dynamics of Social Practice. Everyday Life and How it Changes*, Thousand Oakes 2012; Hilmar Schäfer (Hg.), *Praxistheorie. Ein soziologisches Forschungsprogramm*, Bielefeld 2016; Frank Hillebrandt, *Soziologische Praxistheorien. Eine Einführung*, Wiesbaden 2014。若人們追溯其理論史與哲學史，可以看到有許多前人對實踐理論都產生了影響，包括維根斯坦（Ludwig Wittgenstein）的生活形式哲學。

學」之間的對立。[21]這種對立一邊是由行動者主體視角出發的社會事物理論，另一邊則是從超越主體的集體秩序（規範系統）出發的社會事物理論。這種對立貫穿了整個社會事物理論的歷史。這組理論對立的兩個端點的典型形象，就是經濟人（Homo oeconomicus）和社會人（Homo sociologicus）。而實踐學與這兩種社會學都不一樣。實踐學的出發點既非個體主義、也非集體主義，而是認爲主體與社會某種程度上是同源的。社會實踐作爲一種自身不斷重複且分布於空間的活動，一方面表現出純然的、突現性的社會事物層次，這種層次無法化約成個體的特質及其行動。因此，社會實踐絕不「座落於」個體，它的內在結構有不同於個體特點的獨立性。與個體主義的行動概念（這種行動與個別行動者有意圖的動作有關）不同，實踐概念從一開始就是一種超個體的、社會性的現象。實踐概念所標示的是一種廣泛意義上的**文化技術**，這種文化技術是由許多不同的個體不斷吸收、學習與運用出來的[22]，像是寫日記或做手工等實踐，吵架或一起進行腦力激盪的實踐，實驗室工作或線上會議實踐，以及宮廷舞蹈、財產轉移、法庭審判、思考、沉默等實踐。

此外，實踐還有一個必要前提，就是人類行動者要有能夠進行實踐的身體與心智。主體是實踐必不可少的部分，而且這個主體必須是經歷過社會化的主體。從實踐學的觀點視之，主體不外在於社會事物，社會事物某種程度上也並不盤旋在個體的頭腦與身體之上。社會事物更多是作爲實踐而穿過諸主體以產生作用的，並且需要有主體的身體行爲、心智行爲、主觀上對行動的理解與對世界的理解作爲前提。主體必須被「主體化」，亦即要有相應的能力、知識形式、詮釋模式——或是用布赫迪厄的話來說，要有相應的「慣習」，才能設想如何進行實踐。如此，主體方可成爲行動者，方可承擔實踐，並同時不斷強化實踐。

實踐理論也與第二種有著悠久傳統的二元對立——文化主義與唯物主義——保持距離。實踐理論既不採取文化主義的立場將觀念與象徵秩序視爲社會事物的基礎，也不採取唯物主義的立場僅處理自然界與物界。實踐理論在此更多是一種混合性的知識架構。它**是**一種文化理論，但**同時也是**一種唯物主義理論。**文化理論的唯物主義**，或反過來說：**唯物主義的文化理論**。這在表面上雖然很矛盾，但實踐理論知道如何將之極富成效地結合在一起。我們必須從實踐學的角度出發來思考物質性與文化：既非

---

[21] Viktor Vanberg: *Die zwei Soziologien. Individualismus und Kollektivismus in der Sozialtheorie*, Tübingen 1975.

[22]「文化技術」這個概念在文化科學中有其自身的發展脈絡。對此可僅參閱：Jörg Dünne u. a. (Hg.), *Cultural Techniques. Assembling Spaces, Texts, Collectives*, London 2020.

物質性**先於**實踐，也非觀念系統**先於**實踐，而是物質性唯有在「做出物質」（doing matter）的實踐中才會存在，文化也唯有在「做出文化」（doing culture）的實踐中才會存在。

　　在實踐理論的設想中，文化與物質總是交織在一起的。一方面，實踐完全是一種物質現象。它有兩種物質形式：人類**身體**，以及非人的**造物**。在源遠流長的笛卡兒－康德的意識哲學傳統中，社會事物理論有很大部分都只關注心靈、遺忘了身體。但實踐理論與之相反，特別突出實踐的身體性，認為實踐活動可以說就是必須以人類身體作為媒介（作為改變世界的、充滿能量的、充滿情感的、基於神經系統的有機體）才能產生作用。同時，與侷限於主體間性（亦即人際關係）的社會事物理論傳統不同，實踐理論也強調社會實踐總是有非人的（有機或無機的）實體參與其中。這些實體與人類連結在一起，共同決定了實踐，讓實踐得以可能，並共同建立起一整個社會生態結構。所以實踐理論會考慮到各種發展動力，其牽涉到的例如有器具、機械、建築、媒介科技、書籍、演算法、圖像螢幕、聲音、動物、植物、樹林、氣候條件等等。這些「造物」（我所謂的「造物」概念意指物質實體的客觀實在，並且這種客觀實在與人類的關係密不可分）是實踐的必要「參與者」，以自身的方式**內在於**社會事物中發揮作用。

　　另一方面，實踐理論在相當根本的方面也會採取文化理論的視角看待社會世界。社會實踐不僅是物質實踐，也是文化實踐。它所建立起來的不是簡單的行為模式，而是必然包含著**知識秩序**。正是知識秩序為行為模式賦予了形式。知識秩序，或可稱為分類系統，以某種方式有意義地呈現世界，讓行動者得以透過各種差異區分（透過各種符碼）有意義地詮釋世界；這也是一般意義上的文化。[23]這種知識秩序會提供一套具有或多或少廣泛性的文化詮釋系統，以及一套實踐－方法知識，讓人們有能力參與實踐。它可用於實踐的執行，為人們的所作所為提供詮釋性的、知其所以然（know-how）的背景知識。以此而言知識秩序在社會脈絡中也是一種可理解性，讓實踐者可被他人理解，並且可讓實踐者在使用知識秩序時有基本的自我反思能力。然而這種背景知識是默會的，所以此處的自我反思並非意指刻意進行的自我反省。舉個例子：在現代學校中可以看得到的各種實踐——例如上課、學習、學生互動、課堂分組、學校同儕群體的教育等等——都可以理解為各種身體與物的活動，同時這些

---

[23] 這是在文化轉向意義上較為寬泛的文化概念。下文我還會再提到一個較為嚴格的文化概念，其牽涉到價值歸因，並且對於社會體分析來說很重要。

活動也需要有複雜的、時常沒有被特別意識到的教育觀念和重要內容作爲前提。也就是說，這些活動的前提，是活動參與者擁有一套實踐知識，理解教師和學生之間的關係，理解成就、競爭、分層、反抗，知道要控制身體，知道要專心，知道如何細心地溝通。在實踐理論中，語言和溝通所扮演的角色對於社會事物來說不是最重要的。知識秩序常常是默會的，沒有明確的語言說明，語言溝通實踐也只是許多對社會事物來說很重要的實踐類型**中的一種**。

　　第三組實踐理論企圖破解的二元論牽涉到的是同樣有著悠久傳統的微觀理論（針對的是特殊情境）與宏觀理論（從整體結構出發）的對立。這在根本上與實踐的時間和空間有關。一方面，人們可以從微觀社會學出發來詮釋社會實踐，認爲社會實踐必須不斷在特殊的地點情境，亦即在一個獨異的地方、特定的時間點重新生產出來。每一個情境在某種程度上都有自身新的開端，每一個脈絡某種程度上都不同於其他脈絡且無比複雜。每一個情境和脈絡都會讓實踐具有事件多樣性、地方情境性、不可計算性。在這種情況下，社會實踐不需要有一種全面的、彷彿無時間無地點的結構作爲前提，亦即不需要一種精確地決定好何種活動在此時此地生產出來的結構作爲前提。正面地看，實踐理論認爲存在著一種開放性，這種開放性構成了微觀情境中令人驚訝、偏離常規的事物。

　　但情境中的活動也並不是不需要前提的。它總是需要超越情境的前提，亦即需要在時空上超越情境的前提。所以實踐學看待社會事物時也包含了一種明確的宏觀視角。社會實踐之所以是社會的，是因爲它散布在空間中，在空間中**擴散**，在時間中**重複**，在時空中潛在地**再生產**。社會實踐有一種常規性，會典型地（用紀登斯的話來說）「與時空相連」。諸多實踐會連結成一整片的實踐複合網絡，例如全球資本主義。這樣一種實踐網絡是一座既廣且深的架構，它與不同的各種活動是相互依賴的，會跨越時空邊界相互影響，或單方面產生影響，或彼此結合在一起。在社會化的身體中、在物中、在代代相傳的知識秩序中，都存在著一種慣性，讓實踐複合體得以持存。

　　從實踐學的角度觀之，「微觀」和「宏觀」不再是非此即彼的。所謂的微觀現象總會在時間和空間上連結成一片宏觀形式的網絡；所謂的宏觀現象也總是形成自個別的微觀情境。[24]實踐學並不採用「二元面向」——情境與結構、微觀與宏觀——

---

[24] 關於微觀與宏觀的差異的經典討論，可參閱：Jeffrey C. Alexander u. a. (Hg.), *The Micro-Macro-Link*, Berkeley 1987.

的想像，而是從（用拉圖的話來說）「扁平本體論」出發，認爲社會事物僅存在於一元面向上。實踐學將社會事物理解爲一片實踐網絡。這一方面偏好德勒茲（Gilles Deleuze）與瓜達里（Pierre-Félix Guattari）所謂的「去疆域化」，亦即消解現存的秩序，將情境中令人訝異的事件連結成新的網絡。但另一方面實踐學又傾向「再疆域化」，傾向建立起一套秩序，亦即建立起一種超越時空邊界的、經過調節的實踐複合體。[25]

2.2 實踐學觀點下的四個社會事物現象

從實踐理論的觀點視之，社會事物是由實踐與整片實踐網絡所構成的；這也同時是一整個特殊的實踐－身體－造物複合體，以及實踐－知識複合體。實踐會自我再生產，並且會不斷交織成新的網絡。若我們從作爲一種社會事物理論的實踐學的角度來審視，那麼原本人們在其他的社會體理論中已經認識到的所有社會事物現象（Phänomene des Sozialen）就會再顯露出特殊的意涵。於此，有四個現象是我特別想仔細探討的：論述、情感、主體、生活形式與制度。某種程度上我想透過實踐學的「眼鏡」來看這些現象。

論述在實踐學中處於何種位置呢？這個問題聽起來可能很挑釁，但其實很好回答。[26]論述就自身來說即是一種實踐，一種論述實踐，它既不高於其他實踐，也不低於其他實踐。於此，實踐理論與極端的論述理論是不同的。對論述理論來說，社會事物的核心**就是**論述。實踐理論也與唯物主義不同，對於唯物主義來說，論述僅是文化上層建築。以實踐學觀點視之，論述是再現實踐。在這種實踐中，世界現象會以某種類型與方式呈現出來、詮釋出來、變成議題，可言說的事物的詮釋秩序即從這種實踐中產生出來，或是若有足夠力量的話甚至還會超越這種實踐。論述實踐也總是會需要一些特殊的物質作爲前提，亦即最廣泛意義下的媒介（筆、圖片、錄音等等）。這種實踐對實踐學來說之所以特別有趣的原因在於，知識秩序在其他（「非論述的」）實踐中都是**默會**的知識，亦即都是不被言明的，但在論述實踐中，知識秩序卻會以文字

---

25 參閱：Gilles Deleuze, Félix Guattari, *Tausend Plateaus. Kapitalismus und Schizophrenie*, Bd. 2, Berlin 1992, S. 429.

26 此處可參閱：Andreas Reckwitz, »Praktiken und Diskurse. Zur Logik von Praxis-/ Diskursformationen«, in: ders., *Kreativität und soziale Praxis. Studien zur Sozial- und Gesellschaftstheorie*, Bielefeld 2016, S. 49-67.

或視覺的方式**明確**地表達出來。在論述中，知識、文化再現都會變成議題。尤其在現代社會中，非論述實踐與論述實踐常常超越了實踐／論述二元論而彼此耦合在一起，形成一整個**實踐－論述－形態**。[27]

在實踐學的理論框架中，**情感**也有特殊重要性。[28]不論是個別實踐還是整體的實踐網絡，都會蘊含著特殊的情感性，蘊含情感－情緒；實踐是一種實踐－情感複合體。實踐理論於此與大部分抱持理性主義態度而遺忘情感的社會事物理論是截然不同的。在實踐的框架中，主體會以某種方式受到其他主體、造物等等的感染。這種感染本身既是一種物質現象〔因爲它包含一種馬蘇米（Brian Massumi）所謂的身體的「刺激強度」〕，也是一種文化現象（因爲它的形成與作用——例如什麼事情被認爲有威脅性或值得哀悼，以及要如何面對它——有賴於特殊的、關聯上情緒的詮釋方式）。重要的是，從實踐學來看，情感和情緒不能用心理學主義的角度視爲個體特質，也不能視爲個人的心理狀態，而是必須在「做出情感」的意義上視爲實踐**自身**的構成部分，所以關於情感的種種都應以社會科學和文化科學來進行研究。在實踐－情感複合體中，特殊的情感態度——開心、喜悅、感興趣、傷心、怒、生氣、羞恥、嫉妒——都可以加以探討，並且每種實踐都可以根據情感強度與其他實踐清楚區別開來。浪漫的愛情會構成一種特殊的實踐－情感複合體，市場競爭會構成另一種實踐－情感複合體。在同一種實踐－情感複合體中，也可能會產生諸種相矛盾的情感。例如教育系統可以激起人們的好奇與勤奮，但也可以激起人們對於被拒絕的恐懼和對於權威的反抗。實踐的情感也反映了實踐自身的動機形式，反映出是什麼樣的一種充滿吸引力並令人嚮往的結構，或令人想劃清界線與拒斥的結構，促發了實踐。

實踐理論在看待**主體**時採用的也是一種特殊的視角。[29]實踐理論不預設主體是自主行動者，而是將主體預設爲身體（連同埋藏於身體中的「精神」），預設其處於不斷進行的主體化過程中。人不**是**主體，而是將知識秩序和實踐能力加以化用之後**成爲**主體，不斷地**做出主體**。在主體化的過程中，個體會聽從某種「正常的」、適當

---

27 例如現代教育系統就可以理解成一種實踐－論述－形態，因爲在這裡關於學校和教育的論述，例如教育政策、教育科學、媒體論述等等，都與非論述實踐——例如與學校課堂或教育事業管理等等——緊密交織在一起。

28 此處可參閱：Andreas Reckwitz, »Praktiken und ihre Affekte«, in: ders., *Kreativität und soziale Praxis*, S. 97-115; Monique Scheer, »Are Emotions a Kind of Practice (and Is That What Makes Them Have a History)? A Bourdieuan Approach to Understanding Emotion«, in: *History and Theory* 51: 2 (2012), S. 193-220.

29 此處可參閱：Andreas Reckwitz, *Subjekt*, Bielefeld 32021.

的、合格的主體準則。透過這種內化與聽從，個體會成為一個表面上自主的、有反思性的、遵循自身興趣的、有自身「主體視角」的存在。典型的主體，是在實踐（複合體）中才逐漸形成各種能力與構成世界關係的。社會角色的扮演可以形塑出主體，除此之外實踐（複合體）所需要（並使之能進行再生產）的一整套能力、詮釋知識、七情六欲也會形塑出主體。此外，透過論述實踐所進行的文化再現也會形塑出主體。所以有一部分的論述實踐會慢慢形塑出一種主體論述。由於一個人身上可以同時有各種不同的主體化方式（例如一個人可以同時是女性、教授、白人、葡萄酒愛好者、物理學家等等），所以主體化可能會產生不可預測性。而且這種不可預測性不是由實踐外部造成的，而是實踐內部產生的；或是更準確地說，是在實踐過程內部產生的。所以實踐－論述－造物複合體會造就一種特殊的主體文化與主體秩序。

　　從實踐學的視角來看，社會是**所有**實踐（複合體）相互連結而成的網絡。在這種社會（當代，這種社會是世界社會）內部，當然並不是**所有**實踐都以**同樣的**方式和強度**彼此**連結成網絡的。當代社會的實踐網絡通常是由特定實踐（複合體）所連結而成的特殊網絡，這樣的網絡中有部分的連結比較緊密，也有些部分的連結比較鬆散。[30]各種作為社會科學經典研究對象的不同社會單位——從科層組織到次文化——都可以用實踐學來重新描述為特殊的社會實踐總和。一般來說，我們可以區分出兩種社會體的集聚形式：**生活形式**與**制度**。[31]這兩者對實踐學來說同等重要，兩者也都是在同一個層次——社會實踐層次——上不斷變動的，所以這兩者超越了系統／生活世界、社群／社會或社會整合／系統整合這類經典的二元論。生活形式與制度不是由兩種不同的材料構成的，而是兩者的差異乃來自兩種不同的**安排**實踐的方式。

　　一方面，我們可以認為社會是由生活形式所構成的，並以此理解方式來進行研究。生活形式可以理解為所有實踐的總和，並且這種實踐的總和中各種實踐彼此是協調在一起的。這種實踐的協調總和亦構成了無數個體的社會文化生活（亦即構成了一個人從出生到死亡的整個身心活動）。在現代社會中，屬於這種生活形式的通常有像是工作實踐、個人關係實踐（家庭、朋友等等）、媒體使用實踐、消費實踐、身體實踐（體育活動、性行為）、政治實踐、空間實踐（居住、旅行）以及自我實踐（生平反思）。這些實踐會在執行的過程中超越知識秩序而交織在一起。特別的是，（現

---

[30] 也因為如此，所以實踐學可以根據多少都頗具規模的網絡連結密度，以及特殊實踐之間特別強的關係，來將社會加以可視化。

[31] 參閱：Andreas Reckwitz, *Das hybride Subjekt. Eine Theorie der Subjektkulturen von der bürgerlichen Moderne zur Postmoderne*, Berlin 2020, S. 63-81.

代）社會並非所有人都只過著一種生活形式，而是會因爲諸如環境、階級、次文化等各種要素讓不同的人有不同的生活形式（像是資產階級生活形式、無產階級生活形式等等）。

另一方面，社會也可以視爲諸制度的集合來加以研究。制度分化與生活形式的分化不是並行的，而是前者整個貫穿了後者。制度就是實踐的協調總和，它是由某種事務專殊化造就的。這可以僅與某單一種組織有關，但也可以牽涉到所有社會領域，像是經濟或政治這兩個在功能分化的現代社會來說最具特色的領域。這裡，人們並不從古典的規範理論來思考制度，而是去看在這些制度中實際上到底有什麼事被**做**出來了。在現代經濟領域中，例如市場交換實踐、機械生產實踐、計畫實踐和風險計算實踐，會相互連結成一片網絡。在政治領域中，法規設置、辯論、管理活動、公開表現等實踐會交織在一起。同樣的，這些實踐不只需要身體和造物，也需要特殊的知識秩序作爲前提。重要的是，一項實踐並非要麼被安排成生活形式、要麼被安排成制度架構，而是它更多會**同時涉及兩種**社會集聚形式。[32]

若從實踐學的觀點來看生活形式與制度，一般來說不會預設兩者各自必然是同質、整體、某種程度上相互封閉的。若我們將這兩者視爲由鬆散地連結在一起的實踐的總和（包括論述和主體化的方式，論述和主體化的方式這兩者也屬於實踐）所構成的，那麼我們的這種觀念就（至少比一些古典概念，例如系統或生活世界）更有可能注意到社會事物的內在異質性。我們亦可假設，這種異質性可能會因爲穩定的規範系統，或是隨著主體地位的確立，而出現同質化與單一化的進程。生活形式與制度架構總是會在異質化與同質化這兩極張力之間移動，這也是實踐學與歷史學需要進一步研究的。一方面，生活形式與制度架構會產生邊界，亦即向外標示出一種邊界，標明內外差異。然而另外一方面它們也會透過多樣的方式與**其他的**生活形式和**其他的**制度交織在一起，不論這種交織是無意產生的結果，還是透過相互依賴或非專業性的、可以跨邊界的實踐與知識秩序而刻意嘗試進行控制與施予影響所產生的結果。

以實踐學的觀點視之，生活形式與制度一般來說也因此不是僵化的、無時間性的結構，而是會具有基本的過程性與歷史性，亦即是一種積極**做出生活（形式）**與**做出制度**的主動過程。這包含了社會再生產，也包含預期之外的新行動。這當中有部分實踐既是由社會所構成的，也會造就社會的改變。對於與生活形式與制度秩序有關的實

---

[32] 例如「去戲院」這個實踐，既是資產階級生活形式的部分，也是藝術領域的部分。知識勞動實踐也既屬於晚期現代學術中產階級，也屬於認知資本主義領域。

踐（複合體），我們可以根據其**社會權力**的強度對其進行劃分。社會權力是實踐學可以提供貢獻的另一個很重要的社會事物概念。一種生活形式或一種制度，可以因其有更大的作用範圍、更好的再生產、更強的同質性、更大的邊界，或是因其發散得更廣泛，亦即因爲對其他實踐產生影響，而更強而有力。在現代社會中，這種權力影響可以變成一種霸權，亦即變成一種支配，使得整個社會中的某些實踐與知識秩序幾乎成爲一言堂，或是成爲被普遍認爲值得追求的模式。

2.3 將實踐理論作爲工具

　　就像所有的社會事物理論一樣，實踐理論也有兩個功能。一方面，它可以爲人們在進行社會科學和文化科學的研究時提供有助於經驗分析的啟發，且爲社會體理論提供必不可少的背景。另一方面，它在社會本體論方面也具有自主的反思價值，描繪出獨立於經驗之外的某種社會事物圖像。作爲研究啟發，實踐理論與社會科學和文化科學感興趣的所有社會現象都有關係：從氣候變遷到勞動世界的變遷，從古代葬禮儀式到資產階級閱讀文化、再到革命鬥爭，從社交媒體到體育活動。簡單來說，所有微觀現象或宏觀現象都可以用實踐學的觀點來研究。實踐學在啟發方面的指導原則是：將現象視爲一種相互關聯在一起的「**做出來**」（doing）！[33]由此出發，人們能提出的問題會像是哪些身體和哪些事物參與了這場相互關聯？哪種知識秩序在當中被表達了出來？哪些主體化方式和哪些情感結構被包含在其中？就連傳統社會科學的研究對象，像是組織、次文化、國家、資本主義、全球化，都可以視爲相互關聯在一起的「做出來」以進行研究。

　　此外，一些至今很少被研究的現象，例如「獨異性」或是「失去」——這亦是我自己的研究主題——也可以戴上實踐學的眼鏡來檢視。當我們以此來檢視各種現象的話，它們就會「液化」成一種特殊的、在表面上看起來平平無奇，但實際上非常複雜的做出過程。對於獨異性來說，這意味著獨異性可以作爲社會產物而進入我們的視野中。它可以被視爲**做出獨異性**的結果，亦即某種觀察、評價、生產或接受獨異事物的實踐執行結果。失去也是，它可被視爲**做出失去**的結果，而非與實踐無關的「客觀

---

[33] 這條最高原則源於常人方法學，由加芬克爾和薩克斯（Harvey Sacks）提出的。參閱：Harvey Sacks, »On Doing ›Being Ordinary‹«, in: John M. Atkinson, John Heritage (Hg.), *Structures of Social Action. Studies in Conversation Analysis*, Cambridge 1984, S. 413-429.

的」社會現象。用社會學的術語來說，就是人們可以問：人們在哪些特殊實踐中經歷與應對失去？人們如何記起或遺忘了失去？它如何在論述中被生產出來並在政治中被著重探討？

　　我們至此的這一連串關於社會實踐理論的討論也突顯出一件事：儘管可用實踐理論進行研究的現象無比多樣，儘管與經驗性的研究實踐非常相似，但實踐理論有一套獨立而特殊的社會本體論，一種看待社會事物的特殊「世界觀」。若我們與基於不同世界觀的其他社會本體論相比較，那麼我們就可以更清楚知道實踐理論的世界觀是什麼。其他世界觀下的社會本體論，有的將社會事物視為無數個體依其自身興趣與偏好所進行的行動舉止，透過契約的相互締結而集合在一起；有的視為規範系統、價值系統、角色系統；有的視為貫穿每個行動而產生作用的深層文化語法；有的視為整體的溝通行動或由語言中介的互動。相反的，實踐學的世界觀將社會事物想像為蔓延極廣的身體、物、知識的具有過程性的活動網絡，這些活動會增加、再生產，或是被新活動取代而消失。這是一個由所作所為所構成的世界，一種被造就出來的世界。這個世界在時間面向上會不斷重複且會嘗試性地形成新形態，在空間上既會彌散，也會萎縮。這也是一個身體與所有類型的物彼此之間相互感染與被感染的世界。這是一個被造就出來的世界，也同時總是一個在文化與物質方面處於生成之中的世界。造就了現代性的世界亦是如此。所以我接下來將藉助實踐學的工具來確切描述現代性。

3

現代性是由實踐所造就的

　　社會學的現代性理論中的一個核心假設是，十八世紀時西半球幾乎所有的社會實踐複合體與整個社會都出現了一個影響深遠、至今仍持續著的轉型。但現代性的新穎之處究竟何在？近250年來──或是如果人們將更早期的時候都算作近現代的話，那麼可以更寬泛地說是近500年來──歐洲社會和北美社會的發展，在多大程度上其結構和更之前從智人建立社會世界之始以來的15,000年是不一樣的？如果說，現代性是由實踐所造就的，那麼這種造就出現代性的實踐生產出了哪些世界？

　　我們可以在一些歷史過程中──例如工業革命和工業資本主義的興起，政治革命和民主化過程，科技革命與科學化過程，啟蒙運動與世俗化，全球化與帝國主義的擴張，都市化與民族國家的形成──相對具體地看到社會如何從傳統轉變到現代。抽象一點來看，古典社會理論家也都提出過一些關於現代性的定義。例如將現代視爲資本主義社會（馬克思），視爲形式理性化的過程和「支配世界的積極主義」過程（韋伯），視爲日益攀升的社會勞動分工過程（涂爾幹）或功能分化過程（帕森斯），視爲個體化在質與量方面的發展（齊美爾）。

　　古典學者和他們運用的工具所得出的成果，無疑一直都是很有價值的資源。然而我想用另一種方式界定現代性，並強調當中同時標示出其結構動力的三種基本機制。[34]在這一點上，應該不會令讀者感到意外的是，我會在前文發展出來的意義上將社會體理論視爲一種工具，而非一種體系。我的目標不是從某些前提和抽象定義中推導出一套更進一步的現代化理論，而是發展出一些分析概念，讓人們可以藉此完成李歐塔（Jean-François Lyotard）所謂的「編纂現代性」的工作。[35]我將社會體理論理解爲工具，並以此在《混合的主體》、《創造性的發明》、《獨異性社會》中對現代性

---

[34] 這裡我將會整合一些古典社會理論家的概念，像是韋伯的形式理性化、齊美爾的質的個體性、涂爾幹對於神聖與世俗的區分。

[35] Jean-François Lyotard, »Die Moderne redigieren«, in: Wolfgang Welsch (Hg.), *Wege aus der Moderne. Schlüsseltexte der Postmoderne-Diskussion*, Berlin 1988, S. 204-214.

的個別面向進行過各種研究。讀者們應該對我嘗試發展分析概念所採取的這種方式不感驚訝了。我的這些研究都可以用來編纂現代性。而且事實上，如以下將指出的，我在這些著作中運用的概念有很高的普遍性，有助於讓總體的現代性分析得出豐碩的成果。所以我以下第一步將介紹一些基本機制，第二步則借用這些機制分析現代轉型過程的一般性框架，並以此對晚期現代進行充分的理解。

被我當作分析現代社會的工具的三個現代社會基本機制，是：

1. 現代社會是由一套實踐網絡所構成的，而這套實踐網絡本身原則上也是一個社會偶然性的開啟與封閉之間無盡的辯證過程。

2. 造就出現代性的實踐是在社會的一般性邏輯與社會的特殊性邏輯之間的矛盾中進行的。同時它也處於形式理性化與價值－情感的文化化（Kulturalisierung）之間的張力中。

3. 造就出現代性的實踐的特殊之處在於，它是一種在時間面向上極端求新的體制。反過來說，它也會建立起一種混合性的時間，以及一種不斷造就出「失去」的社會動力。

這三個相互扣連的基本特質的共同特徵在於，它們都不是單純的結構原則，而是**張力**。我們可以透過這三種張力來理解並仔細研究現代性的動力與潛在衝突。我所建議的這種分析方式和傳統的社會學的現代化理論有一些根本上的差異。傳統社會學的現代化理論將現代視為一種線性發展過程，認為它具有某種結構特質，並且這種結構特質會日益更加成熟穩固。但在我致力提出的觀點中，現代性在根本上是一種由**衝突**與**矛盾**所造就的事件。我想嘗試用這種觀點來加入現代性理論的「編纂」工作。這三種基本機制，對於我所認為的社會體理論的研究來說是很好用的。一方面，它們是我們對現代經驗知識進行綜合後得出的結論。但另一方面，這樣一種社會體理論可以為社會科學與文化科學的個別經驗分析提供啟發，因此也可以作為經驗研究的綱領。接下來我會開始分析現代轉型過程。在這一步驟中，這些基本機制可以被「消化吸收」來用在一般的討論上，亦即可以用來探討現代性的歷史，特別是晚期現代的危機。

3.1 偶然性的開啟與偶然性的封閉：沒有終點的辯證

現代社會有一種雙重的偶然性導向，而且這種雙重的偶然性導向對於現代社會的所有領域來說從一開始就是非常根本的。這種雙重偶然性導向就是：人們對至今當下的制度秩序與生活形式既有一種偶然意識，**並且**還有一種規範目標，認為純然的現代

社會世界應該持續讓偶然性得以可能。這事實上是現代性特有的新現象。雖然在智人的生活與社會形成形式中有些實踐從一開始就是偶然的，並且人們也可以改善這種實踐或替換這種實踐，但是唯有在現代，整個社會秩序才特別被認為是可以安排的，可以整體進行批判，可以且應該用新的、更好的社會秩序替換掉。因為有這種偶然性導向，所以現代社會不再是「冷社會」，而是「熱社會」了。[36]

也就是說，現代性是伴隨著一種基本的**偶然性意識**而形成的。在第一個層面上，這意味著現代社會世界以及其生活形式與制度不再被認為是理所當然的、自然而然的、永恆的、不變的，而是認為在社會中存在的所有一切都可以是**另外一回事**。這牽涉到規範與價值、人與物，但也牽涉到情感、空間、時間、制度秩序、法律、經濟，以及最終牽涉到整個社會。現代的〔用布魯門貝格（Hans Blumenberg）的話來說〕「偶然文化」與認為世界社會是可形塑的、可改變的、可操控的等基本觀念密不可分。以此而言，所謂的偶然，意指向轉型（甚至是革命）的可能性開放，願意用推陳出新的「做出」開啟可能性視域。**開啟**偶然性則意指：揭示社會現存事物的偶然性，直面另外一種可能性。[37]

換句話說，現代社會中的社會事物不是**非**偶然的。理論上來看（如果並非實際上總是如此的話）一切事情都是可以安排的。在早期現代社會中，這種集中在整個生活形式和制度秩序的偶然性導向已經非常具體地表現在各個領域中了，例如表現在宗教改革和宗教批判中，在政治革命中，在近現代的自然科學中，在因市場而造成的封建結構的消亡中。偶然性的開啟與社會世界的形塑並不是毫無原則的。一般來說，偶然性之所以應該被開啟，是因為迄今的制度和／或生活形式被認為**出現了不足**或**值得被批判**。現代社會的核心特徵就是人們不斷感覺到當下的狀態是需要被克服，或至少需要被改善的。人們假設社會總是需要改善的，假設社會的不斷重新形塑是一種律則；而引導這種假設的則是另一種同樣非常典型的現代觀念：進步。相應於此，現代人總會期待社會關係的重新形塑在實際的未來中將會在結構方面帶來一種持續的或飛躍性

---

36 此處可參閱：Claude Lévi-Strauss, *Das wilde Denken*, Frankfurt/M. 1973, S. 270。從歷史來看，我們當然必須注意到例如在歐洲、中國或印度的古代高等文化中，同樣有強烈的制度性的偶然性意識。但那時的偶然性意識不像在現代社會那樣這麼極端。

37 關於近代與現代的偶然性，可參閱：Hans Blumenberg, »Lebenswelt und Technisierung unter Aspekten der Phänomenologie«, in: ders., *Wirklichkeiten in denen wir leben. Aufsätze und eine Rede*, Stuttgart 1999, S. 7-54; Niklas Luhmann, »Kontingenz als Eigenwert der modernen Gesellschaft«, in: ders., *Beobachtungen der Moderne*, Opladen 1992, S. 93-128; Michael Makropoulos, *Modernität und Kontingenz*, München 1997；以下亦可參閱：Reckwitz, *Das hybride Subjekt*, S. 90-94.

的改善。

在現代性的歷史中，進步作爲一種指導原則，其內容以很多不同的方式獲得了實現——從效率到解放，從富裕到團結。然而基本上人們可以說，爲了追求進步而進行的轉型最終也是爲了一個目標：實現一種純然的現代社會秩序，亦即使**社會秩序本身**成爲一種持續的偶然性。這就是上述的雙重偶然性導向的第二個層面：偶然性是應該被開啓的，才能讓持續的偶然性得以成爲可能。「偶然性」這個目標很抽象，現代論述常常會用「自由」或「自主」等語義來具體表述這種偶然性目標。與自由相反的概念是壓迫，因此現代社會的偶然性文化是以自由與壓迫之間的對立作爲基礎的。[38]現代社會事物偶然性的開啓，源於人們感受到有一種充滿缺陷、值得批判的壓迫狀態，所以不斷試著爲可能性開啓空間。因此**做出偶然性**（doing contingency）也總是意味著一種特殊的**廢除掉秩序**（undoing order），廢除掉至今的秩序。在現代性的歷史中所有的偶然性的開啓場景都是以此爲基礎的。例如宗教改革（爲了反抗人們感受到的天主教或東正教的壓迫）、浪漫主義藝術（反抗古典主義的壓迫）、法國大革命（反抗專制主義的壓迫統治）、市場結構的擴散（反抗封建制度的壓迫）、啓蒙（反抗宗教與偏見的壓迫），都是人們可以看到的一些絕佳例子。相反的，像是基督新教、浪漫主義、議會民主制、市場經濟，或是啓蒙，都是在建立一種本身就以偶然性觀念爲主的秩序，亦即都是在確保一種讓可能性得以發揮出來的空間（亦即確保「自由」）。

但這些不是歷史的終點。現代社會的偶然性導向所造就的更多是一種無盡的辯證發展過程，直到我們今天的二十一世紀依然在進行中。這是一種偶然性的開啓與封閉，然後再開啓與再封閉的過程，一種持續的**做出**與**廢除掉**的過程。這種過程是現代制度結構與生活形式的核心特質。人們總是不斷因爲再次感受到偶然性的欠缺（「太少自由，太多壓迫」）而推動這種過程。偶然性的開啓不會永遠持續下去的。在某個時刻，總是會出現一種偶然性的封閉過程，然後最終舊的社會實踐又會再被新的社會實踐給替代掉。之所以人們會覺得偶然性是欠缺的，是因爲現實的「封閉掉偶然性」與「想要有偶然性」之間，亦即建立秩序與批判秩序之間，是不對稱的。當一種新的、自詡進步的、更好的制度秩序與生活形式形成後被固定下來，亦即在文化上產生一種**普世化**的機制時，偶然性就會隨即被封閉掉了。當新的秩序——例如市民社會、

---

38 對此可參閱：Peter Wagner, *A Sociology of Modernity. Liberty and Discipline*, London, New York 1994.

社會主義、新自由主義、追求自我實現的文化、永續文化 —— 表現為一種普世皆然的秩序，表面上呈現為唯一正確、普世的時候，這樣的秩序就會遮蔽掉偶然性、獲得了一種霸權特質，在社會方面和文化方面建立起一整套統治。現代社會的典型特徵是，「開啟偶然性」這件事一旦被**普世化後，我們就看不到偶然性了**。[39]

在這種情況下，原先新的社會秩序的偶然性會被封閉。但這當然只是暫時的。當一種社會秩序在或長或短的時間後被至少某些參與者認為縮限了偶然性時，這個秩序就會被認為不足且值得批判了，人們就會注意到這種霸權有壓制性的那一面了。在現代社會的所有領域中，人們都會基於對偶然性的感受而提出對支配的批判。偶然性只要被關閉片刻，人們就會開始嘗試重新開啟偶然性。所以人們會開始批評：宣稱自身並不教條的新教變得具有道德壓迫性了；議會民主不像所宣稱的那樣對「人民」那麼負責了；擁護自由主義的資產階級露出勢利的真面目了；市場經濟終究也不過是一種自私自利的競爭系統；啟蒙的真相不過是片面的理性主義與歐洲中心主義；社會主義是一種限制自由且毫無效率的制度；另類文化被證明是一種假道學。這些**批判運動**與**追求創新**不斷推動著現代社會，不斷指出日常秩序的可能性視域（被人們感受到）有什麼不足，並且不斷提出新的選項，提出新的實踐、新的詮釋模式、新的人造物件、新的規範、新的刺激，或新的主體形式。最終，被短暫封閉了的偶然性就會重新被開啟了，然後進入到下一輪的開啟－封閉競賽。

在這當中也產生出了現代性的結構動力。偶然性的開啟與封閉之間會產生文化衝突，而且正是這種文化衝突每分每秒在推動著現代社會。關於主體文化以及主體文化從十八世紀到晚期現代的一連串轉型，我已經在別處仔細地討論過了。[40]但除此之外我們還必須再進一步觀察造就此種轉型的機制。就重點來看，現代社會處於一種**持續修正的模式**中，處於秩序不斷在穩定化、去穩定化、重新穩定化的無盡辯證循環中，處於一種**沒有終點的歷史辯證**模式中。這種模式與黑格爾在他基於辯證法的歷史哲學中想提供人們的啟發不同，它沒有目標，實現出來的也不是什麼「理性」的東西。[41]辯證概念必須擺脫歷史哲學的「往更崇高的階段發展」以及「最終所有的矛盾都會獲得解決」的想像。我們應該將「辯證」視為一種「偶然性的開啟」與「偶然性的封

---

[39] 參閱 Ernesto Laclau, Chantal Mouffe, *Hegemonie und radikale Demokratie. Zur Dekonstruktion des Marxismus*, Wien 1991.

[40] Reckwitz, *Das hybride Subjekt*.

[41] 這裡完全不排除社會內部會認為某些發展過程是進步的。事實上現代社會無法不以進步概念來進行觀察。但是現代性理論並非沒有其他的自我觀察方式。

閉」之間無盡的翻轉過程，一種由批判與結構之建立作爲動力所持續推動的變化。

　　從中層的社會事物（像是個人的生活形式或個別的制度的變遷）那裡，我們可以觀察到開啟偶然性與封閉偶然性的動力。在宏觀層面上，這種動力會形成西方現代社會的變遷結構，亦即從資產階級現代、組織－工業現代，再到晚期現代的變遷結構。以此而言，現代不是僵固的。造就現代社會的，是社會自身沒有終點的無盡辯證轉型。現代社會的每個階段或版本的開端，都是因爲認爲現有的現代是不足的、需要譴責的，因此嘗試透過批判現狀來開啟偶然性。隨後，新的結構就會應運而生（有部分新的結構的形成是人們經過一番努力才獲得的），一直到新的霸權（偶然性的封閉與普世化）出現，新的批判產生，一直循環下去。換句話說，這種觀點完全不認爲現代社會會在某天達到一種最終形式。在這種以偶然性作爲文化形式的現代框架中，不存在「後歷史」、「歷史的終結」之類的東西。[42]

3.2 現代世界在產生時的基本張力

　　偶然性的開啟與封閉之間的辯證是一種抽象機制，這個機制也引出了一個具體的方向問題：如果現代社會原則上讓社會世界所有的秩序都變得偶然的話，那麼現代社會是朝往何種**方向**而形成的？關於這種方向問題，人們有各種不同的探討方式。魯曼指出現代功能分化的各領域（政治、經濟、家庭等等）是如何依其自身邏輯而形成的，拉圖則指出現代的「存在方式」（技術、小說、習俗）的多樣性。博爾東斯基與泰弗諾探討了現代社會的「正當秩序」（例如公民之城、工業之城、神啟之城）。[43]這些論述將這些堪爲現代社會特色的社會世界多樣性鋪展在世人面前，好懂又富有啟發性。[44]不過，我想「橫越」這些多樣性，強調兩個現代世界在產生時的基本張力，強調兩組極端對立的、自始至終都影響著現代社會的、形塑出偶然性的實踐複合體。第一組相互對立的社會邏輯是普遍性（做出一般性）對上特殊性（做出獨異性）；第

---

[42] 關於「後歷史」的討論，可見：Ludger Heidbrink, *Melancholie und Moderne. Zur Kritik der historischen Verzweiflung*, München 1994, S. 212-243.

[43] Niklas Luhmann, *Die Gesellschaft der Gesellschaft*, 2 Bde., Frankfurt/M. 1997; Bruno Latour, *Existenzweisen. Eine Anthropologie der Modernen*, Berlin 2014; Luc Boltanski, Laurent Thévenot, *Über die Rechtfertigung. Eine Soziologie der kritischen Urteilskraft*, Hamburg 2007.

[44] 因此讀者們可以爲了自己的研究目的而將以下的分析範疇和魯曼、拉圖、博爾東斯基／泰弗諾的分析範疇結合起來。若將理論理解爲工具，那麼我們在此就沒有必要爲各種理論設下邊界。

二組對立是理性化（做出理性）對上社會事物的文化化與價值化（做出價值）。這兩組對立很常（雖然並非總是）彼此耦合在一起。做出一般性常常與做出理性嚙合在一起，做出獨異性則和做出價值嚙合在一起。我們可以依此提出一套現代理論的分析範疇。[45]

現代社會是一個極端的社會。相較於傳統社會，現代社會在兩個相反的方向上極端地推動社會世界的重新配置。一個方向是做出一般性。現代實踐網絡始終都在嘗試將客體、主體、時空單位、集體都形塑成具有普遍有效性，甚至盡可能使之符合普世規則與普世標準。在普遍性的社會邏輯框架中，這種對社會事物的極端重新安排一般會接合上現代社會同樣極端且同樣典型的形式理性化過程，亦即接合上一種針對目的理性或社會理性的規範實踐。

但是在現代社會中打從一開始就還存在另外一種同樣極端的社會世界產生形式，並且這種產生形式與做出一般性和做出理性恰好完全相反。各種客體、主體、時空單位、集體，可以透過反普遍主義的實踐，轉化成特殊、獨特、獨異的個案。這時候，這些事物恰好是不可普遍化、不可交換、不可比較的，它們被認為是廣泛意義上的「個別」的事物，是依循自身的複雜性而發展的。這是一種透過獨異化以追求特殊性的社會邏輯，亦即一種「做出獨異性」的邏輯。這種邏輯常常跟一種被認為與形式理性化完全相反的過程結合在一起，即社會事物的文化化過程。在文化化過程中，社會事物不以工具效用或功能來進行衡量，而是會更講究自身獨特的、無以名狀的價值。這是一種「做出價值」的過程，一種社會事物的價值化過程。與形式理性領域不同，這種文化領域在嚴格意義上是一種價值循環領域。理性化和文化化是兩種相反的情感結構。理性化會造就物化，降低情感；文化化則會強化情感。

一般來說，現代社會不過就是一種充滿張力的**雙重結構**。它**同時既是**理性化過程、功能性系統、物化動力，**也是**文化化過程、價值循環領域、情感強化動力。我們唯有理解「做出一般性」和「做出獨異性」之間的矛盾，才能理解現代社會。在社會學中眾所皆知的關於現代社會理性化（包括資本化、技術化、分化）的敘事，於此顯然也需要被加以修正了。因為對於結構的形成來說，文化化與獨異化也同樣重要。現代世界的產生是充滿衝突的。現代社會不只是一台理性化機器而已，它也是上演了社會事物的極端文化化（例如美學化、敘事化、倫理化、遊戲化）的舞台。它構成了一

---

[45] 以下討論的更詳細的分析，可參閱：Andreas Reckwitz, *Die Gesellschaft der Singularitäten. Zum Strukturwandel der Moderne*, Berlin 2017, S. 27-92.

個撩撥情感的空間，也構成了一個內在價值的歸屬與承諾空間。現代社會也同時是一個極端獨異化過程（以獨一無二爲導向）的舞台。這第二種邏輯從一開始就伴隨著現代而出現。不過，在現代社會的歷史轉型過程中一般性與特殊性、理性與文化，會產生不同的、有時候令人訝異的混合關係，並且這種混合關係對每一個版本的現代性來說都很重要。

「做出一般性」無疑是現代性最主要的社會邏輯。但是在我仔細探討其作用方式之前，我想先簡短地說明我一般是怎麼理解「社會邏輯」的。所謂的「社會邏輯」在我這裡意指一種作爲社會實踐指導方針的「形式安排」（Formatierung）。所有社會事物單位或社會事物的要素，都是社會實踐基於這種形式安排而做出來的。更確切地說，社會邏輯會引導社會實踐做出五種基礎性的社會事物：客體或物、主體、空間、時間、集體。此外，社會邏輯本身也包含了不同的形式安排實踐或生產出世界的實踐，亦即包含了：(1)評價；(2)觀察或詮釋；(3)生產；(4)吸收、化用。所有社會事物單位都是在這幾類實踐中形成的。

「做出一般性」對所有這五種基礎性的社會事物都至關重要。「做出一般性」會根據上述四類實踐對所有這五種基礎性的社會事物進行新的形式安排與造就新的轉變。「普遍性」這項社會邏輯讓客體和物變成標準化的工業產品，讓主體變成擁有平等普世權利的、合乎規範的角色扮演者，讓空間變成相同的居住設施和工業城市，讓時間變成標準化的科層機制，讓現代集體變成合乎規範與理性的組織單位形式。所有四類實踐，都在「做出一般性」的模式下造就世界的「普遍化」，亦即：從普遍性的視角進行**觀察**（例如在自然科學當中或技術性的世界關係當中的經典做法那樣），根據普遍性的規範尺度進行**評價**（例如看看法律條文或勞動世界中的角色規範期待是否得到滿足），積極地以標準化爲目標進行**生產**（例如工業生產的產品必須是符合原型標準的「成品」，或是在一般的學校系統中學生要接受規訓），**化用**世界，讓世界變成普遍性的總和（例如將角色扮演或運用技術變成一件習慣成自然的事）。

「普遍性」這項社會邏輯在現代社會中一般（但不總是如此，如我們以下將會看到的）會和社會事物的形式理性化過程結合在一起，如同韋伯所經典地描述過的那樣。[46]我們無疑必須將理性化理解爲「做出理性」，亦即將社會事物當中的某些要素「變得合乎理性」。在理性化的模式中，社會事物本身不是目的，而是用於達到目的

---

[46] 參閱：Max Weber, »Die Protestantische Ethik und der Geist des Kapitalismus«, in: ders., *Gesammelte Aufsätze zur Religionssoziologie*, Bd. I, Tübingen [6]1972, S. 17-206.

的手段。理性化的目標是追求最佳化，所以我們會看到像是（在貨品生產過程中的）徹底的技術理性化，像是（在科學中的）認知理性化，像是（在法律條文制訂，或是確保個人基本權和請求權的過程中的）規範理性化。在所有這些（國家、經濟、科學、生活世界等等的）層面上都會產生理性體制。

基本上我們可以說，理性化和「普遍性」這項社會邏輯旨在回應稀缺性問題和社會的秩序問題。我們該如何運用社會事物以使資源積累最大化？以及我們該如何運用社會事物以擴展行動可能性，並讓各行動順利地相互協調？「做出理性」作爲一種造就出現代性的實踐就是在嘗試處理現代內在的偶然性，以提升效率和確保社會秩序。造就出現代性的實踐在大約1800年左右的早期現代社會中便已開始追求將所有社會事物要素形塑成**相同的**或**可比較的**，致力將所有社會事物要素置於相同的標準之下，嘗試將之置於理性的、透明的結構之下。當時人們對這樣的現代實踐感到震驚，但這種現代實踐卻也同時讓當時的人們獲得一種解放感。在後來的發展中，現代社會變成一台更加名副其實的一般化機器：更加的工業化、法律化、都市化、民主化、科層化。在現代社會的整個發展歷程中，「做出一般性」和「做出理性」始終存在著，並且不斷產生新的影響。47

不過，雖然「做出一般性」和形式理性化可能乍看之下在現代社會中已經無所不包、定於一尊了，但實情絕非如此。事實上，這個過程也是有受到嚴峻挑戰的，現代社會中也是有其他類型的過程的。「普遍性」這項社會邏輯尤其受到一種完全大相徑庭的社會世界生產方式的挑戰；這個大相徑庭的社會世界生產方式就是「特殊性」這項社會邏輯。這個社會邏輯也常常跟社會事物的文化化，「做出價值」，結合在一起。如果我們沒有看到這兩種社會邏輯之間的矛盾，我們對現代社會就必然只得一知半解。有一些理論將現代化理解爲一種持續不斷的形式理性化，認爲現代化是在理性主義的偏見下運作的；這種理論對現代社會僅就是一知半解而已。如果人們想擺脫這種一知半解的模式的話，就必須認識到一般性社會邏輯和特殊性社會邏輯之間、理性化和文化化之間的張力。只要認識這個充滿張力的形式，人們就可以看到在現代社會中**理性主義與浪漫主義之間持續的衝突**是很重要的。48事實上，我們可以將1800年左右浪漫主義者的文化運動詮釋爲極端的「做出獨異性」和「做出價值」的首次表

---

47 不過，不同的普遍化版本彼此之間也是有競爭關係的。例如「做出一般性」可能會推動效率準則，但也可能會推動社會平等準則。

48 對此的一個更細緻的、觀念史的觀點，可見：Charles Taylor, *Quellen des Selbst. Die Entstehung der neuzeitlichen Identität*, Frankfurt/M. 1994.

現。此外，人們可以從浪漫主義認識到，從歷史的角度來看，極端的獨異性邏輯首先就是在**回應**極端的一般化邏輯。

然而，獨異化過程超出了特殊的歷史脈絡，以更為抽象的方式被建立了起來。總的來說：「做出一般性」的準則是要人們透過有效率的、最佳化的安排，建立一個基於法律的解放、理性的世界。相反的，「做出獨異性」的理念則強調一個特殊性的世界，亦即期許世界中的各種社會事物單位不要成為普遍規則下的其中一個例子，而是可以基於其自身內在的複雜性而掙脫規則。獨異性被認為是有價值的，在情感方面被認為是正面的。在各種獨異性之間不存在漸進的差異，而是存在絕對的差異。在獨異性這裡，重點不是理性、可計算性、有效率、最佳性，而是個人和集體的認同、內在價值、體驗、強烈的情感。

「做出獨異性」同樣也牽涉到前述意義上的**社會**邏輯。它也牽涉到經由評價、觀察、化用與形塑等社會實踐而**生產**出來的客體和主體、時空單位、集體。只是這些生產不是為了普遍性，而是為了特殊性。在「特殊性」這項社會邏輯中，社會事物的要素也會以極端新穎的方式被加以安排。從實踐學的觀點視之，獨特性不像「普遍事物」那樣是客觀存在的，而是經由特殊的社會實踐生產方式而**變成**獨異的。所有五個社會事物要素皆是如此。在獨異性邏輯下，物與客體（例如藝術品、宗教聖物、品牌）被認為是無可取代的；主體會被當作獨特的個體來看待，並且人們會正面地評價這種個體性，甚至認為這種獨特的個體性是值得追求的，不論這種個體性指的是一個被愛的人、明星，還是富有魅力的領袖；空間會根據其獨特性來被評價，不論這種空間是城市、風景，還是不同尋常的建築物；時間會透過獨異化而變成事件和特殊時刻；集體也會依其自身特殊性質而被獨異化，變成（或大或小的）有其自身認同的共同體。社會事物會透過新的安排而成為獨異世界，這種新安排的實現，與上述四種實踐類型息息相關。例如，評價實踐會〔不論是在藝術評論中，還是一般大眾在照片牆（Instagram）的留言中〕將有創意的和了無新意的區分開來，或是將具有魅力而可信的政客與沒有魅力而不可信的政客區分開來；城市景觀或自然風光則需要人們的觀察實踐，以挖掘自身豐富的特殊性，由此發展出自身能與其他城市或自然景致區分開來的能力。人們也可以刻意將一些獨異的地點、事件、事物、主體，透過刻意的塑造或構建成場景，以此生產出獨異性。或是一些與眾不同的化用實踐形式，例如能激起我們情感的體驗，也可以造就出獨異性。

表一：基礎的社會事物與實踐

世界生產實踐 基礎的社會事物	觀察	評價	生產	化用
客體				
主體				
空間性	做出一般性／做出獨異性			
時間性				
集體				

　　我曾詳細指出過，「特殊性」這項社會邏輯的擴散通常會帶來社會事物的文化化過程與引發情感的過程。嚴格意義上的**文化**與（形式）**理性**是對立的。[49]在人們可以稱作「文化化」的過程中，這五個社會事物單位不是為達目的而採用的手段，而是有著自身價值的要素，亦即它們是自身即**有價值的**事物。這種被生產出來的、文化性的價值，包含了幾種不同的性質：它可以牽涉到美學價值，但也可以是倫理或敘事價值，樂趣－遊戲價值，創造－創作價值。社會事物的美學化、倫理化、敘事化等等，都是在文化化的過程中產生的。在文化領域中，本真性或吸引力等是主導性的標準，而這些標準都不是理性主義的標準。

　　還有，更重要的是，獨異性的、文化性的事物會產生強烈的情感刺激，這類事物也是複雜的情感邏輯的一部分。個人和品牌的吸引力、讓我們深愛與崇敬的人、藝術作品和社群、勞動文化、自然風光和許多廣為流傳的圖畫，就連敵人和我們憎恨與厭惡的對象，它們全部都是在文化的刺激邏輯中流轉，都處於非理性的空間中，而且這種非理性的空間亦是且恰恰是現代社會所特有的。理性主義者先入為主地認為現代社會是完全物化的；但這種物化其實只是表面上的。文化的獨異性是讓社會事物能產生（大部分是正面的，但有部分也是負面的）吸引力的來源。如果沒有這種文化的獨異性，現代社會將是冷漠、平順、很好地上了油的理性機器；但現代社會從來不是這樣子的。文化化過程的動力和推動理性化的動力是不同的。如上所述，理性化的動力與解決稀缺問題與秩序問題有關；而文化化過程則旨在回應現代社會的意義問題、認同

---

49 所以總的來看我的研究牽涉到寬泛意義上的文化概念和嚴格意義上的文化概念。寬泛意義上的文化意指知識秩序和意義歸因，這是所有社會實踐都具有的（Charles Taylor, *Quellen des Selbst. Die Entstehung der neuzeitlichen Identität*, Frankfurt/M. 1994, S. 56）。嚴格意義上的文化概念（當我談到「文化化」時，我所使用的文化概念即屬於此）意指一類實踐，其不是由**目的**理性，而是由**價值**理性所構築的，亦即歸屬於強烈意義下的價值範疇。

問題與動機問題，亦即在回應一個問題：誰才是主體？它想成爲什麼樣的主體？它憑藉什麼而認同自己是這樣的主體？人類社會普遍都會存在這個問題。人類社會的動力從來不是僅由形式理性提供的，而是也會產生自文化領域。若援用韋伯和涂爾幹的二元論概念的話，我們可以說：社會主要的動力並不來自於形式理性，而是來自於固有的價值邏輯、來自於「價值理性行動」；並不來自於世俗領域、冰冷的事物秩序，而是來自於充滿情感的「神聖領域」。[50]

　　獨異性邏輯和文化邏輯有一種特有的、具有潛在衝突性的動力。它自身完全不是沒有矛盾的。相反的，它——用一種比喻的說法來說——是非常容易爆炸的。因爲在文化領域中，價值不只會被賦予，而是也會被**否定**。作爲正面刺激的「吸引」，與作爲負面刺激的「抵制」，兩者是並立的。在文化領域中，「獲得某一方的認同」也同時意味著「失去了另一方的認同」，或甚至感受到遭受另一方認同的威脅。賦予價值與剝奪價值是相伴而生的。獨異性、價值與情感爲「做出獨異性」與「做出一般性」之間的矛盾添加進了一種內在動力。標準化邏輯與獨異化邏輯之間的關係在現代社會的發展歷史中會因爲不同的原因而產生不同的形式。究竟是理性化透過犧牲了文化化而獲得了擴張，還是文化化透過犧牲了理性化而獲得了擴張，這兩者的關係究竟是對立的還是互補的，從歷史的角度來看是沒有定論的。但無論如何，「做出獨異性」和「做出價值」（以及與它們對立的理性主義）滲透在整個社會事物世界中，亦即滲透進整個制度結構與生活形式中。雖然它們在藝術領域和宗教領域特別顯著，但我們在政治領域和經濟領域中也可以發現到社會事物的美學化、敘事化或倫理化。如果沒有獨異性所提供的願景和文化化提供的動力（例如集體認同、價值的賦予與剝奪之間的衝突、消費領域與勞動世界的美學化），政治領域和經濟領域是無法持存的。

　　我在《獨異性社會》中特別研究過當代晚期現代社會以「獨異化」這項社會邏輯爲基礎的特殊形式。同時，在《混合的主體》和《創造性的發明》中我也重點討論過文化化和尤其是美學化在現代社會自始以來的歷史發展。不過除此之外，藉助這一套包含了「做出一般性」和「做出獨異性」，以及「做出理性」和「做出價值」這幾組概念的分析工具箱，我還可以再對現代社會轉型的各面向進行分類。這套分析工具箱具有足夠的複雜度，讓我們可以不將這兩組概念彼此嚴格一對一結合起來，而是進

---

50 參閱：Max Weber, *Wirtschaft und Gesellschaft*, in: *Max Weber Gesamtausgabe*, Abt. I, Bd. 23, Tübingen 2014, S. 174f.; Émile Durkheim, *Die elementaren Formen des religiösen Lebens*, Frankfurt/M. 1981, S. 61-68.

行各種可能的排列組合。因為事實上「做出一般性」是否真的必然會連結上「做出理性」，「做出獨異性」是否真的必然會連結上「做出價值」，是可以成問題的。雖然在現代社會中這些概念常常是如此連結在一起的，但其他種邏輯的可能結合方式即便比較少見，也依然相當有意思。[51]

　　我們先來看一下獨異化和理性化可能的結合情況。尤其是在晚期現代社會的實踐中，獨特性與特殊性並非與價值和情感結合，而是會與理性目的計畫連結在一起。特殊性是透過形式理性程序而生產出來的，因為理性程序「很方便」。像是網路的個人化，它是由演算法形塑的；或像是一些獨特產品，其實是由3D列印製造出來；或是獨異化的醫學療法，是基於個體基因組分析而進行的。人們可以說這些例子表現出了「機械性的獨異化」。[52]在這些例子中，獨異化過程之所以獲得了推廣，正是因為它與理性化過程結合在一起。

　　不過在現代社會發展史中，還有第四種在邏輯上看來有可能會產生的情況，亦即價值化（做出價值）和普遍化（做出普遍性）的結合。有價值的不必然等於是獨異的，在後浪漫主義的情境中尤其如此。普遍的東西在某些情況下也可以被「充入」價值，在一定程度上可以從世俗領域轉換進神聖領域。啟蒙文化與人類尊嚴的普世化也是如此，主體在這裡首先不被當作是有差異的，而是當作都一樣的，「人類」因其自身的尊嚴而認為本身就是有價值的。這裡人們可以說有一種普遍性的文化，以「做出一般性」的方式所造就出來的文化。普世性在這裡被認為是有價值的，在倫理上被無條件地尊敬的；亦即它是一種普世主義的文化，如同二十世紀在人權文化中所體現的那樣。[53]

---

[51] 在《獨異性社會》中我的出發點是將「做出一般性」嚴格連結上「做出理性」，「做出獨異性」嚴格連結上「做出價值」，但是書中我也提到科技獨異性是一個例外。我後來將此模型朝著彈性化的方向進行了發展。這樣的發展有個好處，就是可以讓我系統性地探討到第四種可能的範疇：普遍性的文化。

[52] Reckwitz, *Gesellschaft der Singularitäten*, S. 73f.

[53] 這裡可參閱：»Kulturkonflikte als Kampf um die Kultur: Hyperkultur und Kulturessenzialismus«, in: Andreas Reckwitz, *Das Ende der Illusionen. Politik, Ökonomie und Kultur in der Spätmoderne*, Berlin 2019, S. 29-61，此處引用的是 S. 52-61。關於普遍性與價值之間的連結，我們也可以在一些一神論的宗教——例如基督教——當中看到。在美學領域中，不論是古典主義還是現代主義的國際風格，也都為我們提供了不同的關於這種連結的例子。

表二：現代性的社會邏輯四象限

	做出一般性	做出獨異性
做出理性	**形式理性化**	機械性的獨異化
做出價值	一般性的文化	**作為獨異化的文化化**

※ 標示粗體的兩個象限為主流的形式。

3.3 矛盾的時間性

　　現代社會的一項特質，就是其時間體制是充滿張力的。這種充滿張力的時間體制包含了三個特徵：(1)求新的社會體制；(2)失去的擴大以及對失去的處理；(3)時態的混合化。求新的社會體制是以當下及未來爲導向的；「失去」作爲一種動力，以及以特殊方式所產生的時態的混合化，則是試圖於現代實踐中將過去保留到現在。

　　一般來說，現代時間結構的基礎是過去、當下、未來的鮮明區分。在以「進步」爲準則的背景下，時間性通常不表現爲過去以同樣的方式無止盡地再生產進未來中（例如所謂的「傳統」），而是會表現爲社會變遷。理想上，社會變遷意味著變得更好；這也被認爲是社會變遷的準則。現代社會中，變遷的藍圖就是進步。現代社會的時間性也影響了制度與生活形式中的社會實踐。現代社會的時間性的基本形式，我們可以稱爲**求新的社會體制**，亦即社會時間性的安排以新穎性爲準則。[54]與傳統社會不同，在現代社會中會被正面評價的不再是舊有的、從過去流傳下來的實踐、規範、知識庫等等，而是新穎的事物，亦即不同於、超過、超越已有事物的事物。陳舊的事物應該要消失掉，要明確地被替代掉。而新穎的事物在現代社會的想像中被認爲是更好的、進步的，應該是要被接受的，就算它可能造成了麻煩。熊彼得（Joseph Schumpeter）所謂的「創造性的破壞」就是這樣一種現代模式。這樣一種新穎性導向會帶來一個後果，即現代時間體制一般來說不再會珍視過去，而是會更重視當下和邁向未來。因此現代社會的特色就是重視當下與邁向未來的實踐。

　　求新體制不僅表現在相應的論述實踐中，例如在1770年左右的現代的鞍形期

---

[54] 對此，詳細的討論可見：Andreas Reckwitz, »Jenseits der Innovationsgesellschaft. Das Kreativitätsdispositiv und die Transformation der sozialen Regime des Neuen«, in: ders., *Kreativität und soziale Praxis*, S. 249-269; ders., *Die Erfindung der Kreativität. Zum Prozess gesellschaftlicher Ästhetisierung*, Berlin 2012, S. 38-48.

（Sattelzeit）產生的進步敘事。它也影響了大多數的現代制度結構。不論是資本主義經濟的創新導向，科學與技術的進步導向，現代藝術的超越邏輯和驚奇邏輯，媒體的新穎導向，還是不斷朝向創新改革（甚至是革命）的現代政治，都是如此。最後，就連生活形式，也都聽命於求新體制而強調自我最佳化準則和自我發展準則。對新事物（而非舊事物）的偏好有不同的形式。有的體制追求**最終的**完美，亦即認為一件事在某個時間點是有可能達到完美狀態的，也因此不會再有進一步的發展（完美的新事物）。有的體制追求**無限的**完美，亦即永無止盡地朝著更好（的質或量）而不斷超越與創新（創新的新事物）。最後還有一種追求無限驚奇的體制，在這種體制中人們所偏好的「新」意指不斷有新的變換、新的刺激，為新而新（文化－美學的新事物）。求新體制可以根據自身的發揮方式而跟「普遍性」這項社會邏輯或跟「特殊性」這項社會邏輯結合在一起。這三種社會的求新體制在現代性的歷史變遷中有不同的比重。甚至可以說，人們可以根據「新」在主流上如何被理解，以及根據不同的朝向當下和／或朝向未來的形式，而對現代性進行劃分。[55]

然而這種求新體制的穩固方針及其不斷的進展有一個相反的面向，即現代社會也開始將「失去」作為一種動力。讓失去成為一種動力的，是例如失去的擴大、將失去給排除掉與處理掉等等機制。[56]在各種旨在建立一套現代化理論的社會體理論中，以及在典型的現代進步主義中，這種失去動力都被系統性地忽略了。但如果忽略了這種失去動力，我們就無法理解現代性與現代性中的各種社會衝突。這裡的重點不在於社會體理論如何基於規範和／或文化批判的立場哀歎各種失去（例如異化、祛魅化等等）。我的命題更多想指出，推動**我們這樣一種**現代社會的不是只有進步動力，而是還有失去動力，亦即對失去的恐懼、對失去的憤怒、對失去的憧憬。所以當我們在分析現代性時，也應該將失去當作重點。

所謂的失去，意指在社會世界中一些狀態或現象不正常地消失了，且人們沒有遺忘掉這些事物，而是仍不斷注意著這些事物。這樣一種失去是不好的，因為失去了的事物和我們仍有情感上的連結（例如睹物思人）。像是廣泛意義上的悲痛通常就是一種由失去所帶來的情緒。但失去也可能會造成其他情緒，像是生氣、憤怒、羞愧。我

---

[55] 非常粗略地說，我們大致上可以把求新體制依序對應現代性的三種歷史形式，亦即資產階級現代性、工業現代性與晚期現代性。

[56] 對此可參閱：Andreas Reckwitz, »Auf dem Weg zu einer Soziologie des Verlusts«, in: *Soziopolis*, 2021, https://www.soziopolis.de/auf-dem-weg-zu-einersoziologie-des-verlusts.html（流覽日期 2021/6/19）; Peter Marris, *Loss and Change*, London 1974.

們關於失去的感受，可以與各種具體的事件和情況有關（例如愛人的亡故、友誼的決裂、物的毀損），也可以與抽象的狀況有關（例如失去了身分權利，失去了自治、共同體、控制）。我們也可能會失去了美好的未來期待（失去未來），或是對即將到來的失去而憂心忡忡（對失去的恐懼）。重要的是，我們無法根據一項事物的消失與否來客觀地斷定我們是否失去了這項事物。唯有負面的詮釋和負面的感覺，亦即唯有當我們在主觀上和社會層面上**感受到**失去，消失才會真的意味著失去。

現代社會在「失去」這個面向上有一個根本的矛盾：現代社會在受到求新體制和進步體制推動的同時，也會讓人們有更大的可能性感受到失去，但同時現代社會卻幾乎缺乏任何有意義的工具來應對各種失去。因現代性而擴大的失去，和一股「否認失去」的趨勢，於是開始對立了起來。如上所述，現代社會是求新體制與進步體制所推動的，也恰恰**正是因為**求新體制與進步體制而使得人們越來越有可能感受到失去。當人們貶低陳舊的事物時，相應地會造成許多過去事物的消失，而這也帶來了更高的「感受到失去」的這項風險。因此在現代社會發展史中，總是不斷會產生「失敗者」（Verlierer）（亦即遭受失去、感到落敗的人）這類新社會群體。

失去也會讓社會世界陷入到負面的情境中，而這是進步的精神壓根兒不允許的。事實上，在主流的求新框架中，「失去」原則上毫無一席之地，也不可能被表述出來。一件事物之所以消失了，更多會被詮釋為是因為它陳舊了、需要被超越了，所以也應該要被遺忘了。因此現代社會偏好系統性地排除與否認失去，認為失去的東西都是因為它已不再具有正當性了。然而，或恰恰與此相反的是，現代社會有各種不同的處理失去的形式，存在著一種「做出失去」的社會邏輯，像是（理性規劃的）預防失去，或是法律上的償還失去，又或是有一些處理失去的敘事技巧形式，像是追悼會或文化批評。懷舊，或是為各種遭受社會層面上的失去的人（像是遇難者或失敗者）爭取社會承認，也是一種「做出失去」。所有這些「做出失去」的重點都在於它會從情感上強化人們的失去感。

這種失去動力會增加時間結構的複雜性，亦會增加現代情感結構與感受結構的複雜性。儘管現代社會世界原則上都是在「向前看」的，但失去動力顯然會讓過去仍保留到現在，因為在失去動力中過去不會完全過去與被遺忘，但也不會再繼續下去，而是會以非預期的效果和不可計算的重新分配的形式對社會動力產生影響，亦即對當下產生某種程度的干擾。在某些方面，這種效果與求新體制是相對立的，但在另外一些方面它會產生第三種對現代時間性來說也很重要的情況，亦即時態的混合化

（temporale Hybridisierung）。[57]時態的混合化的核心假設是，所謂的現代化的整個過程不是一個某種程度上一體成形的結構變遷階段，不是「毫無喘息」地進行且毫無明確斷裂的。其實就連傳統社會到現代社會的轉變也不是「涇渭分明」的，現代社會自身的不同形態也是如此（雖然所有的方向都是指向求新的）。但我也不認為這當中完全不具有連續性。我的出發點是，過去不同的歷史時期會形成**不同的**實踐和知識秩序，而在現代社會的每個當下中，這些不同的實踐與知識秩序會彼此結合起來，並且人們會對其有重新的安排。

　　這也就是說，現代生活形式與現代制度最具特色的特質，不在於社會文化的「純粹性」，亦即不在於一體成形的、和諧的、結構上毫無矛盾的，而是在於**混合性**。從實踐學的角度觀之，混合化概念意指在一個生活形式或一個制度結構中各種不同的（有部分甚至彼此相矛盾的）實踐、知識形式、規範、主體形式和情感進行了結合和混合。混合化可以是在空間邊界的跨越過程或社會事物邊界跨越過程中產生的，但通常基本上也會涉及到歷史時間界線的跨越，而這就會產生一個結果，即不同歷史層次會透過不斷的分配而積澱成當下的現象，而且會以不可計算的方式產生彼此的混合。

　　之所以現代性打從一開始就有時態的混合化現象，源於兩個原因：一方面，媒介科技能夠將過去（尤其是現代性自身的歷史）的很大一部分，連同過去當中的實踐、主體形式、知識形式、客體、圖像、聲音、姿態、刺激方式，一併保留到未來，讓人們在未來進行社會文化方面的吸收使用時，這些事物依然呈現在眼前，並且在很長的潛藏階段之後還是可被使用。現代媒介科技可以抵抗社會遺忘。另一方面，持續不斷的偶然性開啟過程與偶然性封閉過程，以及求新體制與失去動力，都會每隔一段時間就將過去放到當下並主動進行吸收使用，或是在當下被動地受到過去的影響。在偶然性的開啟情況中，歷史遺產會被當作批判的標靶，以突顯出人們感受到的社會缺失。求新體制則很矛盾地總是會回溯陳舊的事物，以此讓求新體制在進行重新吸收使用的時候能將新穎的事物變得更加豐富。而在失去感中，過去更是不斷會被重新吸收使用。

　　事實上，各種過去的場景總是會不斷被拉回到現代生活形式與現代制度，同時也會不斷再被添加進當下的社會實踐中。沒錯，現代性持續得越久，就會有越來越多歷史資源或讓人們又愛又恨的遺產，可供人們在不斷進行重新吸收使用時當作文化素

---

57 對此可參閱：Reckwitz, *Das hybride Subjekt*, S. 94-103.

材來使用。這裡茲舉幾例：早期的資產階級現代社會不是一個全新開端，而是人們在當時就已經會從貴族文化和基督新教那裡汲取元素來使用了。晚期現代社會的新中產階級生活形式在二十一世紀開始之時，也會回溯到古典市民生活的元素，以及回溯到1800年左右的浪漫時期的元素。在法國大革命之後，民主系統還是會吸收使用舊制度（Ancien Régime）的國家政權形式；晚期現代政治系統也還是很信任十九世紀的科層結構，也還是會回溯1920年代的平民主義典範，或是援用1960年代的解放運動。從我對於現代性的觀點來看，在分析現代性的時候若僅僅關注求新體制是不夠的。若只關注求新體制，那麼我們就只會看到一半的、「官方版本」的眞實，因爲現代社會也基於失去動力和時態混合而在一定程度上呈現出以過去爲導向的一面，而這一面恰恰是將現代當作一種進步事件的現代化理論敘事所忽略的。

　　我們已經看到，現代社會的世界生產方式是偶然性的開啟與封閉的辯證過程，處於「做出一般性」和「做出獨異性」的張力中，亦處於求新的時間體制、失去動力與時態混合的張力中。由此我們可以得出一套用以對現代性進行分析的框架，我們也許可以將之稱爲一套後現代化理論。[58]古典的社會學現代化理論的關鍵字是形式理性化、進步動力、不連續性、後歷史（Posthistoire）。而後現代化理論則將現代性視爲一種衝突事件：理性化與文化化之間的衝突，一般化與獨異化之間的衝突，和諧與批判之間的衝突，而且所有的衝突都是在「對失去的處理」、「對過去的吸收使用」、「新穎性」這三者所構成的張力中產生的。我們可以將這一套後現代化理論的現代理論當作一套研究綱領，將之用來進行社會科學與文化科學的經驗研究。由此觀點視之，現代社會所遵循的不是發展邏輯，而是爭鬥邏輯。它在時間上是開放的、不可計算的，並且會不斷被編織進自己的過去中。

---

58 關於現代化理論的傳統，可批判性地參閱：Wolfgang Knöbl, *Spielräume der Modernisierung. Das Ende der Eindeutigkeit*, Weilerswist 2001.

4

持續進行中的社會體理論
從資產階級現代、工業現代，到晚期現代

　　如果我們要了解現代社會從十八世紀至今有什麼樣的轉變，就必須對現代性的一般結構特質進行描述。我們在這裡必須與兩種極端的觀念保持距離：**一種**將現代視為整體，**另一種**則認為現代不過就是由許許多多對歷史事件的觀察（即在每個當下僅存在一時的時代診斷）所堆積而成的。我們真正應該進行的任務是去了解長時段的社會過程，看看在這個過程中對現代社會的形成來說非常重要的各種事物如何經歷徹底的轉變。若我們由此任務出發，那麼我們可以看到在歷史上先後出現了三種形式的現代：資產階級現代，這是第一個、最先出現的現代社會形式，興起自十八世紀後半葉的歐洲，對立於傳統、封建、宗教、貴族社會而形成，並且在十九世紀占據了支配性的地位。再來是工業現代或組織現代，在二十世紀開始的十年於歐洲、北美、蘇聯取代了資產階級現代。最近的現代形式則是在1980年代發展出來的，我們姑且稱為晚期現代（或是有其他學者稱為後現代）。[59]從社會體理論的角度來看，我們會期待這樣一種區分可以指出在不同的現代社會形式中，有哪些經濟、社會結構、國家、科技、文化的特質對於主體化來說是重要的，並將各種社會形構方式與（前文呈現過的）現代性的一般特質進行對照。

4.1 資產階級現代

　　資產階級現代首先是在歐洲發展出來的。它在經濟方面以貿易資本主義和工業資本主義的發展（這兩者的發展逐步取代了封建農業經濟）為前提。在社會文化方面，資產階級現代與資產階級崛起成為新的、對立於貴族的統治階級是同時出現的（雖然

---

[59] 對於現代性的階段區分，與本文類似的說法，還可見：Wagner, *Sociology of Modernity.*

隨著時間的流逝，占統治地位的資產階級也開始面對都市的工業無產階級的社會反對力量）。在科技層面上，科學－技術的革命在第一次工業化的早期階段爲此種社會形態提供了物質條件，同時印刷術在媒介科技層面亦建立起了資產階級的書寫文化背景。在國家和政治方面，由資產階級主導的且因此具有社會排他性的議會民主，在這個現代階段中確立了自身的地位。資產階級的民族國家形成了，這種民族國家對內宣揚自身是防禦性的自由主義國家，對外則以殖民主義爲形式進行著帝國主義的擴張。

在這種現代社會形式中，資產階級的主體文化占據主導性的地位。自我獨立、自我負責、自主地自我控制的文化，與道德、責任倫理、自我規訓的文化模式結合在一起。這牽涉到一種指向道德與個體主義的理性主義文化。這種文化在發展過程中會日漸走向世俗，並且同時也會受到相反的浪漫主義（亦即崇尚獨異性，不論是個體的獨異性還是人民或民族的集體獨異性）文化的挑戰。資產階級現代性的文化，被塑造成一種普世主義－人本主義的普遍性文化（雖然這種普遍性文化在社會上極具排他性），亦在書寫媒介的影響下被塑造成一種講究教養的文化。在生活方式（Lebensführung）的層面上，我們則可以發現一種與前現代文化的資源產生了混合的文化：儘管有著世俗化的趨勢，基督宗教的遺產依然影響著道德與自我規訓的觀念，但同時我們也可以在自主的自我管理的理念中再一次發現貴族文化的痕跡。

這種資產階級現代，亦是歷史上首次出現的現代，在歐洲（以及隨後在北美）社會的所有領域中都**開啟**了巨大、前所未有、廣泛的偶然性。這種偶然是針對「舊世界」中封建的、教會的以及貴族的秩序而開啟的。它涵蓋了政治、經濟、宗教、法律、科學，甚至還涵蓋了後傳統的生活方式。各種政治革命（像是法國大革命和美國獨立革命）都是開啟了社會偶然性的關鍵事件。在資產階級現代性中，政治革命被認爲符合總體社會進步準則。進步被視爲無上法則，且這個無上法則也讓社會首次產生了制度化的求新體制。有些領域追求最終完美的新事物，另外有些領域則追求無限創新的新事物。這種對立於封建時代而開啟的偶然性在資產階級霸權建立之後，也會隨即以特殊的方式被**封閉**起來。資產階級現代性承諾會以公民的形式確保人們的自主性。然而一當資產階級作爲新的霸權建立起來之後，馬上就會遭遇批判運動，各種批判運動會開始清算這種現代性的不足與缺失，並試圖打破被封閉起來的偶然性。當中有兩個批判方向是特別值得一提的：一個是政治經濟學批判，其指出資產階級現代性無法處理由資產階級與無產階級之間的階級鬥爭所呈現出來的社會不平等。這是一種社會主義批判。另一種是文化批判，其指出資產階級現代性因其僵化的道德主義和理性主義，所以變得壓抑、異化，阻礙了個體的發展。這是一種受浪漫主義和先鋒派宣

揚的對立性的文化批判。

　　我們可以透過在資產階級現代性中發揮作用的社會邏輯來清楚看到這種現代性的特殊結構。在資本主義經濟、科學、國家等領域中，資產階級現代性意指一種劇烈蔓延開來的形式理性化。尤其是在資本主義工業的企業中、民族國家的科層制中、制度化的科學體系中，這種形式理性化推動了一種堅定的「做出一般性」。然而，在現代社會的這個第一種形式中，理性過程並不是無所不在的，因為即便到了二十世紀的一開始，傳統－農業的、封建－宗教的共同體依然以顯著的規模持存著。所以人們可以說，現代社會在其資產階級形式下只有一種半理性化或不完整的理性化。但同時，前現代的傳統性的確逐漸受到侵蝕，這也是多樣的社會失去感的其中一個來源，而這種失去感也與「進步」這個觀念產生了一種矛盾張力：我們逐漸失去了共同體、宗教、鄉村家園、切身的倫理生活、大自然，這種失去感成為極為特殊的社會哀悼主題。而這樣一種失去感也產生了進一步的（不論是保守的還是進步的）批判形式。

　　在劇烈但有限的理性化過程發生的同時，也出現了一種極富特色的資產階級文化化。當貴族文化和教會文化失去了意義之後，就逐漸開始產生一種資產階級形式的文化。這是一種將神聖加以世俗化的資產階級高雅文化，其核心是作為「藝術宗教」（Kunstreligion）的藝術。在資產階級的文化領域中也浮現出一種影響深遠的社會領域結構，在這個結構中，大眾、文化生產者、獨異作品三者直面著彼此，文化生產者和文化作品必須爭取大眾的注意力與評價。

　　在資產階級現代社會中，理性化動力及其極端的追求普遍性的社會邏輯從一開始就受到了極端追求獨異化的社會邏輯的挑戰。這種獨異化邏輯一開始形成自資產階級世界內部，但之後又回過頭來與資產階級世界相對立。浪漫主義是帕森斯（Talcott Parsons）所謂的「苗床文化」，它孵化了個體、事物、地方、事件、共同體的極端獨異主義，並且浪漫主義的實踐與論述也建立起早期現代的情感中心。在美學次文化興起的同時，藝術領域也為追求特殊性的社會邏輯提供了一種制度空間。這首先表現為創造性的部署，亦即表現為美學的求新體制。但在政治領域中，獨異主義也對民族主義的形成產生了作用。在資產階級現代社會中，追求特殊性的社會邏輯為反主流文化提供了正當性。反主流文化對支配性的、理性主義的社會組織模式提出了反對、批判、挑戰。也就是說，這是一種**被承認的**反主流文化，而且它甚至在一定程度上還成功地影響了資產階級的文化（像是浪漫之愛、藝術宗教、民族意識，都在一定程度上受其影響）。

　　不過，儘管政治批判和美學批判日益強烈，但資產階級現代社會一直到二十世紀

之初都還維持著它的基本結構。然而接下來在短短幾十年之內，它就徹底地轉變爲一個新的形式，即工業現代或組織現代。

4.2 工業現代

工業現代，或稱組織現代，從1920年代開始就占據著支配地位，其支配地位長達將近60年。這個形式的現代的基礎是高度發展、對整個社會都影響甚鉅的工業經濟。在西半球，這種現代牽涉到工業資本主義或組織資本主義；在東半球則涉及到工業社會主義。這個階段興起了一種以科層結構爲主軸的企業經濟形態。講求大規模生產與大規模消費的福特主義就是此種經濟模式的代表。在這個現代階段中，資產階級與無產階級之間的二元對立在社會結構上已沒有那麼鮮明，取而代之的是齊平的中產階級社會，其結構相對來說較爲平等與同質。在科技方面，工業現代社會的特徵在於它是由更進一步的工業化所推動的，這種動力形塑了整個社會的經濟與日常生活（例如電氣化、汽車的普及）。在媒介科技方面，大眾媒體（首先是電影與廣播，後來則是電視）爲大眾社會奠定了基礎。同時，在國家與政治的層面上，資產階級議會民主也轉變成由各種大眾政黨構成的大眾民主。國家扮演了一個主動控制經濟和社會的角色，並且透過制度化（和經歷過一系列的危機之後）形成福利國家。另外也有國家在工業現代階段中發展出現實社會主義和法西斯主義的形式，變成獨裁國家，或有部分變成極權國家。一般認爲在全球的層面上，美國和蘇聯（「第一世界」和「第二世界」）之間日益難以調解的對立，對工業現代階段來說是一個標誌性的情勢。於此同時全球也逐漸興起一波去殖民化的熱潮，並隨之出現了「第三世界」。

在西方，組織－工業現代的文化在美國的引領下構成了極富特色的主體文化形式與工薪階層生活方式。這種文化強調社會、集體，認爲人們應成爲理斯曼（David Riesman）所謂的「他人導向的主體」。這種文化與都市的大眾文化消費美學（這是一種旨在提供表面上的、視覺上的刺激的美學）密不可分。這種強調集體的社會倫理很矛盾地與現代主義的「完美形式美學」結合在一起，促使物化的、去情感化的文化應運而生，甚至連技術的功能性都成爲一種文化理念。原先反資產階級的美學反主流文化，此時也開始信奉功能主義的理性主義。

相比於此時顯得陳舊的資產階級現代，組織－工業現代標示出了一種新的偶然性的開啟推動力。這種推動力瓦解了舊歐洲的資產階級社會。不論是在歐洲以東（俄國的十月革命）、還是歐洲以西（美國精神——亦即北美大城市的美式風格大眾文

化──的興起），我們都可以看到這種既表現在象徵層面，也表現在物質層面的瓦解。人們為了反對資產階級，力求再次將偶然性給釋放出來；而這樣一種偶然性的開啟也再次形塑出一種新的現代形式。工業－組織現代是一種由有組織的大眾所構成的社會，亦是一種羅森瓦隆（Pierre Rosanvallon）所謂的「平等社會」。這種現代性旨在對社會進行調節、將社會加以技術化，追求全面的社會涵括。這是一種在歷史上前所未有的現代性形式，並且這種形式承諾透過這種方式為所有人帶來一種現代的生活方式。

然而，這種工業現代性和它那墨守成規的工薪階層（與勞工階層）生存理念也漸漸地變成一種霸權，這意味著偶然性又再次被封閉住了。因此這種現代性本身也會漸漸受到（有時曇花一現，但有時也維持很久的）社會運動的批判，並且這次是從政治經濟和文化方面而來的批判。在政治經濟方面，隨著西方的新自由主義運動和東方俄國的經濟改革，工業現代最晚在1980年代便面臨社會因過度的調節而帶來的功能失常。在文化方面，從巴黎和布拉格在1968年發生的事件開始，工業現代也被批判過於墨守成規、限制了個人自由。隨著國家社會主義的瓦解，以及隨著在工業現代社會中那些特別強調應由國家進行強力調節的社會的失敗，政治經濟批判和文化批判也達到了高點。

這種內在張力也表現在社會邏輯的層次上。首先，「一般性」這項社會邏輯在工業現代社會中達到了古今難以企及的高點。形式理性化覆蓋了這種社會中的所有領域，不論是經濟、科學、國家還是後資產階級的生活方式。社會出現了總體理性化與社會動員，讓整個社會變得同一與一致，而其反面（或是──我們也可以這麼詮釋──其充滿爭議的高點）則也包括了戰爭中系統性的社會滅絕或種族滅絕。[60]這種徹底理性化的社會，一方面雖然透過福利國家體制降低了個體遭受失去與失敗的風險，但同時另一方面卻也在很大的範圍中生產出了新的失去感。在工業現代社會中達到高點的大眾文化與現代暴力史帶來的創傷讓人們失去了資產階級個體主義，而大眾文化與現代暴力也是工業現代社會最主要的兩種造成失去的原因。同時，主流的社會求新體制也在工業現代社會中變得更加極端了。這種無節制地追求創新與進行提升的邏輯，對於經濟、技術，乃至於國家，都產生了重要影響。

在形式理性化發展得如火如荼的同時，文化化也進入了新的回合。資產階級文化

---

60 關於這方面的一個很好的研究，可見：Zygmunt Bauman, *Moderne und Ambivalenz. Das Ende der Eindeutigkeit*, Hamburg 1992.

被排擠到邊緣，取而代之的是文化工業的大眾文化的流行。這種大眾文化將大眾消費置於中心，我們在各大眾媒體（電影、電視）中都可以看到其表現。資產階級文化是一種向內的、主體主義的美學文化；而大眾文化則相反的是一種向外的、講求在（包括在視覺傳播媒體上的）身體和物上面可以看得見的美學文化。儘管這些後資產階級文化堅定地反對資產階級，但是在這些後資產階級文化中還是可以看得到資產階級的遺產。所以我們在後資產階級文化中可以看得到一種時態的混合：資產階級－啟蒙的理性主義的秩序方針雖然陳舊了，但依然被工業現代文化在實用性和功能性方面當作一種文化資產而加以吸收。

「一般性」這項社會邏輯在工業現代中有相當廣泛的影響力；相比之下，「特殊性」這項社會邏輯僅扮演反主流文化的角色。和十九世紀的資產階級－反資產階級的浪漫主義不一樣，這個階段的反主流文化的正當性從趨勢上來看是被崇向理性主義的主流所否定的。我們從藝術領域以及美學的反運動——例如二十世紀初的先鋒派和1960、1970年代的反主流文化——就可以瞥見「特殊性」這項社會邏輯所扮演的社會角色。它在這個階段一直都很強而有力地破壞著組織現代性，並且為朝向晚期現代的步伐做好了準備。但同時我們也可以看到福特主義的消費資本主義和大眾視覺文化也還是漸漸將獨異化邏輯「走私」進一般性邏輯中。像是電影的明星工業，電影或其他大眾活動的炫目景觀，早期時尚、廣告、設計的**創意產業**，皆是如此。在美式工業現代中，我們還可以看到「情感」也扮演著很重要的角色。這裡我們也可以看到一種社會競爭領域，當中人們不斷追求產品的文化新穎性與美學新穎性，使得現代創意配置越來越鮮明可見。也就是說，在組織現代性的內部，雖然我們可以看到經濟與媒介科技在這階段還非常強而有力地推動著「一般性」這項社會邏輯，但已經開始出現了新的一頁即將被翻開、獨異化的油門踏板即將被踩下的端倪。然後，晚期現代到來了。

4.3 晚期現代

在二十世紀最後25年間，工業－組織現代轉變成一個新的現代社會形態，轉變成晚期現代了。[61]二十世紀那組織的、集體主義的、物化的現代性被超越了。在經濟領域出現了劇烈的後工業化。在新的全球勞動分工與被大力推進的自動化的情境中，

---

[61] 以下詳細的討論可參閱：Reckwitz, *Die Gesellschaft der Singularitäten.*

工業經濟不再像在之前的工業社會那樣占據著比第三產業更為優勢的地位。歐洲和北美的後工業資本主義——尤其是認知資本主義和文化資本主義（也包括金融資本主義）——開始占據支配地位。在這種資本主義中，非物質的知識勞動和認知性質的、文化性質的產品扮演著極為重要的角色，認知－文化產品的銷售市場的競爭性也非常大。與此同時，經濟結構與職業結構也出現了一種兩極分化。其中的一極是門檻極高的知識勞動，即新的**專業階級**；另一極則是較為低階的服務工作，亦即新的**服務階級**。

在經濟方面的專業階級和服務階級的分化，也為歐洲和北美的晚期現代社會帶來了一個極富特色的三元社會結構，終結了原先相對平等與同質的齊平中產社會。這種晚期現代的三元形式階級結構是：(1)新的、受過良好教育的中產階級往上提升了，這得益於史無前例的教育擴張；(2)另外一些滑落成為新底層階級，這受到去工業化和簡單服務業興起的影響；(3)在上升與下滑的同時，依然存在著夾在兩者之間的傳統中產階級，繼承著齊平的中產社會。社會上升與社會下滑，就如同象徵賦值與象徵貶值過程一樣，都是晚期現代階級結構的重要特色。於此，新中產階級在文化上占據了支配地位。

社會空間也是社會結構的重要構成要素之一。自1990年代開始，我們可以看到地理上的不對稱發展。歐洲和北美興起了一些繁榮的大都會區，這些地方也是認知資本主義和新中產階級的所在地；與此相對的，則是被邊緣化的小城鎮和農村地區。在科技層面上，我們也可以看到晚期現代的一些前所未有的特質。由於數位革命的出現，工業技術失去了建立整個社會結構的力量，取而代之的是由電腦和網際網路所構成的西蒙東（Gilbert Simondon）所謂的「開放機器」。政治和國家也同樣出現了改變。社團主義式的、調節式的福利國家逐漸失去了正當性，並受到以全球競爭為出發點的（新）自由主義國家的排擠。這種動態自由主義是一種新的、占據支配地位的政治典範，它與經濟自由主義和左派自由主義的元素彼此相連。它的首要目標不是社會平等，而是在經濟和社會方面維持動態運作，並且強調文化多樣性。從地緣政治來看，晚期資本主義的興起和東歐共產主義和東西方分化結束、經濟全球化與文化全球化的推動等息息相關。古典的「工業社會」與「發展中國家」的差異模式已經消失了，取而代之的是更複雜的全球不平等和國際上北方內部與南方內部的不平等。

新的、素質良好的新中產階級在晚期現代是最重要的社會變遷擔綱者，並且這個階段的文化就體現在這個階級的生活方式和主體化方式上。這個階段的文化以主體的自我發展理念、創造性、本真性、豐富的情感性為核心。同時這個文化也更重視個體

是否在社會競爭中能成功地獲得注意力和承認。這也使得晚期現代的主體呈現爲一種美學－經濟的複合體，亦即成爲一種美學化與經濟化過程的交叉點。這樣的交錯構成了一種心理學化的和極端主體化的文化。美滿與否，是判斷這個人的生活方式最重要的標準。這完全不同於情感「平淡」、以適應社會爲導向的組織現代社會中的文化。

晚期現代的主體文化也同時是一種極端經濟化的文化，意思是它基本上是一種純然的經濟交易性質的競爭文化。主體幾乎完全處於競爭的情境中，它既是所有其他主體與客體的「消費品」，所有其他主體都在爭取它的注意力；它也是它自己的「雇主」，與所有其他主體爭相獲得更多其他人的注意力。在組織現代社會中，人們的生活中最重要的是維持平等；但晚期現代社會的文化重視的是標示出差異。這從晚期現代自身出現了一種歷史的混合化趨勢便可見一斑：一方面，晚期現代生活形式常會不斷回溯資產階級文化的元素（例如冒險進取的精神、豐富的情感、對於教養的重視），另一方面人們在追求自我發展、獨異性、本眞性的同時也受到一系列文化和美學方面的反運動（這場反運動從浪漫主義開始，一直延伸到1960年代的反主流文化）的影響。以此而言，晚期現代的主體不只構成了一種美學－經濟的複合體，也構成一種新資產階級和新浪漫主義的混合體。

晚期現代自1980年代以來首先對整個社會造就了新的偶然性的開啟動力。這種動力也產生一系列的動力化與動態化，消解了經濟、文化、科技等方面的社會邊界，其範圍涵蓋全球，讓工業現代堅固的結構都煙消雲散了。人們可以將蘇聯共產主義詮釋爲組織－工業現代的極致表現，而它在1990年代的解體也最明確地在政治層面上標示了這種偶然性的開啟。在西方國家中，這種偶然性的開啟在政治方面表現在動態自由主義、全世界的經濟文化全球化、數位電腦網路的無遠弗屆上。偶然性的開啟在日常文化中也相當鮮明。這種偶然性是由1970年代的反主流文化逐漸造成的。1970年代的反主流文化是一種自由化的動力，涵蓋了性別解放和自由教育，也涵蓋了所謂的自我實現的理念、獨異性、多樣性，這些都促使人們擺脫了工業時代的責任倫理的束縛。晚期現代的準則是：在工業時代彷彿顚撲不破的邊界與規則，都可以爲了市場競爭、認同、個體情感、世界貨物與符號的流動而打破。

以自由與自主爲名的偶然性的開啟，當然也會再一次同時造成一種非常特殊的偶然性的封閉，亦即建立起一種全球競爭結構和強迫人們必須表現出自我發展的文化。這種文化不只造就贏家，也會同時造就一種新的失敗者群體。僅在短短的幾十年間，新的自由就變成了新的壓迫。所以不令人意外的是，晚期現代遲早會產生一種新的系統批判形式與系統批判方針。這種批判一方面針對政治經濟系統，另一方面則針對私

人生活方式與個人認同。

尤其是從2010年開始，我們就可以觀察到有所謂的（大部分是右派，但部分也有左派）民粹主義對動態化的自由主義（Dynamisierungsliberalismus）提出批判。他們對於傳統中產階級和新底層階級如何在後工業時代變成了社會文化上的失敗者提出了相當多的討論，並且反對全球化，要求必須有新的經濟調節和／或文化調節。另外一方面，他們也批判後工業時代的生活風格因缺乏生態永續性而導致了危及生存的氣候變遷風險，也讓個體在面對自我發展準則時普遍面臨心理壓力過大的問題。這些批判的目的不太是想搗毀邊界，而是想建立一種有邊界的、基於倫理尺度的、有（廣泛意義上的）生態意識的生活形式。

晚期現代社會將自身理解為一種動態化的自由主義的社會，這和現代社會的進步敘事無縫地銜接了起來，也因此造成了獨特的失去感。首先，因為齊平的工業社會終結了，由民族國家組織的、鑲嵌於民族文化的工業現代性結束了，所以人們失去了原先的社會地位。但此外，當社會承諾讓自我能有所發展，最終個體卻沒有成功發展出自我的時候，也會產生一種個體化的失去感。最後還有一種生態方面的失去，以及伴隨這種失去而來的根本的「失去了未來」的感受，亦即我們至今視為理所當然的社會進步前提都開始遭到動搖了。工業現代和資產階級現代都很明顯地「遺忘了失去」，但晚期現代對失去有越來越強烈的感受、越來越難以忘懷。失去感的增加與失去範圍的擴大彼此相伴而生。在現代性的這個階段中，一方面許多遭受犧牲的社會群體力圖爭取獲得社會的承認，另一方面人們卻又失去了對政治烏托邦的期望。積極的進步態度顯然開始逐漸被講求預防性的、恢復性的、降低損失的保守取向給取代了。

「一般性」與「特殊性」這兩項社會邏輯之間的關係在晚期現代社會中也產生了根本性的轉變。反主流文化和主流的理性主義之間原先的對立關係，現在越來越變成一種互補關係。一般性邏輯和理性化邏輯是獨異性社會的背景與基礎結構，但獨異性社會同時又是由注意力和價值化所推動的，而這讓「獨異性」這項社會邏輯獲得了相對來說史無前例的結構化力量。在晚期現代社會中，獨異化過程首次對整個社會文化基礎發揮了作用，反主流文化也首次變成了主流。

一般性邏輯現在具有一種讓獨異性得以成為可能的結構特質。一來，後工業資本主義的一個特色，就是檯面上以認知商品和文化商品為主的獨異性市場，必須以檯面下（單純）服務業的標準化生產與常態化勞動作為前提。二來，數位科技的特色就在於其運算能力和演算法將原先不同的各種媒介整合了起來，無遠弗屆的傳播空間造就了一種廣泛的「做出一般性」；而這亦是注意力市場和價值化市場中同一與差異的競

賽的基本前提。

　　雖然一般性邏輯一直是晚期現代的經濟與技術的基礎結構，但獨異化邏輯的擴張依然是經濟、技術（以及社會與價值）的最重要的結構轉型推動力。由於經濟的重點已不再是生產講求功能性的標準工業商品，而是逐漸轉形成後工業經濟，亦即主要旨在製造認知性的、象徵－文化性的商品，因此西方國家的經濟發展也開始朝向以生產獨異性商品爲主的道路，亦即強調商品要有特殊性、本眞性、吸引力。後工業經濟是一種高度差異化的消費資本主義，它將過去文化和經濟之間的二元論給消解掉了。獨異性商品市場是高度競爭性的，常常是「贏者全拿」的競爭，也因此當中受到承認的獨異性商品之間所獲得的注意力、評價、收益是高度不對稱的。獨異性市場的結構不只存在於金融市場，也存在於教育、婚配、都市的競爭中。這種結構形塑了整個晚期現代社會。這也表示了文化資本主義和一般偏見不同，不是「軟」資本主義，而是特別「硬」的資本主義。

　　數位化則是晚期現代的第二個獨異化動力。數位電腦網路建立出一種科技部署，這種部署讓個別的使用者能強調自己的特殊性。這是一種機械方面的獨異化。網路提供的「世界之窗」是根據使用者獨一無二的個人檔案來量身訂作的。同時，網路也撐開了一個無遠弗屆的注意力經濟空間，當中每個人或物都可以呈現自身的獨異性，而且也必須呈現自身的獨異性，不然就無法獲得能見度和承認。連在這類的獨異性市場中，獲勝者和失敗者之間也是極爲不對稱的。文化和技術之間在過去是對立的；但隨著數位化趨勢，主流的現代科技已經逐漸轉變成文化機器和情感機器。在各個文化場域和情感場域（例如歷史、圖像、遊戲等等）中現代科技爲了競相吸引使用者的興趣，都必須能讓使用者顯得尊爵不凡。使用者本身於此也變成了這種文化場域的積極生產者。於是，大眾媒體的一般公眾一方面逐漸消解成由許多個別使用者所構成的個人化的媒介世界，另一方面也開始紛紛參與進由志同道合者所組成的數位的、既集體又獨異的社群。

　　新中產階級的興起亦是推動社會的獨異化與文化化的第三個要素。這個要素和經濟的後工業化與文化的數位化密切相關，也深受教育的普遍擴張的影響。這是一場價值變遷的〔英格爾哈特（Ronald Inglehart）所謂的〕「沉默的革命」。在這場革命中，「捨己爲公」（亦即認爲主體應服從於一般的社會規範）越來越不被認爲是有價值的，而是「自我實現」才被認爲有價值。「自我實現」這項價值，透過1970年代的反主流文化滲透進新中產階級主流，吸收了自浪漫主義以來文化方面的反運動。這項價值格外以個體特殊性的發展與世界獨異性的體驗爲導向。在新中產階級的生活世界

中，特殊性本身成為一種雙重目標：人們必須追求一種既要於內在能體驗到，也要於外在能表現出來的獨異性。獨異主義的生活風格、認知－文化的資本主義，以及數位文化機器，相互鞏固了彼此、加溫了彼此。這種文化與美學的求新體制因為這些要素而擴展開來，發展成一種以創造性為主軸的部署，一種既針對當下也朝向未來的無止盡的求新動力。

在資產階級現代的高雅文化與工業現代的大眾文化之後，晚期現代出現了第三種文化形式：超文化（Hyperkultur）。這種超文化與文化本質主義是相對立的。這兩者之間的衝突是晚期現代文化特有的一種現象。之所以會出現超文化，是因為文化和非文化之間的邊界、有價值的和習以為常的事物之間的邊界，開始不斷被消解掉。在超文化中，所有事物似乎都可以不受限制地變成社會的文化資源，變成具有文化（亦即美學、倫理、敘事等等）價值和情感的對象。高雅文化與大眾文化之間的邊界，如同當下事物和歷史事物之間、不同民族文化之間的邊界一樣，不斷被消解掉。超文化也是由認知－文化資本主義、數位文化機器和新中產階級所構成的。它基於文化世界主義的觀念之上，認為所有的文化都是可以結合在一起的。不同來源的文化要素似乎都可以「混合」在一起。超文化亦成為可讓晚期現代主體的獨異認同變得更為豐富的資源。同時它也與文化全球化相適相合。

晚期現代中，與超文化相對的是文化本質主義。文化本質主義認為文化的內外之間、我群與他群之間壁壘分明。文化是一種同質的整體，能促成集體認同。建立起一個新的文化共同體，就是建立起一個認同共同體。不論是在宗教、倫理、地區，還是國家的層次上，晚期現代也都存在著不同的共同體運作方式。如果說超文化豐富了個人主體及其不可取代的身分認同，那麼文化本質主義則立基於特殊集體及其群體認同。這種群體認同，會讓人感覺到這個群體似乎有著永恆不變的本真性。不過，雖然超文化和文化本質主義是相對立的，但這兩者都牽涉到一種文化獨異化邏輯。超文化針對的是將不同的文化資源透過特殊的結合而造就主體獨異化，文化本質主義則是旨在將某集體構築成（具有獨異的淵源、獨異的信條的）特殊共同體。

表三：資產階級現代、工業現代、晚期現代的對比

	資產階級現代	工業現代	晚期現代
經濟	崛起中的工業資本主義／農業經濟	高度發展的工業資本主義／工業社會主義	後工業主義／認知－文化資本主義
空間結構	以歐洲為中心／殖民主義	東西對立（美國對蘇聯）；「第三世界」	經濟全球化與文化全球化

	資產階級現代	工業現代	晚期現代
國家	資產階級民族國家	調節國家	競爭式國家；動態化的自由主義
社會結構	資產階級 vs. 無產階級	齊平的中產階級社會	三分階級的社會；興盛的新中產階級
技術	第一次工業革命	大量生產；大眾運輸；大眾媒體	數位化
（主體）文化	資產階級文化（個體主義、道德主義）；一般性文化	工薪階層文化（社會倫理與視覺美學）	表現性的自我發展文化
理性化／做出一般性	半形式的理性化	高度發展且具支配性的形式理性化（乃至極權主義）	作為基礎結構的形式理性化
文化化／做出獨異性	資產階級高雅文化；藝術領域；浪漫主義作為獲得承認的反主流文化	大眾文化；具有一席之地的反主流文化	超文化 vs. 文化本質主義；獨異性資本主義；數位獨異化；獨異主義的生活風格
偶然性的開啟	反對封建主義與貴族主義	反對資產階級現代	反對組織－工業現代
反對封閉偶然性的批判運動	政治方面：社會主義；文化方面：「藝術家的批判」	政治方面：新自由主義；文化方面：反主流文化	政治方面：「民粹主義」；文化方面：生態運動
社會求新體制	追求完美的新事物；創新的新事物	創新的新事物	高度發展的創造性部署：文化－美學的新事物
失去感	傳統社會（共同體、宗教）的失去	極權主義的暴力經驗	身分地位的失去（現代化下的失敗者）；生態方面的失去；因進步而產生的失去
與過去的混合	基督教文化；貴族文化	資產階級－啟蒙主義的理性主義	資產階級個體主義；美學反主流文化的獨異主義

4.4 晚期現代的各種危機

不論是哪個階段的現代性，它們都遵循著同一個模式：一開始大家都對偶然性的開啟抱持著樂觀態度，但隨著時間的過去，這個現代性便開始浮現出內在的矛盾和不足，開啟的機會變成一種新的壓迫，開始封閉住偶然性，於是人們便開始提出批判與籲求創新。資產階級現代和工業現代都是這樣開始與轉變的。就連晚期現代也是這樣開始的。如果不出意外的話，早先有著確定未來的晚期現代社會在2020年左右即為其發展頂點，接下來會開始步入另一個階段：要麼晚期現代雖然還持續著，但其內在已經出現了轉變或長時間的停頓；要麼它會轉入一個新的形式，一種「後晚期現代」。

當我們說某個階段的現代處於危機中，因為它顯露出不足與問題而遭遇到基本批判時，我們當然不是要說這個現象是前所未聞的新鮮事。如我們在前文看到過的那樣，這在一定程度上其實是現代性的基本結構。現代社會原則上是一種處於不斷修改中的社會，所以也是一種**不斷處於危機中**的社會。在各種危機中反覆興衰的過程，就是社會的基本存在模式的固有構成部分。但特別的是，每個階段會顯露出矛盾與讓人感到不足，因此在某個時間點產生結構轉型的情況，變得越來越密集了。就晚期現代而言，我們可以區分出三種危機：社會層面的承認危機、文化層面的自我實現危機，以及政治危機。如果我們從獨異性社會的結構特質來看，那麼所有這些都可以稱為**一般性危機**。此外，當下又有另外一種危機出現了：以進步為導向的求新體制的危機。

晚期現代在社會層面上的承認危機是不同社會領域中獨異性市場的擴張結果。[62] 如果獨異化並非僅意指個人獲得自由、滿足、差異的可能性，而是它本身亦會強化社會期待模式，並且會相應地將該模式加以制度化的話，那麼獨異化（不論是哪一種至今仍具主流性的獨異化形式）就會產生一種根本上的不對稱性，亦即有的人會在承認市場上獲得了獨異的評價，有的人則最後落得一場空。社會事物的獨異化會造成獲勝者和失敗者的鮮明兩極分化。獲勝者往往可以在所有層面上都累積大量財富，失敗者則只會雪上加霜，更加得不到承認。高度的社會承認往往有更高的可能性讓主體獲得滿足感、感覺到自我實現。晚期現代社會的特色，就在於很多領域都有這種「贏者全拿、輸者全無」的情況。

最典型的就是「現代化獲勝者」和「現代化失敗者」之間在經濟方面的不對稱

---

62 「承認」這個概念很廣泛，它可以包含各種象徵形式和物質－貨幣形式的承認。也就是說，承認問題跨越了物質與文化的差異。

性。認知－文化資本主義中擁有極高資格的人（例如頂流「巨星」和頂尖國際大廠的雇員）能從其獨異性資本中獲得極大的承認收益，而相對的表面上可替代性高的一般服務業打工族就只能獲得很低的社會承認。[63]這是一種獨異性菁英主義的結構，它會讓在市場上非常優秀出眾的人獲得相當大的成就與成功。獲得高度職業聲望的專業階級（professional class）更有可能獲得成功的職業自我發展，服務階級（service class）則相反。職業的兩極分化與由晚期現代教育體制所刻畫的教育獲勝者（亦即在競爭激烈的高等教育市場上擁有受認可度更高的學歷、更獨異的履歷和競爭力的人）和教育失敗者（亦即學歷和能力都較爲一般的人）之間的不對稱性是相對應的。職業和教育的兩極分化也會深深影響不同生活風格所獲得的承認與主觀滿足可能性。受過良好教育的新中產階級不論在終身學習、職業流動還是健康觀念方面，都會特別講究自己是否在晚期現代文化中更爲優異，也會自認是現代化過程的成功擔綱者。這些人能將自己的生活塑造成一種很獨異的、很有價值的風格，並以這種方式讓自己更有可能發展自我並獲得外界的承認。新中產階級很聰明地知道要爲自己和下一輩累積各種重要的資本（例如語言、文化、心理、生理、物質等方面的資本）。相對的，社會對舊中產階級的生活方式的評價越來越低了，貧困階級的生活形式在社會上也顯得是很有問題的。新中產階級的個體能追求正當的獨特自我價值感，但其他階級的生活形式就只能在缺乏價值的感受中載浮載沉。

在社會地理學和數位媒體注意力的層次上，也有這種不對稱。晚期現代社會的其中一項特色，就是吸引了眾多移民和投資者的、由認知資本主義（加上新中產階級的郊區住處）所構成的大都會，與「脫節」地區在社會空間上的兩極分化。在晚期現代中，不只是個人，就連地方和區域也可能會有成功或失敗的情況。最後，在數位媒體上能發揮影響力並產生巨大流量的人，和在上面默默無名的人之間也有兩極分化。這是一種新形態的**數位分化**。幾乎所有人都處於數位網路中，但絕大多數的人都只扮演大眾的角色，只有少數人是有知名度的「網路明星」（亦即一般所謂的「網紅」），能對個人與集體發揮相應的影響力。所有的層次總的來說都會在根本上產生現代化獲勝者與現代化失敗者，這種情況從二十一世紀之始就刻畫了西方社會及其政治辯論。從各種民粹主義的崛起就可見一斑。

晚期現代的第二種危機牽涉到主體文化。這與自我實現的危機有關，且涉及到晚

---

[63] 對此的詳細討論可參閱：Reckwitz, *Die Gesellschaft der Singularitäten*, S. 181-223; ders., *Das Ende der Illusionen*, S. 135-201.

期現代文化的核心。[64]新中產階級和最具有文化影響力的各種制度（媒體、消費、管理／組織、大眾文化）都爲展現成功的自我實現模式提供了榜樣，影響了整個社會。晚期現代社會曾許諾要爲主體帶來解放，讓主體免於受到資產階級現代與工業現代時期人們常會遭遇到的那種需求宰製和自我宰製，並且許諾要爲主體造就一種依自身獨異性而來的個體自我發展文化，造就一種強調體驗與感受的文化。但晚期現代的這個諾言卻產生了主體文化的陰暗面，意思是除了個體有機會能實現自我之外，自我實現也變成了一種社會規範。社會上瀰漫著一種生活形式，認爲幸福的生活就是個體能自我發展，並且宣揚追求「有趣的生活」的獨異生活是成功的。但由於各種系統性的原因，事實上這種生活形式很容易讓人感到失望。

主體是否在原則上能擁有體驗的多樣性，被認爲是判斷生活成功與否的標準。同時人們也被要求要窮盡各種存在的可能性，要對各種社會事物進行經濟化，這也讓各種市場產生了獲勝者與失敗者極端分化的情況，且系統性地爲人們帶來了失望。晚期現代的生活形式之所以容易令人失望，根本的原因在於晚期現代中的情感的矛盾性：一方面，在講究正面情感的文化框架中，晚期現代文化強化了主體的情感生活，甚至將之視爲生活美滿與否的唯一判斷標準。但是生活中越來越常出現的失望與失敗感也產生了各種負面情緒（憤怒、痛苦、害怕、悲傷、嫉妒……等等），而且在這個文化框架中人們幾乎沒有好的方式能表達和處理這種負面情緒。晚期現代文化期待主體不要再只爲了遵循社會責任與良知而活，而是要去實現自己的存在特殊性。但這件事讓主體因高度的自我內在期待而倍感壓力，在極端的情況下這造成了艾倫伯格（Alain Ehrenberg）統稱爲「耗盡的自我」的晚期文化的典型病狀。[65]與此相應的，文化批判亦針對這種生活方式如何讓人在心理上難以承受而提出諸多批判。

除了社會危機與文化危機之外，政治方面也出現了危機。晚期現代的政治危機也起因於「獨異性」這項社會基本結構。一方面，隨著數位媒介科技的興起，公眾出現了特殊化的趨勢。組織現代的大眾媒介以包容性爲基礎，但晚期現代在公共領域的參與方面出現了個體和集體的獨異化。雖然因爲個人化的媒介使用模式以及在政治傾向上具有同質性的數位社群的形成，所以政治公共辯論的熱潮又再次出現，但這只對各種微觀公共領域的多元性方面來說是有益的，對於總體公共領域來說反而是有害

---

[64] 對此的詳細探討，可見：Reckwitz, *Die Gesellschaft der Singularitäten*, S. 181-223; ders., *Das Ende der Illusionen*, S. 203-238.

[65] Alain Ehrenberg, *Das erschöpfte Selbst. Depression und Gesellschaft in der Gegenwart*, Frankfurt/M. 2008.

的。[66]另一方面，特殊共同體的集體認同在晚期現代政治中扮演著一種非比尋常的重要角色。我們今天可以看到在政黨系統中遍布許許多多小型政黨，這些小型政黨呈現出窄密、具有高度文化同質性的碎片形式，消解了組織現代中的主要政黨。這種「由各種獨異性構成的政治」讓人們很難關注超越這些特殊共同體的共同問題。[67]最後，晚期現代政治危機也包括了國家的調控能力。雖然競爭式國家絕沒有放棄調控，但競爭式國家更多將焦點放在如何提升經濟、社會、文化方面的動力。這涉及到打著「我們已別無選擇」口號的動態化自由主義所進行的去疆界化政策。這樣一種政策認爲全球世界某種程度上是一個巨大的以獨異性爲主軸的經濟市場，這個市場裡的一切都涉及到建立獨有特質與區位優勢的挑戰。反過來說，一般性的社會基礎結構於此都被忽視不理了。[68]

承認危機、自我實現危機和政治危機這三者作爲社會危機的三個面向，可以總的視爲**一般性的危機**。對於一個由「獨異性」這項社會邏輯所結構起來的社會來說，基於一般性（不論是基於社會一般性、文化一般性還是政治一般性）的評價系統在晚期現代已經失去了正當性和力量了，且已經回不去了。所有這三種危機的產生都是因爲這樣的原因而產生的。承認危機起因於「齊平」的工業社會那種講求包容與成就的規範已經被消解了，取而代之的是對於獨異成就的重視。自我實現的危機之所以產生，是因爲原先古典現代倫理造就的那種具備一般有效性的責任和道德，應有文化約束力，但在晚期現代中這種文化約束力已經被大幅鬆動了，人們越來越重視單一個人的特殊抱負。政治危機的出現則是因爲「爲一般民眾的福祉而服務」的國家調控功能以及一般公共領域都逐漸消亡了。工業現代因爲它對社會的過度管制，以及因爲它無法面對獨異性，因此最終瓦解了。於此相應的，我們在當下也可以將一般性的危機視爲一場考驗，考驗晚期現代能否續存下去。[69]

總而言之，從二十一世紀一開始就相當顯著的這幾種危機，我們可以看作是從

---

[66] 詳見：Reckwitz, *Die Gesellschaft der Singularitäten*, S. 225-271.

[67] 詳見：Reckwitz, *Die Gesellschaft der Singularitäten*, S. 371-428.

[68] 詳見：Reckwitz, *Das Ende der Illusionen*, S. 239-304.

[69] 參閱：Reckwitz, *Die Gesellschaft der Singularitäten*, S. 429-442。我們在撰寫這本書的 2020、2021 年間，全球社會遭遇了新冠肺炎疫情的侵襲。自疫情爆發之後，有一種流行的說法認爲疫情對社會是一種破壞，讓社會產生了深刻的轉變。我無意附和時下主流的說法，不過我們可以看到疫情的確讓人們在很短的時間內清楚看到了晚期現代的這三種危機。疫情本身不是危機，但是它揭示了之前就已存在的危機，並讓人們對於晚期現代的批判論述在很短的時間內就高漲起來。

1980年代便已露端倪的一種特殊形式的現代性（這種特殊形式的現代性我稱爲晚期現代）的危機。就像資產階級現代和工業現代一樣，晚期現代也是會陷入危機的。但重點是，這次的危機不是隨便一個**現代**都會有的危機，而是就只有**晚期現代**才出現的危機，它與資產階級現代和工業現代的危機都不一樣。沒有一種現代社會像晚期現代社會一樣那麼強調獨異化邏輯，因爲這種邏輯是由後工業、數位化、教育擴張這三者史無前例地、全新地結合起來的結果。晚期現代的問題就自身來說是獨一無二的。

　　儘管如此，當人們面對十多年前公眾就已討論到的危機論述時，還是會想問一個問題：除了晚期現代的特殊危機之外，我們是不是可以說還有一些要素造就了**整個現代**的危機。事實上，有一個從一開始就形塑並推動現代性的觀念已達到了（在實踐方面的）極限，這個觀念就是進步。人們已經意識到人類自己造成了生態危害。這種危害從1970年代就已經產生，自2010年代以來人們又因爲目睹氣候無法逆轉的變遷如何帶來各種災難，所以更強化了這種生態危害意識。這種意識也最明確地表現出一種政治方面的不滿，認爲現代進步敘事在當代——至少對於當代的西方社會來說——很明顯是有問題的了。[70]事實上（且如上所述），社會求新體制和這個體制對進步發展的規範期待是資產階級現代、（西方社會和國家社會主義社會中的）工業現代，乃至於當今的自由主義晚期現代的引導力量。這些不同形式的現代，都是不同版本的現代性的「計畫」，也都在持續不斷地努力讓當下和未來的社會變得更好。不論是形式理性化（亦即目的效益最大化和權利擴張化）的過程，還是文化化與獨異化的過程，都是由「進步」這種規範模式所推動的。

　　在整個現代史中，一直都存在著文化批判，人們亦不乏對進步感到懷疑，也意識到現代化是有付出代價的。但人們一般都同意，這種批判與懷疑意識從二十一世紀開始變得越來越密集了。[71]關於這種截然不同於以往的情境，對於氣候變遷的爭論就是例子（雖然它僅是例子之一）。它表明了一種夾在美好的進步願景和失去感之間的社會情境。相應的，「失去」成爲不斷被人們提及的感受（雖然也有很多人對此提出異議），且被吸收進政治界和文化界的論述中。雖然美好的進步願景和失去感某種程度上是所有形式的現代性的一體兩面，但今天的情況不同以往之處在於，人們對於失去感的表達（不論這種失去感指的是某些群體或個體眞的已經體會到失去了，還是指人

---

[70] 當然於此我們也可以問，世界上的其他地方是不是有不同於西方的情況，例如是否這種進步方針現在到了東亞地區那兒去。對此可參閱：Moritz Rudolph, *Der Weltgeist als Lachs*, Berlin 2021.

[71] 這即是阿斯曼（Aleida Assmann）的討論主題，可詳見其著作：*Ist die Zeit aus den Fugen? Aufstieg und Fall des Zeitregimes der Moderne*, München 2013.

們預料到即將會失去某些事物，包括因為對未來有正面期待所以即將會產生的失去）原先只在幕後，但自二十一世紀開始登上前台成為公共辯論的主題。這些主題牽涉到後工業現代化的失敗者如何失去了他們的身分地位與未來，或是個體和群體因為遭受到某些個人造成的或政治造成的暴力而來的創傷，又或是生態災難造成的可預見的失去。在當代，失去感本身彷彿變成了構成自我認同的其中一項要素，然而這項要素與現代的進步敘事和現代化過程的核心理念明顯是相矛盾的。

5

理論，是用於批判分析的

　　我們應以何種態度推動社會體理論呢？社會體理論和它的研究對象──即社會──之間的關係根本上是什麼樣子的呢？自古至今，人們對於理論的批判工作一直有各種爭論，上述問題便是很常出現的爭論主題之一。這些討論對社會體理論就自身定位進行反思來說是必不可少的。霍克海默曾提出一組非常有名且影響甚鉅的區分：一邊是「傳統理論」，認為自身和研究對象在根本上是有距離的；另一邊是「批判理論」，強調要對自己在社會中的處境進行反思。魯曼則用他的系統理論將矛頭轉過來指向批判理論，很冷淡地指出：從系統理論的觀點視之，批判理論對社會提出一套規範期待的做法不過是一種一階觀察而已；系統理論帶著建構論的精神對社會進行科學的二階觀察的做法，才叫作反思。在近來的討論中，博爾東斯基又提出了另一組頗受爭議的區分：「以批判為己任的社會學」（sociologie critique）和「以批判為對象的社會學」（sociologie de la critique）：前者意指理論家認為自己懂得更多，因此可以超然地提出批判，後者則意指學者應研究真正處於社會生活中的行動者以什麼樣的批判形式提出了內在於社會之中的批判。[72]

　　在我看來，我們應該將一般的社會科學與文化科學（以及尤其是社會體理論）視為一種**批判分析**而進行推動。而這樣一種批判分析的觀念，也正是我想為社會體理論提供貢獻之處。批判分析在最廣泛的意義上總會抱著對支配進行批判的態度，同時也對社會結構的內在斷裂有很高的敏銳度。像一些後結構主義學者──尤其是傅柯[73]──即是如此。但除此之外，批判分析在理論界中其實也有著悠久的歷史。我們

---

[72] Max Horkheimer, *Traditionelle und kritische Theorie. Fünf Aufsätze*, Frankfurt/M. 1992; Luc Boltanski, *Soziologie und Sozialkritik. Frankfurter Adorno-Vorlesungen 2008,* Berlin 2010；較新的一些比較總體性的討論，可參閱一本論文集：Rahel Jaeggi, Tilo Wesche (Hg.), *Was ist Kritik?* Frankfurt/M. 2009。關於魯曼與批判理論的辯論，可參閱：Jürgen Habermas, Niklas Luhmann, *Theorie der Gesellschaft oder Sozialtechnologie – Was leistet die Systemforschung?*, Frankfurt/M. 1971.

[73] 關於傅柯對批判的看法，可參閱：Martin Saar, *Genealogie als Kritik. Geschichte und Theorie des*

可以從社會體理論和社會事物理論的基本假設——尤其是我上述提出的現代社會中偶然性的開啟與封閉之間的辯證——來看批判分析。這種批判分析在我看來描繪出了第三種批判的社會科學，亦即它既不是規範批判理論，也不是以批判爲對象的社會學。批判分析既不是以規範理念爲名對社會進行一種**超然**的批判，也不是在對**處於**社會中的各種批判形式進行分析。

批判分析首先是一種對社會事物所進行的**分析**，也因此它不是以規範爲導向的，亦即它不基於評價模式進行研究。所以它的規範主義立場比較薄弱，並不以開啟社會偶然性爲主要任務。這跟基於社會哲學的批判理論所抱持的「強規範主義」很不一樣。[74]批判理論認爲應基於特定的規範要求來檢視社會，所以都會在其社會理論中建立一種暗含規範要求的概念作爲評判標準。如此一來，批判理論很可能犯了一個毛病，即用一個預先採取的規範立場來套用在社會體分析上，而這會侷限了社會學的視角，且這種侷限明明是沒有必要的。甚至這種理論在研究實踐中常常最後都是在社會世界中找尋符合自己的標準——或不符合自己的標準——的現象。在這裡，社會學某種程度上被社會哲學束縛住了。上述的博爾東斯基之所以會提出以批判爲對象的社會學，即在反對這種基於規範思維模式之上的以批判爲己任的社會學。以批判爲對象的社會學旨在檢視社會本身之中的各種批判形式，以此對社會變遷的眞正動力進行探討，並對批判運動的重要推動作用進行分析。但是以批判爲對象的社會學也犯了一個與批判理論正好相反的毛病：它完全採納了社會成員的觀點，也因此無法批判地去看到行動者在進行行動時沒有認識到的結構性的前提與後果。

我所理解的批判分析，既不是超然於社會外的，也不是處於社會中的批判，而是一種**內在批判**。[75]所謂的內在批判的意思是，它不採取超然的判斷觀點來對實踐、過程或結構進行社會哲學式的對錯評價，不從一個成功生活的烏托邦出發，而是對實踐、過程和結構本身進行社會學分析。同時，它所使用的分析工具不會讓它侷限於參與者的主觀觀點，而是會從觀察者的角度來觀察社會脈絡，亦即會去檢視行動的結構

Subjekts nach Nietzsche und Foucault, Frankfurt/M. 2007.

[74] 這種規範性的批判理論最有名的代表人物無疑是哈伯瑪斯。羅薩也源於這種傳統，他的共鳴概念就是一個很重要的評價標準。但法蘭克福學派有著豐富的異質性，我不會把整個法蘭克福學派都說成是規範的批判理論。尤其是第一代的批判理論家，像是阿多諾或班雅明（Walter Benjamin），其實和批判分析還比較相近一些。

[75] 我所採用的這個概念源於：*Christoph Haker, Immanente Kritik soziologischer Theorie. Auf dem Weg in ein pluralistisches Paradigma*, Bielefeld 2020。這和康德（Immanuel Kant）的「理論理性批判」（Kritik der theoretischen Vernunft）很像，這是一種對某現象的可能性的條件所進行的分析。

前提與後果，去看看那些行動者的主觀視角看不到的東西。這種分析是在對社會脈絡採取某種理論－經驗分析策略中發展出批判潛能的。根本上它是以偶然性的開啟與偶然性的封閉之間的辯證爲基礎所展開的。如上所述，這種辯證是現代社會的核心動力。在這種情況下，批判分析的任務是很清楚的：以此觀點視之，社會科學、文化科學，乃至於社會體理論，**都是開啟偶然性的知識工具**。它旨在開啟被遮蔽和關閉的偶然性，因爲偶然性在現代社會中總已經存在於主流論述中，也已存在於各種生活形式的實踐邏輯與制度邏輯中了。批判分析旨在指出，任何現有的事物都也可以是另外一種樣子，因爲這些事物都與人爲事實息息相關，而這種人爲事實在分析中會變得清楚可見。這種批判分析有幾個要點：[76]

1. 批判分析會以推陳出新的方式，揭示出現代社會各制度和生活形式中表面上的理性、自由賦予、解放如何其實是一種有侷限的面向。它有一種讓人幡然醒悟的效果。從資產階級現代經過工業現代，到晚期現代，各種制度和生活形式都是伴隨著某種原則性的承諾出現的，亦即承諾要推動與確保（更多）自由。但這也顯示出自由的獲得常常也是伴隨著新的、微妙的壓迫而來的，亦即伴隨著規範化、常態化而來，伴隨著界定何謂「理性」、何謂「非理性」的新標準而來，伴隨著權力差異和身分階級而來。而社會體理論的任務，就是要去探討這些是**如何**發生的。

2. 在社會現實中彷彿無可避免和理所當然的東西（像是理性的、正常的、獨異的、有價值的東西等等），批判分析可以將之揭示爲並非無可避免、並非理所當然，亦即揭示爲偶然的東西，並指出這些東西都是由特殊歷史情境中某地方的文化詮釋系統所決定的。也因爲如此，所以一些鑲嵌在實踐與論述中的特殊知識秩序就特別符合批判分析的旨趣。同時也因爲如此，所以歷史系譜學是進行批判分析的重要工具。於此，批判分析的研究問題是：哪些論述和實踐產生出了社會的（像是經濟的、政治的、法律的、科學的、生活世界的、媒體的）現實？這些現實是如何生產出來的？這些現實排除了什麼？像那些造就知識秩序的爭辯的衝突與批判運動（不論是明確公開爆發出來，或是尚在醞釀但積怨已深的），也都是特別值得社會體理論關注的。[77]

3. 各種現代制度和生活形式中看似給定的、封閉的、和諧的東西，也可以透過批判分析而顯得時常是充滿矛盾、起源混雜的，且最終是極不穩定的。事實上，各種

---

[76] 以下各要點中的前三項，可參閱：Andreas Reckwitz, »Kritische Gesellschaftstheorie heute. Zum Verhältnis von Poststrukturalismus und Kritischer Theorie«, in: ders., *Unscharfe Grenzen. Perspektiven der Kultursoziologie*, Bielefeld 2010, S. 283-300.

[77] 我這裡的說法，其實也將「以批判爲對象的社會學」整合進來了。

制度、生活形式，或甚至就是整個現代社會，最初的興起都是承諾能提供一種和諧的、穩定的秩序。不過，社會體理論在這裡某種程度上是在幕後進行觀察的，並且旨在發展出一種敏銳度，去指出這些秩序的內部往往是脆弱的，並探討這些秩序的內部脆弱到何種程度。批判分析對結構性的張力狀態特別感興趣，因爲在這個狀態中社會事物的穩定性會產生動搖。也因此歷史中的各種混合情況在此是特別有趣的，因爲異質事物的結合往往會揭示出社會事物的內在裂縫。

4. 批判分析的出發點是，社會過程常常並不是源於個體行動者或集體行動者的意圖，而是它本身會形成不符合行動者意圖的結構，甚至這種結構與行動者的意圖會明顯背道而馳。與此相關的不只有不被人們認知到的社會實踐網絡結構前提，還有這種網絡中的行動的非意圖後果。這些結構與後果常常並不符合官方的規範與價值。現代社會宣稱要控制和有計畫地塑造社會發展，但現實情況往往相反，現代社會自身的動力反而常常失控了，成爲有待處理的模式。

5. 在現代社會似乎相當堅定的進步過程中，在現代化的步伐中，批判分析會將目光放在「進步的另外一面」上，亦即去看那些與這個過程並不一致，也因此在主流的論述中常常不被人們所看到的東西：失去感與造就出失去的實踐。批判分析不會對現代化的獲勝者歌功頌德，而是會對否定、創傷、苦難、失敗的感受與表達特別感興趣，且會同樣關照到產生這種感受的犧牲者與失敗者。批判分析的興趣也包含各種失去了未來的情況和沒有實現出來的潛在可能性。如此一來，我們的焦點就可以放在現代化過程的反面，放在被排擠掉或是沒有被滿足的事物，放在失敗或被邊緣化的事物。[78]因此，批判的社會科學的任務就對現代化理論的兩個面向——亦即和諧性與失去感——都進行研究。

6. 最後，批判分析也旨在對抗自身領域的偶然性的封閉趨勢，意思是，旨在避免自身科學領域在理論與經驗方面的眼界因爲一些變得習以爲常和理所當然的概念與方法而受到侷限。它會努力運用新的概念工具、新的方法，努力探索新的且至今都被邊緣化的研究領域，以此突破獲取知識的邊界。它會不斷去問，我們在使用傳承至今的那些概念和理論時看不到哪些事？哪些事需要我們用新的方法來研究才會研究得到？在面對新的研究方法與研究動力時，它的基本態度是具有跨學科的好奇心，對能擴展社會學眼界和新觀點的取向持開放態度。像是科學與技術研究（Science and

---

[78] 我們在這裡可以去回想一下班雅明（Walter Benjamin）對於歷史進程中未實現的潛在可能性和「未被償付的事物」的興趣。

Technology Studies, STS）、全球史研究、情感研究，或是人類世概念，都屬於此類。

　　以此而言，批判分析並不源自於社會哲學，而是更多作爲一種提問與研究的策略，且與社會科學和文化科學的理論研究與經驗研究的實踐密切交織在一起。它也適用於前文提到的將理論理解爲工具的說法。事實上，所有知名的社會體理論都是以批判分析的態度撰寫的，只是不一定都很明顯地反映出這種策略。馬克思的《資本論》、布赫迪厄的《區判》、傅柯的《性經驗史（第一卷）》這三部著作，爲前文意義下的批判的社會科學提供了非常不同但相當經典的例子。[79]這些經典著作顯然不能歸於博爾東斯基意義下的以批判爲對象的社會學，因爲它們超越了行動者群體和可能的批判運動的視野。我們也同樣不能不假思索地將這三部作品視爲規範－社會哲學意義下的批判理論。馬克思、布赫迪厄、傅柯並沒有一上來就對他們所研究的現象進行評價，也沒有將這些現象置於道德脈絡中，而是呈現出分析本身而已。他們的策略是揭示出事情不是像官方的社會論述中呈現的那樣。馬克思用他的政治經濟學批判框架系統性地指出，價值是如何在資本主義條件下於商品生產和商品循環中以何種方式製造出來的，剩餘價值是如何在當中被占據的，以及這一切是如何在「資產階級的」科學和政治中被掩蓋的。布赫迪厄則以他的社會結構分析研究了特定的行動者位階（例如其美學品味）如何在表面上彷彿由個體和個人的自決所造就，然而實際上卻由透過社會化而養成的文化慣習所決定。最後，傅柯揭示了（如同人們在1968年後所慶祝的）性解放如何只是表面上的，文化對性的定調如何依然與個人的意向相反，如何依然受到十九世紀對性的部署的烙印。

　　批判分析是一種一般性的科學策略，它將現代視爲社會偶然性的開啟與封閉之間的無盡辯證。這種分析是一個可以永遠做下去的工作，它的「標靶」會不斷改變。因爲現代社會必然總是會因爲不同的新情境而不斷讓剛開啟的偶然性再次封閉起來。資產階級因獲得了解放而帶來了壓制，社會主義的革命帶來了發達社會主義的極權專制，性的解放讓享用變成了一種責任義務，教育改革帶出了一群自視甚高的知識分子，工業時代對自然的掌控造就了人類世時代自然的反撲，福利國家的建立形成了懶人文化，自由競爭的動力讓所有社會事物都只向錢看齊，社會爲人們開啟了能獲得浪漫個人性格的機會的同時也讓人們擔負了必須發展獨異性的社會期待。新情境的

---

79 見：Karl Marx, *Das Kapital. Kritik der politischen Ökonomie*, Berlin 1988; Pierre Bourdieu, *Die feinen Unterschiede. Kritik der gesellschaftlichen Urteilskraft*, Frankfurt/M. 1982; Michel Foucault, *Der Wille zum Wissen. Sexualität und Wahrheit I*, Frankfurt/M. 1987.

不斷出現會讓批判分析不斷有新的目標。這亦造就了批判分析源源不絕的生產力。內在批判不是從一個既定的立場出發的，而是透過保持距離和提出問題來不斷產生新的模式。[80]

在科學領域中，偶然性的開啟在最理想的情況下可以對學術界或非學術界的公眾產生類似於擾亂熟悉感的效果，如同後前衛藝術（postavantgardistische Kunst）所做的那樣。社會科學的批判分析雖然不直接參與政治場域，但卻有一些基本的政治特徵：由於它讓人們看到人們長期以來都視而不見的東西，讓表面上理所當然的事變得很不理所當然，使之很有可能成爲公共辯論的主題，所以它也有推動各種事物被加以政治化的能力。[81]雖然批判分析本身不是規範理論，它不進行任何規範性的（例如倫理）評價，但它還是具有一種最低的規範性，一種弱規範性。如前文提到的，我所支持的社會體理論不是帶著烏托邦視野的規範性的社會哲學。但它依然帶有弱規範性，與現代性的啟蒙計畫密切相關。它對支配進行批判的最重要的方式，是透過批判分析以積極開啟偶然性。這不意味著在任何時刻、任何地方，人們必然都希望能在生活形式實踐或在制度中開啟偶然性。開啟偶然性是否是人們所希望的，在什麼樣的情況下人們會如此希望，這是需要在政治、制度、倫理、生活實踐，以及／或是治療學方面進行討論的問題。我們也可以在深思熟慮後放手不管。然而我的出發點在於，**在知識層面上**開啟偶然性，亦即澄清社會脈絡，指出它有哪些社會壓迫，它如何將什麼事變得彷彿理所當然，它有什麼不爲人知的結構、產生什麼非意圖的後果和不穩定的混雜情況，這些事實際上都是值得我們去做的。因爲唯有我們在知識層面上將封閉的偶然性給打開，我們才有辦法將實踐的可能性空間給打開。

在此意義上的批判分析本身當然也必須接受批判。在這方面最值得一提的是拉圖對此的討論。[82]他的「對批判的批判」所針對的是在批判的社會科學中常見的那種想爲世人揭露眞相的態度，以及針對同屬這種態度的「解構」做法。所謂的解構在不少時候就僅是進行消解，以及去除社會現象的正當性，以讓人們可以將社會現象揭露爲不過是一種社會文化的建構物而已。這樣一種批判的結果是人們最後並沒有獲得任何

---

80 我這裡關於批判的想法和布羅克林（Ulrich Bröckling）所發展的批判概念是類似的。可參閱：Ulrich Bröckling, *Gute Hirten führen sanft. Über Menschenregierungskünste*, Berlin 2017, S. 365-382.

81 我在這裡所運用的是「政治事物」（das Politische）概念（而不是「政治」概念），如同拉克勞（Ernesto Laclau）與墨菲（Chantal Mouffe）在他們的霸權理論中所提出的那樣。（詳見他們的著作：*Hegemonie und radikale Demokratie*）。

82 Bruno Latour, *Elend der Kritik. Vom Krieg um Fakten zu Dingen von Belang*, Zürich 2007.

事，因爲它沒有帶來任何有建設性的事——唯一存留下來的就只有那些因爲批判者自己默默給予了高度評價，所以從一開始就將之視爲不可批判或不予批判的那些規範與現象。拉圖給出了相反的建議，提出另一種形式的批判：「批判者應認爲建構物是脆弱的，認爲建構物是需要細心呵護的。」[83]拉圖主張，我們應該探討各種現代社會的存在形式，亦即去探討各種政治、經濟、宗教、藝術、法律、日常文化的實踐，不要僅將之視爲需要解構的**事實之物**來探討，而是要將之視爲**需要關懷之物**，視爲「與我們有關」並因而需要「關心注意」的東西。在拉圖看來，現代社會的問題在於個別的實踐複合體與知識秩序都傾向將自身的價值與目標加以絕對化，認爲經濟**就是如此**，市場**就是如此**，美**就是如此**，高雅文化**就是如此**。但這不是說我們因此就要抱著打破傳統、啓迪世人的態度，將對於社會世界中參與和造就實踐的人（科學家、企業家、藝術家、勤奮好學的人）來說具有價值的一切都給摧毀掉。我們更多應該要去保護這些由現代社會所造就的價值與實踐的多樣性和豐富性。

　　拉圖對批判的批判講到了一個很重要的點。的確，在批判分析中需要維持一種平衡，而這隨即牽涉到貫穿在一項分析中的「態度」的問題：論證某一現象是由社會文化所建構的，絕不等於就是要去除這個現象的正當性。如前文所述，在個別情況中某些現象在政治辯論中**可以**被認爲不具正當性，但科學分析不可以，也不應該決定它是否具有正當性。若從前文仔細介紹過的實踐學的觀點和文化理論的視角來看社會事物的話，那麼認爲世間原本是白板（tabula rasa）的那種批判也是站不住腳的。實踐學始終都強調社會事物既限制**也**賦予了實踐的可能性，既壓抑**也**賦予了實踐的能力。如果認爲唯有規範才是社會實踐最重要的事，並因此不再去設想任何其他的可能性，那麼這種觀點對社會理論來說就也太片面了些。當然，規範無疑**也是其中一種**可能性，但這樣一種做法也只是在以積極的行動開啓了一種世界而已。文化理論則對社會事物的看法開闢了另一種探討社會事物的面向：它並非僅僅嘗試回答稀缺和秩序問題而已，而是也嘗試回答意義問題和動機問題。當然，「做出價值」這種文化化的實踐本身也蘊含一種特殊的規範、貶抑，或排除機制，蘊含一種自我普世化和隱藏的不穩定性，這些都是批判分析要處理的。但批判分析在這裡要做的並不是透過單純的「懷疑的詮釋學」以達到消解的目標[84]，而是在任何的批判中不忘那些讓某些社會事物的

---

[83] Ebd., S. 55.

[84] 利科（Paul Ricoeur）對「懷疑的詮釋學」這個概念的運用有很重要的討論。對此亦可參閱：Rita Felski, *The Limits of Critique*, Chicago 2015, S. 14-51.

邏輯得以實現的正面性質。有一些批判擁護抽象的消極自由，不斷試圖去除掉現實中的積極自由的實踐；但這種批判事實上最後並無法給出任何有建設性的結論。換句話說，對偶然性的封閉進行批判分析，以及價值關係和社會實踐的可能性面向原則上所具有的開放性，這兩者之間必須維持一種平衡。

　　對於社會體理論研究來說，維持平衡具體來說是什麼意思呢？這裡以我對於「創造性的發明」和「獨異性社會」的研究爲例來說明。在《創造性的發明》中，我重構了一段歷程，即「創造」作爲一種觀念，或是它作爲一種從某社會基準點產生出來的實踐模式（其旨在原創出文化和美學方面的新穎事物），是如何在二十世紀的發展中透過各種不同的制度判準而越來越被推行、普及開來，以及它如何在最後被濃縮成一種創造性的部署，讓有創意的實踐和生活方式變成新的規範。從批判分析的意義上來看，這本書想指出，創意透過特殊的社會機制轉變成了一種期待凡事都要有創造性的社會結構。一方面，我揭示了創意模式在晚期現代中如何獲得了一種霸權地位，另一方面我也揭示了晚期現代有創意的生活方式中有哪些矛盾和張力。但我的目的**不是**在於將「創造性」觀念從1800年以來在現代文化中獲得的毫無疑問的成就給加以去正當化。對創造性規範的絕對化給予批判性的關懷，和對現代社會中原創性的價值進行原則上的理解，兩者是相輔相成的。創造性對我來說一直都具有一種正面的吸引力，所以我才會想去研究它。

　　在《獨異性社會》中，我依然恪守「批判分析，而非揭露」的理念。做出獨異性，亦即追求獨一無二和特殊性價值的社會實踐，從一開始就是現代文化中很重要的吸引力來源。當中我重構了一個過程，即晚期現代中獨異性方針不只變成一種社會基準點，而且也影響了很大一部分的社會世界，產生了某種結構。而這也讓我進一步去指出，獲勝者和失敗者之間因這樣的結構而出現了什麼樣的社會不對稱。這裡的批判之處在於指出獨異性變成了一種規範，「要求凡事都必須獨一無二」的這種觀念具有文化支配性，使得不獨異的事物和一般性的文化遭到貶抑，當中產生的新的矛盾和不穩定性也影響到奉行獨異主義的生活方式。但我在這裡並沒有要透過社會學分析以摧毀獨異事物的現代價值。相反的，人們對獨異事物、對人與物因晚期現代文化而產生的自身複雜性，有著與日俱增的敏銳度，這對我來說「無比重要」，絕非應加以解構之事。正是**因為**我和其他人都一樣覺得獨異性在現代很有價值，所以我才會覺得批判地看待獨異性在社會中的實現是必要的。

　　常常有人指責批判分析時時刻刻都帶著批判的眼光而無法提供任何有建設性的解決方案，或是說批判分析就只能純粹扮演觀察者的角色。但我不認爲必然如此。科

學分析和政治介入的確是不同的兩件事，但批判分析當然可以爲政治介入提供很好的資訊背景，而且批判分析也應該要這麼做。所以我從未刻意克制自己從分析中規劃出改變當下情境的策略。爲了突破獨異性社會缺乏其他種可能性的情境，我在我的一些著作中提出了一些論點，例如嘗試強化（內嵌自由主義意義下的）一般性的政治，著重社會基礎建設與文化面上的普遍性實踐。[85]或是說，晚期現代文化常常過於強調對情緒的煽動，因此我也認爲應可以嘗試發展一套透過理智以實現自我控制情緒的策略。[86]不過，「解決方案」的價值對於批判分析來說和對於例如規範理論而言的確不太一樣。批判分析並不旨在實現普世的政治烏托邦，而是只會涉及**暫時的**和**依情況而定的**策略。批判分析要看的是偶然性視域在哪些地方被封閉起來了，因此我們必須重新打開其偶然性。這是**此時此地的**工作，並非普世皆然、永恆不變的。規範理論用不變的尺度去衡量不斷改變的對象（即社會），但批判分析不是這樣，批判分析更多會不斷調整策略以應對不斷改變的社會結構與社會問題。[87]

---

[85] 例如 Reckwitz, *Das Ende der Illusionen*, S. 285-304.

[86] Ebd., S. 232-238.

[87] 如果我們注意到社會批判運動的歷史邏輯的話，那麼一般都會看到，很多昨日還相當適切的策略和目標往往到了今天就不再適用了，然後到了明天又會出現不同的新社會情境，使得人們又會迫切需要另外一些批判形式與策略。換句話說，不只是批判分析，就連政治領域的批判運動也必須注意到歷史的變遷必然性。用我上述的例子來說：「今天」我們可以，且必須用一般性的政治來應對獨異化機制的絕對化。但「昨天」不是如此，當時在西方發展得相當穩定的福利社會中是「一般性」這項社會邏輯處於絕對地位，所以當時適當的政治策略應是強調差異、特殊性、動態、去邊界化。同樣的，現代工業社會過於強調情緒控制、反對娛樂化、質疑個體性，當時對情緒的強調與煽動是值得提出與（例如透過反主流文化和正向心理學來）推動的策略；但如果今天還在講這樣的策略，就不合時宜了。

6

結語
理論實驗主義

「做出理論」這件事不只存在於理論的生產方面，也存在於理論的接受方面。我們該如何從事社會理論工作？社會理論是如何進行討論的？這些問題絕對不是不重要的小事。這些問題不僅牽涉到本書所提到的「社會事物理論」和「社會體理論」這兩種理論取徑的差異，而且也牽涉到一般的日常理論工作。在我看來，我們可以在理念型的意義上區分出兩種進行理論研究的方式：理論主義式的，以及實驗式的。我們不難看到，這兩種進行理論研究的方式和我一開始提到的兩種對理論的理解方式是密切相關的。如果我們將理論理解爲體系，那麼我們就會以理論主義的方式進行理論研究；如果我們將理論視爲工具，我們就會以實驗的方式進行理論研究。我想讀者們應該可以猜到我是比較傾向於後者的。

理論主義式的理論研究方式，顧名思義，涉及到一種「在理論之內」的探討形式。這種形式一直以來都是科學場域的主流，也是許多理論家比較習慣的理論研究方式，亦即所謂的「純理論」（不論是社會體理論還是社會事物理論）的研究。人們在許多學術研討會上的理論演講或理論研討，或是在期刊、論文集，乃至於大學課堂上，都可以看到這種理論研究方式。理論主義式的討論形式認爲我們必須將任何一種理論都當作一種（前文所謂的）體系性的理論來閱讀。這也會讓人以一種可稱爲「以證僞爲導向」的方式進行理論探討。意思是，在這種方式下所謂的進行理論研究就是在找尋理論中可能的薄弱之處，由此切入來進行理論改寫。嚴格來說這種做法的目的就是在反駁理論。以此而言，理論主義乃基於一種**消滅性的**態度來進行研究的：理論主義的理論研究者認爲自己對理論發起了挑戰，並且在更理想的情況下還可以指出這個理論站不住腳，說這個理論的有效性顯然是有限的，或甚至根本是可以完全被拋棄的。更尖銳地說，抱持著這種態度的研究者，在檢視理論時其實就只是想要找碴，理

想的狀況下甚至可以把整個理論鬥垮。

　　這樣一種消滅式的姿態顯然有兩個來源：其一是理論生產者與理論接收者之間的競爭；其二是理論典範之間常常長達數十年的君子之爭。[88]在第一種情況中，作爲接收者的理論家會看作爲生產者的理論家不順眼，因爲前者覺得後者挑戰了自己（不論在學術方面還是在日常世界方面）的基本預設。前者會進行自我捍衛，而且不少時候會直接以攻擊對方的方式來自我捍衛。這類的爭辯中常見的句子像是「這裡所運用的X、Y和Z概念非常模糊」、「這個說法忽視了A面向」、「這位作者對B依然缺乏批判態度」、「H和I的對比太過粗糙」、「J宣稱和K宣稱相互矛盾」。第二種情況則是對整個理論學派進行攻擊，因爲覺得這個理論學派不僅威脅自己的地位，而且還威脅了自身所屬的整個陣營，或威脅到認爲自己的理論工作需要對其負起責任的思維方向。爲了捍衛自身的理論認同，因此理論家會去指出對方理論的不足。

　　理論主義的態度及其消滅性的姿態，在「純理論」的領域建立得非常紮實，使得它常被認爲就是一種學術能力的表現。誰若有能力指出某理論的弱點，以及同樣的誰若知道如何反駁攻擊，那麼這人就會被認爲是學術領域中有能力的參與者。在我看來，這種關於理論的理論主義式看法──雖然它常常被認爲是科學理性的一種表現──是因文人**相輕**而產生的。它很像是一種拿著知識工具而進行的戰爭，所有參與者都在作爲反對者面對他人，與所有其他人進行攻擊或防禦，以能消滅他人或堅守陣地。雖然表面上大家都說這是在找尋眞理，但實際上這一切都只關係到誰能被接受、誰敗退下來了。爲了避免誤會，我必須聲明：澄清概念上的分歧，或是透過論證以彰顯理論之間的內在張力，當然是很有意義的一件事。任何理論當然都會有盲點，指出該盲點也當然是非常必要的。但如果這麼做只是出於文人相輕，亦即就只是爲了想要把人家整個理論都給駁倒，那麼這種做法通常最後只會讓自己走入死胡同。我們可以看到有些大學課程的開設就是這樣的，學期課綱中每次課程只是在討論理論領域中不同的，且往往是最新的書。如果課堂參與者在每次的課程中都僅在進行消滅策略，那麼一學期辛苦下來握緊的拳頭裡其實什麼也都不會有。也許人們的確讀了很多書，用

---

88 我們可以至少在一些方面用布赫迪厄的場域理論將之解釋爲一種學術場域的競爭（參閱：Pierre Bourdieu, *Homo academicus*, Frankfurt/M. 1992）。然而這種理論的「流派鬥爭」態度在某種程度上也可以視爲一種古典現代的男性氣概文化的慣習。有趣的是，在這場鬥爭中，將「理論作爲體系」來生產理論，是最符合這種男性氣概文化的。因爲這種理論的典型生產方式，就是一方面出現了一個天才型、魅力型領袖，另一方面許許多多（理論）流派的追隨者受其感召而心甘情願地聚在他們所愛戴的領袖下。

一些可能還不錯的論點反駁或徹底消解掉了每個理論。或許一學期下來人們最後可以得到一些空虛的勝利，以戰勝者的姿態結束了這學期的課。但在這樣的世界中人們並無法了解到更多的事。這樣辛辛苦苦到頭來究竟有什麼意義呢？

而上述的實驗性的理論研究方式則不同，這種方式將理論當作工具來看待。一個很好的例子是費爾許（Philipp Felsch）在他的著作《理論的漫長夏季》中呈現的整個實驗性的理論研究（次）文化。[89]費爾許在書中描述了1970年代西柏林的學生圈和知識圈中的閱讀策略。那時，當大學的馬克思主義短暫的支配地位破滅了之後，人們帶著好奇心興致盎然地閱讀和討論了所有梅爾夫（Merve）出版社與蘇爾康普（Suhrkamp）出版社當時出版的爲理論領域帶來新東西和新發現的書，像是關於精神分析的、建構論的、後結構主義的、女性主義的以及許許多多其他取向的著作。人們讀這些書，是爲了從中獲取工具以理解（與改變）社會世界。簡單來說：人們在從事用理論來開闢世界的實驗。

以實驗的方式來閱讀理論，絕不是在1970年代的小宇宙才存在的特殊態度。只不過如果人們今天看到這種態度，通常不是在「純理論」的場域中，而是主要在跨學科的情境下，或是在某些經驗研究者或非學術的公共領域對理論的探討中。這種情況並非偶然，因爲社會體理論首先針對的就是三個領域，亦想爲這三個領域提供動力。這三個領域即：跨學科的人文學科領域、經驗研究，以及文化與政治公共領域。之所以在這三個領域中人們會更有可能以更開放、更好奇（真的就是因爲好奇）的態度接受理論，很顯然是因爲在這三個領域中某單一學科的內在競爭或地位問題實際上一點都不重要，人們不會把理論當對手，而是當作可能的**工具**。如果人們是以有跨學科興趣的學者、經驗研究者，或非學術圈的讀者來探討理論的話，這時候人們就會希望把理論當作鑰匙來理解社會，或是用理論來激發出自己的思想或自己的研究。人們會想從中找尋具啓發性的觀點、新的視角，以此用不同的角度看待事情。在這樣的實驗態度下，人們不會想捍衛著什麼，而是想多認識點什麼；不會想攻擊理論，而是會樂於接受理論所提供的各種思維可能性，因爲藉此我們有可能更好地參透各種社會現象。人們會覺得理論在邀請著自己進行知識實驗，邀請著自己進行某種理解現實的嘗試。[90]

----

[89] Philipp Felsch, *Der lange Sommer der Theorie. Geschichte einer Revolte von 1960 bis 1990*, Frankfurt/M. 2015.

[90] 從理論史來看，我們可以把這種實驗主義與杜威（John Dewey）的實用主義，以及與杜威將自由民主視爲「實驗社群」的看法，相提並論。此外，我偏好的這種實驗進路也可以關聯上文化作

　　如果理論可以透過新的語彙讓人們以更有生產性的方式步入世界，那麼這樣的實驗就是成功的。評判理論的標準於此就不僅僅在於它是否道出眞理，或內容是否具有一致性，而是在於它是否新穎。理論主義的姿態會認爲新的理論是一種潛在的**威脅**，但在實驗性的態度中新理論會被認爲是一種潛在的**貢獻**，亦即不會將之視爲一種攻擊，而是一種提議。這裡的重點是我們要看到，新理論不必然會破壞舊的和／或其他理論的正當性。在實驗態度下，重點不在於打擊某個領域的世界觀，而是在於用各種有趣的方式**增添**新的視角。當我們以實驗的態度來探討理論時，評判理論的第二個標準就是：一個新理論如果有吸引力、能吸引人，那麼它就是好的理論。這種我們所謂的吸引力，就是知識貢獻的吸引力。

　　就拿前文提到的例子來說吧：一堂帶著實驗主義精神的理論課，跟一堂帶著理論主義精神的理論課看起來就會不一樣。在實驗主義精神的理論課上每一本書都會被看成是潛在的啟發來源，或認爲每本書在特定脈絡下都有機會以新的、不同的視角來閱讀。它能夠啟發一種（漢娜・鄂蘭所謂的）「沒有欄杆的思想」。當然，某種理論取徑都會有它的侷限，我們也應該指出它的侷限；但我們更應該感興趣的是埋藏在它當中能讓我們學到東西的可能性。我們該建立的不應是一間文本審判廳，而是一間理論工作室，以此對理論進行接續的思考。如此一來，在這門課結束之後，我們想來不會兩手空空，不會憤懣地認爲是「一堆沒用的東西」，也不會空虛地確定自己的確懂得比較多。而是我們想來會覺得這堂課上得眞是值得，因爲最後我們會感覺到收穫滿滿，覺得我們對世界的理解和提出分析的可能性變得更加豐富了。

　　正如羅蒂（Richard Rorty）正確地看到的，若我們將理論視爲工具，那麼理論就可以幫助我們看見與了解某些事物。[91]作爲一類語彙，理論必然會有侷限。所以若我們想避免陷入個別理論的片面性（例如將理論視爲體系，以教條的態度對其鑽牛角尖），那麼最好的方式就是去多熟悉各種不同的社會理論，用各種不同的工具掌握世界。換句話說，我們應該要去擁抱**理論語言的多樣性**，對多元的理解世界的方式抱著實用主義式的開放精神，在各種不同的理論詞彙之間熟練地進行轉換。理論工具箱永遠不嫌多。

品，例如小說、電影或繪畫。

91 參閱 Richard Rorty, *Kontingenz, Ironie und Solidarität*, Frankfurt/M. 1991.

哈特穆特·羅薩

系統性的社會理論藍圖與最佳說明

1

社會理論是什麼？能做什麼？

1.1「現代」這個形態概念的界定與問題

　　自社會學在十九世紀轉向二十世紀之交形成為一門獨立的學術領域開始，社會學的代表人物們就不斷在爭論一些問題：現代社會作為一種特殊的社會形態，其可讓我們視為定義的特質是什麼？現代社會的什麼可以讓它和它之前、之後或其他類型的形態區分開來？事實上我們可以說，正是因為這些學者不斷嘗試回答**這個**問題，所以提出了偉大的、今天被界定為經典的社會學理論綱領，並且這些學者也是以此方式為社會學帶來了學科認同。所以滕尼斯和其他同意他的學者會提出從社群轉變為社會的說法，以此將現代社會突顯為其中一種特殊的社會形態。所以馬克思以及韋伯才會提出經濟的資本主義轉型。所以涂爾幹或是描繪出系統理論的魯曼，乃至於阿多諾、霍克海默以及哈伯瑪斯，才會致力討論現代社會是如何從等級－階層轉變為功能分化。所以像齊美爾在他的《貨幣哲學》裡，會將現代社會的特殊性，描述為越來越顯著的個體化形式，或是像貝克和亞徹（Margaret Archer）描述為一種由多個階段構成的過程。所以齊美爾才會說，正是所有這些趨勢之間特殊的相互作用，促成了我們所謂的「現代」。

　　近代對於世俗化概念的辯論很典型地清楚指出，要界定現代性，尤其是想提出一個明確的、有區分性的定義，有多麼困難。[1]事實上，從對於現代性的歷史分析與社會科學爭論中我們可以看到，不可能有一個單一的概念和過程可以提出明確的歷史分界線或地理分界線，將各社會形態（Formation）鮮明地區分開來。就算是在現代社會

---

[1] Charles Taylor, *Ein säkulares Zeitalter*, Frankfurt/M. 2009; Michael Warner u. a. (Hg.), *Varieties of Secularism in a Secular Age*, Cambridge (Mass.) 2010; Craig Calhoun u. a. (Hg.), *Rethinking Secularism*, Oxford, York 2011.

裡，我們也還是可以看到共同體式的生活形式與共同體的形成過程，可以看到禮物經濟，可以看到等級制的階層分化、去個體化、理性化的相反趨勢或是非理性、神聖化等等。不僅如此，反過來也是一樣的：在歷史上早期階段或是當代偏遠地區，雖然我們通常認為其生活形式**不是**現代的，但我們也還是可以在當中找到個體化、分化、理性化的案例。[2] 就算是經濟方面的資本主義積累邏輯，不只在一些無疑同樣身處現代的「非資本主義」社會也會存在，而且我們同樣可以在過去的歷史中找到。[3]

這種定義上的困難，會再帶出一個更重要的問題，即對**我們這個**現代和**我們這個**近代的主流界定，無疑會有規範方面的呼籲，也難免會有人類中心主義的偏見和經驗。近幾十年來後結構主義和尤其是後殖民導向的批判者已清楚指出這件事。最明顯表現出這個問題的當屬由帕森斯提出、後來他的追隨者也發展出不同版本的所謂現代化理論。[4] 這些現代化理論根本上都認為，現代美國、歐洲，或「西方」社會形式就是社會發展的目標本身，所以所有偏離這條發展道路的，都是「退步」或「低度發展」。這也使得社會學近來一些頗為主流的聲音建議，「現代」這個概念要麼轉換成多元各異的**諸現代**，要麼就乾脆直接放棄這個概念算了。因為，一方面我們可以說，各地方——像是歐洲、北美、印度、日本、中國、阿拉伯、非洲——的現代都會是不一樣的，所以現代的多元性會越來越高；另一方面我們也可以發現，究竟超越了這些多樣性，讓我們因此可以用「現代」這個概念統稱的共通之處是什麼，其實是很模糊不清的。[5]

然而，放棄「現代」這個形式概念，並不能解決社會理論範疇的基本問題，因為社會理論的核心難點——亦即將所謂的「現代」這個社會形態加以定義並與其他社會形態區別開來——還是存在。這使得有人隨即轉而嘗試定義「西方社會」，並問：誰或什麼是「西方」？怎麼定義「西方」並將之與其他整體區分開來？它能在地理上畫出界線嗎？日本算不算「西方」？它能在歷史上畫出確切分界嗎？這種問題在區分

---

2 可參閱，例如：Samuel N. Eisenstadt (Hg.), *Kulturen der Achsenzeit. Ihre Ursprünge und ihre Vielfalt*, 3 Bde., Frankfurt/M. 1987; Martin Fuchs u. a. (Hg.), *Religious Individualisation. Historical Dimensions and Comparative Perspectives*, Bd. 1, Berlin, Boston 2019.

3 參閱：Jürgen Kocka, *Geschichte des Kapitalismus*, München 2013.

4 Wolfgang Knöbl, *Die Kontingenz der Moderne. Wege in Europa, Asien und Amerika*, Frankfurt/M., New York 2007.

5 Knöbl, *Die Kontingenz der Moderne*; Hans Joas (Hg.), *Vielfalt der Moderne – Ansichten der Moderne*, Frankfurt/M. 2012, v. a. S. 24f.

「北半球」和「南半球」的時候也會出現：印度眞的屬於北方，然後智利、澳洲、南非就眞的屬於南方嗎？根據方位來區分社會形態眞的有意義嗎？同一個國家的城鄉差異，眞的會比國家與國家之間的差異來得小嗎？我們是不是更應該將全球各大都會直接視爲一種社會形態呢？更麻煩的地方還在於，一種社會形態的核心是由什麼構成的，我們完全沒辦法說清楚。我們所要討論的應該稱作社會嗎？還是應該稱作文化或生活形式？眞的有**整個**印度社會、**整個**印度文化，或是**整個**印度生活形式嗎？當人們嘗試從經驗上去掌握例如印度的整體的時候，會重新又遇到差異的多樣性，甚至是不可協調性。語言、宗教、階級情況或種姓制度情況、性別地位、生活世界現實等等，這些都有著多樣性，很難看到一種形式上的整體。

所以長久以來社會學也只能沿著民族國家的邊界劃分來應付這個問題，或至少先擋一下這個問題，因而民族國家也被視爲是特殊社會形態的「容器」。但最晚到了「全球化」這個關鍵字出現之後，這樣一種容器社會學就顯現出其侷限和不足了。[6]此外，根據領土來劃分邊界的做法，就算在一些情況下是可行的，但也還是會有著歷史分界的問題。例如，當我們（姑且不管一直以來都存在的跨領土的交織情況[7]）談到「德國社會」的時候，也會遇到這些問題：德國社會什麼時候變現代了？是在十八還是十九世紀？還是到二十世紀才變得現代？還是——就像拉圖說的——根本從未現代過？[8]如果除了不同領土之間的差異之外，我們再將不同歷史階段的差異也一併納入考慮的話，那麼「現代」這種社會形態是否需要再區分成早期現代、古典現代、高度現代、晚期現代或後現代呢？[9]

上述這種在浩瀚的多元性、對立性、矛盾性情況中界定社會形態的問題，促使

6　Ulrich Beck, *Was ist Globalisierung? Irrtümer des Globalismus – Antworten auf Globalisierung*, Frankfurt/M. 1997, S. 115-121; Wolfgang Luutz, »Vom ›Containerraum‹ zur ›entgrenzten Welt‹. Raumbilder als sozialwissenschaftliche Leitbilder«, in: *Social Geography* 2 (2007), S. 29-45.

7　Göran Therborn, »Entangled Modernities«, in: *European Journal of Social Theory* 6 (2003), S. 293-305; Dietrich Jung, »Multiple, Entangled and Successive Modernities: Putting Modernity in the Plural«, in: ders., *Muslim History and Social Theory. A Global History of Modernity*, London 2017, S. 13-32.

8　Bruno Latour, *Wir sind nie modern gewesen. Versuch einer symmetrischen Anthropologie*, Berlin 1995.

9　一個嘗試系統性地（亦即從時間結構方面，根據社會變遷速度與世代交替步調之間的關係，來）進行這種區分的研究，可見：Hartmut Rosa, *Beschleunigung. Die Veränderung der Zeitstrukturen in der Moderne*, Frankfurt/M. 2005, S. 428-459.

有些社會學家和文化科學家將**社會**解釋成一種很模糊的範疇概念或視域概念[10]，或甚至是「不可能的客體」[11]，並且主張要盡可能避免「**文化**」（像是印度文化或埃及文化）這種形態概念。這樣的做法企圖把關於社會形態的想像都拋棄掉。像厄里（John Urry）和拉圖都是這麼做的。他們不只放棄掉特殊的、獨特的形態概念（例如「現代」或「西方」）而是甚至把稱作「社會」的這個類屬概念都整個丟掉。[12]這種做法認為，社會學家的任務就是去追尋人、物、觀念、實踐的軌跡、運動、組合、轉變，以及去分析其特殊情境。[13]這時候社會學家可以從實際上指出，我們總是可以不斷觀察到一些過程，像是個體化與去個體化、分化與去分化、民主化與去民主化、靖綏化與軍事化、經濟化與神聖化、加速和減速等等，它們（有些是同時地，有些是前後交替地）在不同的歷史、文化、地理脈絡中出現，但沒有形成一個總體的形態模式。在社會學理論的層次上，有學者便以這樣的分析為基礎，在微觀社會學和民族志啟發下提出實踐理論，以此對牽涉到社會性、身體性與物質性的具體社會實踐進行研究與描述[14]，或是對個別文化產物，包括某些對象物、觀念，或是行動方式，從其歷史與空間方面的交織與傳散進行探究。[15]

　　但是，一旦這些學者談到實踐或產物這類帶有總體性意涵的詞彙，並且探究其結

---

[10] 可參閱例如：Armin Nassehi, *Der soziologische Diskurs der Moderne*, Frankfurt/M. 2006, S. 407-412.

[11] Oliver Marchart, *Das unmögliche Objekt. Eine postfundamentalistische Theorie der Gesellschaft*, Berlin 2013.

[12] 放棄掉社會形態概念的代價可能會非常大。所以我們可以看到，像是拉圖還是用**組合**或**集體**這類的概念開了後門。這些概念乍看之下可以包含進一些除社會事物之外的要素，所以和文化或社會等概念不同，但其差異就僅存在於乍看之下而已，因為文化與社會概念也已經不斷探討到物質要素了。工廠和軍營、鋼和煤，無疑都是工業社會（和工人文化）理論的構成要素。在這一點上，拉圖在這方面的一本重要著作，其英文版本的書名《重組社會事物：行動者網絡理論導論》（*Re-Assembling the Social. An Introduction to Actor-Network Theory*, Oxford u. a. 2005）取得其實更合適。他這本書的德文書名《一個新社會的新社會學》（*Eine neue Soziologie für eine neue Gesellschaft*）和法文書名《改變社會，重做社會學》（*Changer de société, Refaire de la sociologie*）反而有點誤導性。

[13] 像是厄里（參閱他的著作：*Global Complexity*, Oxford u. a. 2003）、拉圖（像是他的《重組社會事物》）和行動者網絡理論，都藉此得出很多很有創造性的觀點。

[14] 在這方面最富啟發性的，可見：Andreas Reckwitz, »Grundelemente einer Theorie sozialer Praktiken. Eine sozialtheoretische Perspektive«, in: *Zeitschrift für Soziologie* 32 (2003), S. 282-301.

[15] 可參閱例如：Matthias Kaufmann, Richard Rottenburg, »Translation and Cultural Identity«, in: *Civiltà del Mediterraneo*, XII n. s. (2003), S. 229-348.

構和文化方面的交織和背景的時候，我們其實隨即就會發現形態概念依然是無法丟棄的。實踐理論嘗試透過系統性地引入生活形式概念來填補形態概念被拋棄之後留下的空缺[16]，但生活形式概念在這裡在我看來更成問題，因為它不只重複了「文化」和「社會」這種形態概念的困難而已（歷史上的什麼時候、地理上的什麼地方，是某生活形式的開端與結束？）而且它還額外帶來了實踐的總和層面的問題：如果把婚姻、「下弗蘭肯式」[17]、資本主義通通界定成生活形式，那麼生活形式到底該怎麼定義？如何區別彼此的差異？

　　而經驗研究，尤其是專門探討特殊相關性的經驗研究，沒有形態概念也可以很好地進行。就算不怎麼用到形態概念，甚至完全沒有形態概念，也可以開始研究例如通勤上班與離婚率之間的關係、宗教約束與生活滿意度之間是否有關、北美薪資勞動者的選舉行為，或是對不同國家的低學歷父母的子女上大學的比例進行比較等等。

　　一方面，用「社會」這個形態概念來進行思考，似乎有著困難；另一方面，與形態有關的像是宏觀社會學、「宏大理論」或社會理論，幾乎沒辦法在方法論上提出有說服力的根據，尤其是如果人們想將自然科學在方法上的可控性作為標準的話更是如此。社會學的任務，就是去系統性地思考，是什麼讓我們的社會在各種要素與作用力的相互影響下變成當代的這個樣子，以及社會的改變趨勢是基於什麼樣的邏輯、推動力或法則以進行的。但由於上述那兩方面的麻煩，使得社會學理論在全世界都越來越沒有進展，尤其在德國之外更是面臨消失的危機，至少在學術領域中是如此。

1.2 社會的自我詮釋與社會學的任務

　　然而，人們在社會生活中當然從來不曾停止對自身當下的社會政治狀況進行思

---

[16] 這方面最廣泛的嘗試，堪為菈黑爾·耶姬（Rahel Jaeggi）的著作《生活形式批判》（*Kritik von Lebensformen*, Berlin 2013）。她援引了溫格爾特（Lutz Wingert）的說法，將生活形式定義為「實踐與導向的總和，以及社會行為的秩序。」（ebd., S. 77）而耶姬的思想也突顯了一件事：在這樣的定義中，形態問題並沒有解決，而只是推移到總和概念和秩序概念而已。我們依然可以問：是什麼將「無數的實踐」造就成一個總和？我們如何界定秩序？當她說：「生活形式是……實踐與導向的相互關聯，以及社會行為的秩序。」（S. 89）的時候，「相互關聯」這個概念依然具有形態的性質，而且它還是很模糊——而且耶姬自己也承認這件事（ebd., S. 118 f.）。我的這個批評絕不是要詆毀生活形式概念。就像耶姬、萊克維茨和其他學者指出的，生活形式概念在很多方面都非常有用；但它並無法取代「社會」這個概念。

[17] Ebd., S.90.

考。因爲人類——就像韋伯清楚指出過的[18]以及泰勒系統性地闡述過的[19]——很難不是、或甚至本質上就是一種**會進行自我詮釋的存有**。人類不只需要以形態性的方式，亦即以構築出所處背景的方式，來對自己與世界進行詮釋，而且人和世界也完全無法與這種自我詮釋截然分開來。我們作爲個體的時候，我們是誰呢？或是我們作爲社會的時候，我們是什麼呢？我們活在一個什麼樣的世界中呢？這些問題都（也）取決於我們的意義視域或自我詮釋。但這也意味著，**若有人能改變社會的自我描述或自我詮釋的概念，那麼這人也就能改變社會現實本身**，因爲我們的語言是構築社會現實的要素之一。社會現象本質上都是概念性的；對於任何社會制度，我們都必須基於建立這套制度的詮釋視域，才能夠理解或實現。而且這個詮釋視域也不是孤立存在的，而是處於一個構築出形態的脈絡中的。

我在這裡講得很抽象，但只要舉個例子就可以很好懂了。假設一個人早上起床去上班了：如果我們想眞正**理解**或**解釋**「去上班」這個**行動**是什麼，那麼我們就必須了解現代薪資系統，了解現代的工作處與居住處是分開的，生產和消費是分開的，了解政治與經濟、生命歷程體制、資本主義經濟，以及最後也必須了解（晚期）現代的主體性。如果沒有這樣一種能讓我們認識社會形態輪廓的詮釋視域，我們雖然也還是可以對「去上班」這種實踐行動進行描述，也可以界定與之相關的事物，但我們無法

---

[18] ……將「對文化過程進行『客觀的』探討」視為「把經驗事物還原成『法則』」，並且將之視為科學工作的理想目的，是不明智的。……之所以這是不明智的……，是因為……沒有一個關於文化過程的知識不是以意義作為基礎而可以想見的。生活實在總是以個體的形式呈現出來的，並且在特定的個別關係中對我們來說會是有意義的；關於文化過程的知識就是以這種意義作為基礎的。至於在何種層面上，以及在什麼樣的特定個別關係中，生活實在對我們來說會有意義，這不是任何一種法則可以告訴我們的，因為這是由價值觀念所決定的，我們都是在某種價值觀念下於個別情況中看待「文化」的。……文化科學的先驗預設，不在於我們發現某種或一般的「文化」是有價值的，而是在於我們都是文化人，天生就有能力與意願面對世界時有意採取立場，並將意義賦予世界。不論被賦予世界的這種意義是什麼，都會讓我們在生活中面對某些人類共在現象時，從生活出發來進行評價，並且對這些現象採取重要的（可能是正面，也可能是負面）的立場。不論這種立場的內容是什麼，這些現象都會因此讓我們覺得具有文化意義，我們的科學興趣也就是以此意義為基礎的。（Max Weber, »Die ›Objektivität‹ sozialwissenschaftlicher und sozialpolitischer Erkenntnis«, in: ders., *Gesammelte Aufsätze zur Wissenschaftslehre*, hg. v. Johannes Winckelmann, Tübingen[7] 1988, S.146-214, hier S. 180f.）

[19] Charles Taylor, »Self-Interpreting Animals«, in: ders., *Philosophical Papers, Bd. 1: Human Agency and Language*, Cambridge u. a. 1977；另外還有：Charles Taylor, *Erklärung und Interpretation in den Wissenschaften vomMenschen. Aufsätze*, Frankfurt/ M. 1975；亦可參閱 Hartmut Rosa, *Identität und kulturelle Praxis. Politische Philosophie nach Charles Taylor*, Frankfurt/M. 1998.

掌握它的社會意涵與文化意涵。主體總是默默地根據其所處的社會形態的文化意涵來理解主體**自己的**行動，並爲這種行動和自己的存在賦予意義。一方面這樣的自我詮釋會迫使我們不得不進行表達，另一方面自我詮釋也必然是可辯論、可動態改變的。因此，社會的自我詮釋過程，是社會當下之所**是**以及之後的發展方向；這個過程從來不會是靜止的。如果我們今天的社會學因爲沒有形態概念，所以不想或不能參與這樣的過程，那麼社會學就會把這樣的詮釋工作錯失給其他的社會領域（像是報刊、政黨、宗教闡釋者）了。但不論是對社會學本身，還是對社會或是對社會的構成來說，這都會造成很嚴重的後果。

　　如果社會學不再重構一個觀察社會形態的視域的話，就會出現一個問題：社會學還能眞正認識到什麼？當然，如上述的例子提到的，社會學可以重構像是「通勤上班」這類的實踐，可以探討通勤時長和離婚率之間的統計關聯。但這種研究並不能讓我們知道工作、離婚、通勤對主體來說意味著什麼，也無法讓我們掌握這種發展趨勢的制度脈絡。還有，這種研究會把這類的實踐和造成這種實踐的制度簡單當作本來就存在的事實，不會去重構這種實踐的形態構成過程與形態構成邏輯，我們也無法透過這種研究看到其歷史偶然性和文化偶然性。正是因爲如此，所以阿多諾和他的戰友在發生於 1960 年代的著名的實證主義之爭中，指出有一派社會學相信可以放棄追問社會現象背後的形態力量，而阿多諾等人指責這一派的社會學有一種物化的傾向。[20]而且這樣一種貶抑社會理論的社會學，最終也其實並沒有能力基於確切的概念，確認與呈現如二十一世紀德國柏林的生活與在十八世紀印度海德拉巴的生活**的確是**以及**如何是**不一樣的。當然，我們可以用很多方式找出兩者的不同之處和其他很多相同之處（例如海德拉巴沒有通勤上下班的情況，但可能和柏林一樣有很高的離婚率，甚至兩地的離婚率可能還相當類似）。但如果我們想確認兩者的差異是否有系統性的意義和重要性，那麼我們就依然必須用形態性的視域對其進行整合。

　　只要社會學的任務依然是澄清社會現象的結構性的與文化性的**脈絡**，那麼社會學就不可能放棄形態概念，因爲形態概念可以超越個體差異和群體差異，找出一種基本傾向，並且可以用概念來掌握某種生活形式的文化特徵和隨形態而異的特徵。如果沒有像是「社會」、「基督教」或「現代」這種集合概念，社會學就只能流於對一堆現象或一連串的現象進行描述（就算是很嚴謹的描述）而已，亦即只能流於一大堆個別的觀察而已，而看不到眾多現象的脈絡與其彼此的相互作用。它只會淪爲行爲經濟學

---

[20] Theodor W. Adorno u. a., *Der Positivismusstreit in der deutschen Soziologie*, Neuwied 1970.

和行為心理學的結合而已。但眾多現象是有脈絡和相互作用的，並且正是這樣的脈絡和相互作用造就了社會學純然的對象。如果不去嘗試從根本上找出這些現象的結構推動力與文化推動力，不去看看這些推動力是如何造就核心的形態發展**趨勢**與形態改變**趨勢**，以及如何影響其歷史－文化表現形式，那麼我們就根本無法真正理解這一個個的現象，也無法解釋與梳理這些現象。這不是說諸多表現在個體、文化、性別、社會結構等等方面的差異和這些差異的重要性我們都可以視而不見，畢竟這些差異都形成顯然極為不同的各種生活形式與生活實踐；而是說，有種構成形態的力量是存在且會持續存在的，這種力量會在結構和文化方面發展出超越所有差異或是穿越所有差異的影響作用，我們必須認真看待這種力量。

如果社會學不再為社會的自我詮釋提出有理論基礎、有經驗根據、以概念加以完善的建議，那麼社會學根本上等於沒有盡到應盡的社會責任（這亦是第二個社會政治後果）。從學術經營的角度來看，社會學有個基本信念，即社會學理應讓現代社會（不論這個「現代」是從歷史、範疇，還是地理的角度界定出來的）能進行自我反思、自我影響。這不同於政客或宗教人士。政客或宗教人士必然會，且根據定義當然也會是有所偏頗。他們是偏頗的，不只因為他們有自己的立場，也因為他們會追隨自己的特殊**議題**，即便這些議題在某種其實還需要進一步追問的形態**當中**是值得爭議、值得商榷的。政客和宗教人士做的事和社會學不一樣，他們不對形態的構成法則或構成力量進行科學分析，他們很明確地是要將形態推向某種特定方向。或換句話說，他們在一個已經給定的形態視域中發起某種運動。社會學也不同於記者。按照定義，記者必須運用在時間、方法、概念上受到強烈侷限的專業寫作手法，並且根據不同的情境來發展他們的詮釋。記者（若真的恪守記者的本分的話）通常沒有要提出歷久彌新的資訊，也沒有要提出系統且廣泛的形態分析，他們服務的媒體也沒有要提供一個空間或時間框架，讓他們的詮釋接受系統的、切磋性的批評。

所以我們應該認真想想，社會學是不是該為當下的社會形態提供一些真正的好建議，讓社會形態在面對使自身手足無措的各種（像是生態、社會、經濟、心理，或政治等方面的）危機現象時，能有像是認知的、方法的、認識論方面的——簡言之：科學的——資源可供使用。也就是說，我們應該認真想想，社會學是否該為社會在社會文化狀態和歷史現況方面的自我詮釋提供盡可能好的建議，一個「最佳的說明」（best account）。在我看來，如果我們認為社會學就是（或也可以是）社會理論的話，那麼社會理論的核心任務正是在此。霍克海默在他於 1931 年擔任法蘭克福社會研究所所長的就職演說中，就已提出了這樣的看法。他說，吾輩學者最重要的任務：

在於，基於最新的哲學問題來組織起各種研究，並且這種研究是哲學家、
社會學家、國民經濟學家、歷史學家、心理學家長久以來在學術共同體團
結起來並共同在從事的，……是所有真正的研究者會從事的。這種研究即
是：根據最純粹的科學方法，探究重要的哲學問題，並且在對研究對象進行
探討之後轉變問題、明晰問題，構想新的方法，同時亦顧及到一般性的事
物。這樣的研究，無法為哲學問題提供是與否的答案，而是會與經驗研究
的過程辯證地交融在一起。[21]

在這樣的意義上，以及根據泰勒的看法，「最佳說明」[22] 在我看來意指嘗試在一
個給定的社會歷史狀況中，基於所有能用的資源（今天，這些資源例如有統計資料、
訪談、自我觀察，但也包括憲法文本、法庭判決、新聞報導、教科書、社會運動的敘
述、文學、藝術、電影……等等），針對急迫的、韋伯所謂的「文化問題」（正是
這種文化問題讓我們提出了能引起興趣的問題），發展出盡可能好的（自我）詮釋建
議。泰勒的核心觀點是，這樣的詮釋建議也必須認真看待行動者的自我詮釋，因為行
動者也是我們所要探究的現象的重要構成要素之一。

這個……基本的思路可以這樣表達：除了我們在對事物進行最佳說明時所必
須援用的特質、實體或特徵之外，還有什麼其他東西可以用來確認什麼是
真實或客觀的，或是確認什麼是我們習以為常的嗎？我們所偏好的關於物
理宇宙微觀構成的本體論，現在包含了夸克、各種力以及其他我一知半解
的實體。這與我們的祖先設想事物的方式是非常不同的。我們今天會認識
到這一大堆實體，是因為今天我們認為最可信的對物理實在的說明，援用

---

[21] Max Horkheimer, »Die gegenwärtige Lage der Sozialphilosophie und die Aufgaben eines Instituts für Sozialforschung«, in: ders., *Gesammelte Schriften, Bd. 3: Schriften 1931-1936*, Frankfurt/M. 1988, S. 20-35, hier S. 29f.

[22] 舒爾特（Joachim Schulte）在把泰勒的《自我的根源》（Charles Taylor, *Sources of the Self. The Making of the Modern Identity*, Cambridge [Mass.] 1989；德譯本為：*Quellen des Selbst. Die Entstehung der neuzeitlichen Identität*, Frankfurt/M. 1994）翻譯為德文時，將 best account 翻譯成「最佳的分析」，或有時譯為「最佳的解釋」。但從原文來看，我覺得泰勒要說的是我們應為我們自己的經驗或生活提供「最佳的說明」，也就是說 account 不太是「分析」的意思，而更多是呈現、表達、解說、闡明我們的理解視域的意思（參閱：Taylor, *Sources of the Self*, S. 58f.、68-70, 99, 106, 257）。

了這些實體。這樣的一種說明方式，放在人類事務領域，沒有理由是不同的。關於人類事務領域，我們要做的是去思考我們未來的行動，評估我們自己和其他人的特質、感受、反應、行為舉止，**並且嘗試去理解與解釋這一切**。在經過討論、反思、爭辯、挑戰、檢視之後，我們會看到某些語彙對這個領域的事物來說，是最現實、最有洞察力的。這些術語所指認與揭示的東西，就會是讓我們感到最真實的東西；若不是這些術語，就無法，也不應該會有同樣的效果。[23]

　　一套社會理論的最佳說明於此意指在某歷史時刻對社會狀況的盡可能好的詮釋。但什麼樣的詮釋可以說是**盡可能的好**？判斷的方式可以是，看看這套詮釋在多大的程度上對於行動者來說在面對文化問題與自身的經驗、恐懼、希望來說是有說服力的。當然，說服力可以基於可用的資料、資料來源與研究結果，透過商談來進行檢視。沒有什麼事**直接就是**有說服力的。更多情況是——可以比較一下夸克概念——社會科學必須經過一連串違反了直覺的、批判了意識形態的詮釋與洞見，才能得出最佳說明。最佳說明必須透過努力不懈地尋找與鑽研，探索日常概念中的各種矛盾，才能夠表達出來。而在此，泰勒也注意到，社會學和自然科學沒有什麼不同。例如廣義相對論，極為背離我們的日常經驗，但它卻是當代物理學的最佳說明。

　　然而，社會科學領域的最佳說明無可避免都是會遭遇爭議的。社會理論給出的從來都不是確切的「永恆真理」，而是詮釋。這種詮釋不是**知識**，而是**有根據的建議，讓人們可在面對有特殊問題的情況時能用於自我理解**。這些詮釋建議需要在不同的論述競技場中，根據非常不同的社會脈絡中各種行動者的經歷與反駁，來加以檢視、優化、擴展。最佳說明的經驗基礎，不是特殊的資料命題，亦即不是運用統計調查資料或專家訪談就能得出的。[24] 相反的，最佳說明的經驗基礎涉及的是綜合性的題綱，這種題綱是透過大量的資料來源的消化後得出的，並且由此發展出系統性的形態詮釋。它必須經受經驗性的驗證與檢驗。所謂的檢驗，不是意指用一套以嚴格的方法設計出

---

[23] Taylor, *Quellen des Selbst*, S. 133f.（著重處為羅薩所加）；亦可參閱：Charles Taylor »Bedeutungstheorien«, in: ders., *Negative Freiheit? Zur Kritik des neuzeitlichen Individualismus*, mit einem Nachwort von Axel Honneth, Frankfurt/M. 1988, S. 52-117, hier S. 99-102，以及可參閱：Hubert Dreyfus, *Charles Taylor, Die Wiedergewinnung des Realismus*, Berlin 2013.

[24] 不過，在眾多經驗資料來源當中，這類的資料命題當然——通常是以次級分析的形式——可以加以援用，也應該援用。

來的檢驗程式來驗證，而是要放在廣泛的論述當中根據現實來檢視。在我的理解中，一套在學術象牙塔裡閉門造車的社會理論絕不會是最佳說明。如果理論拒絕直面不同觀點與批判的論述，那麼它就不可能正確地探究社會行動者（像是學生、街友、企業家、伐木工、舞者）的經驗、詮釋、知識構成。同時，在最佳說明（若真的有資格稱為最佳說明的話）中匯流在一起的各種社會經驗知識，應來自各種地方、各種觀點。唯有如此，提出說明時難免會犯下的人類中心主義，或是特殊的性別、階級、年齡等等的狹隘偏見，才可以被認識到，並且也許可以漸漸修正掉。在此意義下，**公共社會學**不只意指社會學應將所提出的詮釋建議灌輸給社會，也意指需要嘗試反過來，從不同社會經驗視域和不同實踐中的知識構成中生產盡可能好的詮釋建議。[25]

　　一個社會學的詮釋建議，一個最佳的社會說明，其適用性與品質取決於人們藉助它能看到與認識到什麼。它能揭示什麼樣的脈絡？可以認識到什麼樣的發展趨勢與解釋什麼樣的問題脈絡？它可以讓人們表達出什麼樣的經驗？但此外，其適用性與品質也取決於它為我們對可能的社會行動另類選項的討論提供了什麼樣的動力。還有，一個社會理論的最佳解釋還必須能激勵社會研究，也就是說可以提供視野與激發研究問題，讓人們可以透過社會經驗研究方法來加以探究。「社會理論從自身出發能做到的事，和凸透鏡的聚焦力量是一樣的。如果社會科學不再能燃起思想，社會理論的時代也就走到盡頭了。」哈伯瑪斯在《溝通行動理論》中如此宣稱。[26] 今天許多被視為經典的社會學著作，像是韋伯的《新教倫理與資本主義精神》，埃利亞斯的《文明的進程》，或是布赫迪厄的《區判》，鄂蘭的《人的條件》，哈維的《後現代的狀況》，或是較近的亞徹的《晚期現代性的反思要務》等等，這些都有這樣的效果。貝克在《風險社會》裡的一些看法，像是個體化命題，以及舒爾策（Gerhard Schulze）的《體驗社會》，也為許多關於生活風格與生活體驗圈的現象提供討論切入點並激發研究。[27] 又或是萊克維茨最近的《獨異性社會》和我自己的《加速》，也可以視作這一類的嘗試，亦即為最佳的社會說明提供概念基礎。因為、而且只要社會情境還會不斷前行與改變，最佳說明就要不斷在更動與改變中進行理解。如前文提過的，社會的自

---

[25] 關於近來被廣泛探討的「公共社會學」，可參閱：Michael Burawoy, *Public Sociology. Öffentliche Soziologie gegen Marktfundamentalismus und globale Ungleichheit*, hg. von Brigitte Aulenbacher und Klaus Dörre, mit einem Nachwort von Hans-Jürgen Urban,Weinheim, Basel 2015.

[26] Jürgen Habermas, *Theorie des kommunikativen Handelns*, Frankfurt/M. 1981, Bd. 2, S. 563.

[27] 例如可參閱：Jörg Rössel, Gunnar Otte (Hg.), *Lebensstilforschung* (= *Kölner Zeitschrift für Soziologie und Sozialpsychologie*, Sonderheft 51), Wiesbaden 2011.

我解釋是永無止盡的；任何人若企圖想將某自我解釋變成一套超越時間的固定說法，那麼這種說法最終必然只會成爲一種意識形態而已。

　　雖然這一類的社會理論式的形態分析也會用到敘事或經驗報告等素材，並且其論證可信度需要透過這些素材來檢視，但它當然在學術方面有它自己的獨特之處，即它爲某社會情況所給出的詮釋建議必須基於一種有概念內涵、有理論根據、有經驗支援的基礎之上。不過於此我們會碰到一個社會學從建立之初就遭遇到的根本問題，即結構理論與行動理論之間的對立。這種對立有很多變體，例如宏觀社會學和微觀社會學之間的對立，方法論整體主義與方法論個體主義之間的對立，結構主義與文化主義或唯物論與觀念論之間的對立，**理解**與**解釋**之間的對立。我的命題是，所有這些對立——或是人們也可以說這是一種張力——都有**一個**共同的根源。這些對立之所以會出現，都是因爲現實同時可以從**內部**與**外部**來進行描述，而這兩種描述卻幾乎是無法調和的。從外部進行的描述，亦即**從第三人稱的觀點**所進行的描述，可以用研究與描述行星、原子或植物的方式來研究與描述社會實踐與社會制度。從內部進行的描述，亦即**從第一人稱的觀點**所進行的描述，則旨在面對「生命的客觀化」與由此形成的制度及實踐時，透過狄爾泰（Wilhelm Dilthey）、高達美（Hans-Georg Gadamer）、韋伯、泰勒、哈伯瑪斯以及現象學意義上的**理解**，亦即探究其意義視域與動機緣由，來進行揭示。[28] 例如魯曼發展出的系統理論裡提到，功能分化的社會不同於碎裂分化或層級分化的社會；這種說法，跟專注在階級結構的馬克思主義社會分析一樣，都是呈現出一種**結構主義式的**，亦即基於第三人稱觀點的說明。而舒爾策在《體驗社會》裡提出的診斷，或是泰勒在《自我的根源》中呈現的對現代性的分析，則最終屬於一種**文化主義式的**，亦即基於第一人稱觀點的描繪。

　　當然，在社會科學中，很大程度上人們都同意這兩方面——尤其當一方面作爲**結構**、另一方面作爲**行動**的時候——對一個最佳的說明來說是必須調和起來的，而且一直以來都不乏調和兩者的嘗試，像是結構化理論 [29]，或是強調「既是結構化的結構，也是被結構化的結構」的慣習概念。[30] 但至今爲止，都還沒有人能提出有說服

---

[28] 參閱：Dan Zahavi, *Subjectivity and Selfhood. Investigating the First-Person Perspective*, Cambridge (Mass.) 2005.

[29] Anthony Giddens, *Die Konstitution der Gesellschaft. Grundzüge einer Theorie der Strukturierung*, Frankfurt/M., New York 1988.

[30] Pierre Bourdieu, *Die feinen Unterschiede. Kritik der gesellschaftlichen Urteilskraft*, Frankfurt/M. 1982, S. 279f.

力、大家一致認可，並且能在實際上給出無所不包的最佳說明的調和方案。如同亞徹非常恰當地觀察到的（或是我認為她非常恰當地觀察到）[31]，所有這些調和都有個問題，就是它們都違反初衷地把其中一個方面當作自主的，亦即認為其中有一方面會對另外一方面產生因果作用力，因此要麼將行動視為結構影響下的結果（「向下因果作用力」），或是反過來將結構的構成從行動的邏輯來進行解釋（「向上因果作用力」）。又或是像許多實踐理論的變體，直接不把這兩種觀點區分開來，亦即將情境構成部分不加區分地等同於實踐要素（「趨中合併」）。[32] 而亞徹的做法則不同，她基於很有說服力的理由指出，我們可以認真看待兩個面向的**自身意義**與自身邏輯，並同時從各自的潛在矛盾出發生產出解釋力。

　　我同意亞徹的看法。我們必須透過分析才能得出對一個社會情況的最佳解釋力，這種分析要以透視的方式兼顧社會形態的結構狀態與文化狀態，並且不只要考慮到結構和文化各自的自身邏輯與獨特性，同時還要研究兩者的相互作用，以將對兩者的探討結合成社會形態分析。但我還有個不同於亞徹的建議，即我們不能只從結構與行動之間的**時間**差異出發來理解結構和文化的相互作用，而是這兩者從範疇上就牽涉到不同的社會事物構成要素。換句話說，我們不可能透過結構狀態與制度狀態（這是人們可以從第三人稱的角度進行描述與分析的）來理解社會變動與社會動力。要理解社會變動與社會動力，我們還需要**社會能量**概念。藉助這個概念，我們才能解釋所謂的「社會過程」。我的命題是，這種（推動）能量只能從文化背景來揭示，亦即從行動者的恐懼、希望或欲望，因而也是第一人稱的觀點來掌握。這是什麼意思？我用一個簡單的類比來解釋：我們假設幾百年後，一個完全不同於我們今天這個時代的文明的人類學家發現了一輛汽車。這些人類學家不可能單憑這輛車的物質構成部分就知道這東西是什麼、意味著什麼，以及它會做什麼與造就出什麼。為了真正理解這個東西，人類學家必須讓它動起來，必須**駕駛**它。同樣的，我們可以將一個社會形態的階級結構或階層結構，當作一種結構造物——或用布赫迪厄的話來說，一種社會空間——來進行精緻的分析與呈現；但關於社會變動，我們則必須對行動者的（隨不同

---

[31] Margaret Archer, *Realist Social Theory. The Morphogenetic Approach*, Cambridge 1995.

[32] Ebd., S. 93-134。或是像紀登斯曾建議，可以將二元論的這兩邊輪番進行理論探討（*Die Konstitution der Gesellschaft*, S. 30f., 288f.）；但這樣做並無法解決這個二元論問題，因為這兩個觀點各自提出的詮釋建議就是無法調和在一起。對紀登斯這個建議的批評，可參閱：Heide Gerstenberger, »Handeln und Wandeln. Anmerkungen zu Anthony Giddens' theoretischer ›Konstitution der Gesellschaft‹«, in: Prokla. *Zeitschrift für kritische Sozialwissenschaften* 18 (1988), S. 144-164.

階級而有所）不同的自我詮釋進行分析。

　　在我看來，當代系統理論的缺失，顯然就在於它沒有從文化主義的角度對社會變動能量與實質的社會過程進行分析。系統理論常常強調現代社會是複雜的、分化的、具有多重透視點的，每個次系統都遵循著它自己的**符碼**。由於系統理論認為，所有有趣的變動，亦即社會鬥爭、社會變遷等等，都是在現代社會形式的**內部**於綱領的層次上進行的，所以系統理論無法理解社會動力。因為，如果要理解社會動力，那麼光說現代社會**就是**存在著進行購買與販賣、統治與對抗，是不夠的，而是還必須去了解有**什麼**被買賣了，以及**為什麼**這些東西被買賣了，**哪些**綱領被用來進行統治、對抗又是**反對了什麼**，或是科學**出於什麼理由**因此**認為什麼**是對的或是錯的。但是魯曼追隨者們的系統理論完全不談這些事，因為他們把第一人稱的觀點——亦即從行動者的自我詮釋產生的文化推動力——給明確、系統性地從他們的詮釋建議中排除掉了。[33]

　　我以下想建議的最佳說明，會從結構方面開始，亦即會藉助動態穩定概念從第三人稱的觀點對現代社會形式進行描述。我將指出，現代社會的特徵，就是它會為了結構的持存而必須不斷成長、加速、創新。但結構和制度不會自己成長、加速、創新。它還必須要一種**推動能量**。這種推動能量則必須透過主體的恐懼、希望和野心才能獲得。而這唯有進一步再從第一人稱的觀點，亦即從文化主義的層面，才能加以揭示。不過這種推動能量也是在結構情境與制度情境中形成、塑造，或有可能甚至是從中生產出來的。[34] 我覺得社會學乃至於社會科學最大的概念缺失，就是缺乏系統性地論證過的社會變動能量概念，或甚至根本就**完全沒有**變動能量概念可用。正是因為如此，所以雖然很多人都強調過社會的過程特質，而且有很多人致力於發展社會變遷理論，但社會還是似乎難以避免地會呈現為一種靜態的結構。

---

[33] Armin Nassehi, *Soziologie. Zehn einführende Vorlesungen*, Wiesbaden 2011.

[34] 這種雙軌概念，或要的話也可以說是二元概念，哈爾特（Michael Hardt）和內格里（Antonio Negri）也在他們基於德勒茲（Gilles Deleuze）的哲學所撰寫的帝國三部曲著作中（或隱或顯地）提出過（*Empire. Die neue Weltordnung*, Frankfurt/M., New York 2003; *Multitude. Krieg und Demokratie im Empire*, Frankfurt/M., New York 2004; *Common Wealth. Das Ende des Eigentums*, Frankfurt/M., Campus 2010）。他們同時把帝國既當作一種死的生產力控制結構，也當作一種眾生的創造能量，並將兩者並列在一起。

1.3 觀點二元論與最佳說明的三個層面

　　我的論點是，一個作爲最佳說明的形式分析，第一人稱與第三人稱的觀點必須並行不悖，不過兩個面向在分析上必須區分開來，對各自的意義與兩者間的相互作用、相互交疊進行研究。唯有如此，才能在社會學的層面上對社會形態的構成法則與變動力進行掌握。如果沒有對產生這種形態的動機能量、欲望、野心、恐懼、預想、希望、威脅等（從文化方面）加以理解，就無法理解社會的變遷動力與變動能量。但如果沒有對制度現實進行（結構方面的）理解，那麼也同樣無法理解恐懼與欲望的形式和方向。唯有兼顧這兩方面，我們才能界定一個社會形態的總體特徵。正是這個總體特徵，構成了一種特殊的**世界關係**形式，一種既是廣泛、一般的，也是隨歷史而異的世界關係。

　　不過，要建立一套系統性的社會理論，僅僅進行形態界定是不夠的，而是還必須除觀點二元論[35]之外再搭配上三個層面。這裡我遵循的是源於法蘭克福的批判理論傳統軸線的一個信念：社會理論與社會批判兩者系統性地、密不可分地息息相關，一個社會理論不能從中立的立場、「本然的觀點」（view from nowhere）來進行發展，而是必須針對某個迫切的文化問題，以此問題作爲基準點來提出理論。[36] 與批判理論共用這個觀點的，不只有韋伯[37]，而是還有如杜威（John Dewey）之類的實用主義者[38]，如沃爾澤（Michael Walzer）等社群主義者[39]，以及法語區的**以批判爲對象的社會學**的代表人物。[40] 之所以會有社會反思，是因爲人們經驗到並逐漸清楚認知到實際的危機

----

[35]「觀點二元論」是我援引自弗雷澤（Nancy Fraser）在與霍耐特進行辯論時提出的概念。見： Nancy Fraser, »Soziale Gerechtigkeit im Zeitalter der Identitätspolitik«, in: dies., Axel Honneth, *Umverteilung oder Anerkennung? Eine politisch-philosophische Kontroverse*, Frankfurt/M. 2003, S. 13-128, hier S. 84-90.

[36] Hartmut Rosa, Jörg Oberthür u. a., *Gesellschaftstheorie*, München 2020.

[37] 在一個專業化的時代裡，所有的文化科學研究在基於某些提問而針對某些素材，並建立自身的方法原則之後，都會將這些素材的處理視爲自身的目的……但這樣的色彩會在某個時候出現改變：……偉大的文化問題的光芒會再次綻放。這時候，科學也必須做好準備，改變自身的立場與概念體系，並從思想的高度將目光望向事件之流。它會跟隨能爲其工作指引意義與方向的星辰。（Weber, »Die ›Objektivität‹ sozialwissenschaftlicher und sozialpolitischer Erkenntnis«, S. 214）

[38] John Dewey, *Erfahrung, Erkenntnis und Wert*, Frankfurt/M. 2004.

[39] Michael Walzer, *Interpretation and Social Criticism*, Cambridge (Mass.) 1987; ders., *The Company of Critics. Social Criticism and Political Commitment in the Twentieth Century*, London 1989.

[40] 例如 Luc Boltanski, *Soziologie und Sozialkritik*, Berlin 2010.

與問題。之所以會有社會反思，是因爲人們知覺到**有些事情是不對的**，有些現有的狀態與發展是需要批判的。有一些時刻會讓人非常生氣，並且這些時刻引起了會引導形態變遷方向的自我詮釋，讓研究者選擇將注意力投注在這些時刻上。之所以會引起這樣的選擇，是因爲從認識論來看我們不可能將一個形態**所有**可以想見的特質都包含進最佳說明裡頭。令人生氣的時刻，令人覺得不對勁的感受，可以在文化的角度來進行探討，可以在結構的角度進行探討，但也可以（而且可能也是最常採用的）針對這兩個角度之間的關係來進行探討。文化角度的探討，通常在於行動者自我詮釋時的主觀痛苦經驗或矛盾；結構角度的探討，旨在探討在我們的危機感受中，以及在我們爲回應此感受而表述出來的理論批判中，所觀察到或猜想到的功能紊亂或結構錯誤發展。

　　另外，我們首先必須將一個社會理論系統性地區分開兩個層面：**分析**層面，以及**診斷**層面（或曰**批判**層面）。我所謂的**分析**，意指系統性地從結構角度與文化角度指認與界定一個社會形態的構成特質與發展趨勢。**診斷**意指在指認與界定的同時指出其錯誤發展、紊亂或病態，亦即透過批判的尺度指認出當中**值得批判之處**。當然，這樣一種最終審判的尺度必須回過頭來連結上所診斷的主體苦難（即便主體自己沒有意識到這個苦難）。

　　在批判理論中，有爭議的地方在於社會理論的第三個層面[41]；這個層面我稱爲**治療**（我知道採用這個醫學上的詞彙，可能會有一些隱喻上的或其他可以想見的問題）。之所以提出這個層面，是因爲我想嘗試從分析和診斷當中發現一個可以超越所觀察到的錯誤關係或錯誤發展的可能性或出發點。當然，若要用單純的理論工具做到這一點，前提是這樣的出發點本身已經存在於社會實踐中了，亦即在實踐的同時人們的內心世界已經感受到超越的契機。[42]對於一個系統性的社會理論框架來說，包含進「治療」這最後一個步驟是非常必要的，而這個必要性來自於最佳說明的內在構成邏輯：如果對歷史中危機情況的形成給出盡可能好的詮釋，其目的是想爲社會的自我詮釋提供貢獻的話，就必須同時要提出建議，或推薦可行的行動，或至少（如果我們接

---

[41] 有的極端的觀念批判認爲，批判理論也應該提供一個可以判斷是否成功的尺度。參閱：Michael Brumlik, »Resonanz oder: Das Ende der kritischen Theorie. Rezension zu: Hartmut Rosa, Resonanz. Eine Soziologie der Weltbeziehung«, in: *Blätter für deutsche und internationale Politik* 5 (2016), S. 120-123.

[42] Hinrich Fink-Eitel, ›Innerweltliche Transzendenz‹, in: *Merkur* 47 (1993), S. 237-245; 亦可參閱：Axel Honneth, »Die Soziale Dynamik von Missachtung. Zur Ortsbestimmung einer kritischen Gesellschaftstheorie«, in: ders., *Das Andere der Gerechtigkeit. Aufsätze zur praktischen Philosophie*, Frankfurt/M. 2000, S. 88-109, hier S. 92.

受韋伯的看法，認為社會學在價值討論方面的貢獻[43]，就是）要為未來的形態塑造提出**各種可能的行動選項**或烏托邦的視野。

以下，我想為我至此都還相當抽象地發展出的綱領，給出具體的內容與色彩，從我上述的原理論思考出發，以六個步驟來深化我自己關於現代社會形態和關於當代現狀的最佳說明。我會先回顧我先前尤其是在《加速》與《共鳴》兩本著作中進行過的前期研究。但我會在回顧中不時突顯出我對**晚期**現代的形態分析，以得出對於當代的最佳說明。這樣做，無可避免地會抹消掉不同歷史階段的文化方面的（有部分也包括結構方面的）差異，所以可能會讓讀者覺得在我的詮釋建議中現代性總是穩定、同一的，彷彿我們談到的十九、二十或二十一世紀的社會彼此沒有差異。但事實上我在我的《加速》已經嘗試系統性地討論過，雖然提升邏輯或動態穩定原則事實上已滲透進（也因此界定了）現代性的結構特徵，但與此相關的（且或多或少仍持續的）加速過程造就了一個重大的文化轉振點，區分出早期現代、古典高度現代，以及晚期現代。[44] 我們可以從社會變遷的速度與世代交替的節奏之間的關係來明確看到這個轉振點，亦即社會文化的變遷從**許多世代**才會發生變成**每個世代**之間就出現的變遷，再到現在變成**一個世代之內**就發生了變遷。（從理念型的意義上來說的）早期現代的世界關係首先會被假設或感覺到雖然總有物是人非、滄海桑田的情況，但**世界**總體來說沒有什麼不一樣，不同世代總共用著同一種世界。古典高度現代的特徵則是，一個新世代就會產生一次的創新，父母（或祖父母）的世界與孩子的世界不再一樣了。如寇瑟列克（Reinhart Koselleck）指出的[45]，歷史處於變動中了。這也牽涉到主體性的、政治操控的、歷史感受的特殊形式。到了晚期現代，情況又變了。在二十世紀最後 30 年間，由於**政治的、數位化的、新自由主義的**三重革命性變革，在 1990 年左右更加劇了這種變動，而且這些革命性的變革還沒有結束。社會變遷的速度（以文化方面不斷加劇的當下時態的萎縮作為形式）變成世代之內的了。這也就是說，僅單一個世代的人已經對於日常行動的條件穩定性越來越不抱期待，並且因此人們的主體形式、政

---

[43] Max Weber, »Der Sinn der ›Wertfreiheit‹ der soziologischen und ökonomischen Wissenschaften«, in: ders., *Gesammelte Aufsätze zur Wissenschaftslehre*, hg.v. Johannes Winckelmann, Tübingen7 1988, S. 489-540, hier S. 510-512；亦可參閱：Hans-Peter Müller, *Max Weber. Werk und Wirkung*, Köln 2020, S. 174-184.

[44] Rosa, *Beschleunigung*, S. 47-50, 178-189, 444-459.

[45] Reinhart Koselleck, *Vergangene Zukunft. Zur Semantik geschichtlicher Zeiten*, Frankfurt/M. 1989.

治模式、歷史經驗也重新出現了變化。[46] 由此可見，我絕不覺得現代性是靜止的。而且我也要再三提醒一件事：這種社會形態幾乎遍布了全世界，它以非常野蠻、殘酷的殖民暴力與鎮壓向外擴散，也以各種種族主義、性別主義、排除、剝削、圈界的形式向內滲透。但爲了界定現代社會形態在結構上的自身邏輯與文化上的推動力，檢視有哪些方面（以及其他的病態現象，像是環境破壞）從中產生出來，以下我會僅聚焦在被我視爲持續且一般性的推動機制。

---

46 詳細的討論可見：Rosa, *Beschleunigung*, S. 428-490.

2

動態穩定與擴大對世界的作用範圍
現代社會形態分析

　　我在前文已清楚解釋過為什麼我認為社會學不能僅探討物、人、觀念、財物等事物的來回作用、變動、組合，以及為什麼僅根據自然科學的模型研究各種事物關聯的定量經驗研究是不夠的，亦即為什麼我堅信一個學科不能沒有社會形態（或社會）概念。但我還沒有詳細說明這個概念究竟具體來說是什麼意思。我所謂的社會形態，意指一種基於**道德地圖**[47]而來的文化視域與某種結構的、社會的制度系統或制度安排之間的形態關聯。當中，文化視域界定了什麼是值得追求的、什麼是必須避免的，並因此生產出各種推動能量，例如希望、欲望、期望、承諾，或恐懼、憂慮、受威脅感。制度系統或制度安排則確保了物質再生產。文化視域和制度系統的共同作用會造就出其特殊的主體形式以及尤其是特殊的**世界關係**。[48]

　　文化視域和制度系統相互滲透、相互構成，因此兩者的共同作用會構成形態；但其中一方不能被還原成另外一方。文化與結構是相互依存的，但它們也是以部分自主的、彈性的方式交織在一起的。也就是說，不論在哪裡，這兩者的改變與發展都有自身的邏輯，文化與結構有自身獨立的發展，在一定的彈性邊界內一方的發展對另外一方並不會造成重大影響。所以（例如文化動機與制度施行之間的）矛盾與張力可以跨越很長的時空而存在，但同時在任何行動情境下兩者也會有持續的相互作用。然而，若超出了彈性邊界，並且在相互作用與日俱增的情況下，這兩個層次之間的張力和矛盾就會導致結構上的和文化上的病態，使得形態必須遭受過破壞才能以變遷的方式進

---

[47] 道德地圖概念是我基於泰勒的哲學而詳細發展出來的。可見：Rosa, *Identität und kulturelle Praxis*, v. a. S. 110-118。「道德」在這裡是非常寬泛的認知－評價的意思。

[48] 關於世界關係概念。詳見：Hartmut Rosa, *Resonanz. Eine Soziologie der Weltbeziehung*, Berlin 2016, v. a. S. 61-70.

行適應。如果社會制度一直造成對於運作中的道德地圖來說無法接受的結果，那麼就會產生**結構**病態；相反的，如果制度現實無法爲行動者提供動機，或是無法爲具有推動力的恐懼和希望提供可靠的基礎，那麼就會產生**文化**病態。[49]

這對於分析來說首先意味著若我們想理解歷史早期的狩獵採集社會，那麼人類共同生活的物質再生產與制度結構，以及對自我與對世界的文化理解（亦即世界關係），這兩者同樣重要。但這無法解答前文提到的問題：各種不同的社會形態如何在時空中確立出區隔開彼此的界線？在我看來，這類的討論都有個毛病，即在面對形態概念（如**現代**）時，我們一直都在追問一個清晰明確的定義標準和界線。但其實任何的形態概念，就算是牽涉到具體對象範疇，或甚至是「自然」範疇（例如家具、顏色、植物）的形態概念，本來就從來都不可能有明確的定義和界線。然而這並無礙於我們在語言上建立起各種可以知覺到、可以區分出來的明確原型範疇，無礙於我們對這些原型給出沒有爭議的分類。例如顏色，觀察者可以明確知覺和指認出這是紅色、那是黃色。**雖然**這兩個顏色之間有流動的、很難具體指認出來的過度色（例如紅色和黃色之間還有個橘色），或者說其實在每個顏色當中都還有我們可以命名並指認出來的中間色調（例如胭脂紅、玫瑰紅、淡紅，或是金黃、印度黃、檸檬黃等等），**但**即便如此也並不會有人認爲「紅色」和「黃色」概念是應該拋棄掉的。類似的情況還有灌木與喬木之間的區分，或是玻璃杯和瓷杯之間的區分等等。雖然明確劃出界線是很困難的，因爲當中本來就沒有明確的分界，而且劃定界線的標準也常是不明確的。例如也有很高的灌木和很矮的喬木。但這並無礙於我們區分出不同的原型，無礙於我們區分出明確的、可作爲典範的模式範例。[50] 這也就是爲什麼例如在區分瓷杯和玻璃杯方面我們可以有各種不同的「瓷杯理論與玻璃杯理論」。我們可以根據形式、功能、硬度、透明度等等來描述瓷杯或玻璃杯。雖然我們當然可以不斷找出反例，例如可以有瓷杯是透明的、沒有把手，有玻璃杯被拿來裝熱飲、瓷杯被拿來裝冷飲，甚至也可能有瓷杯被用來裝紅酒、玻璃杯被用來裝咖啡，又或是有的杯子既不是陶瓷也不是玻璃，瓷杯和玻璃杯的區分對其完全不適用。但這並無礙於我們對概念的需求，也無礙於我們可以清楚區分出不同原型。所以我認爲，就算沒有明確的邊緣和界線，我們也

---

[49] 關於這種彈性的耦合以及由此產生的病態，我在我的一篇論文〈自我詮釋的四種層次：詮釋學的社會科學與社會批判綱要〉中已嘗試發展出一套詳細且複雜的模式。（該文收錄於：Hartmut Rosa, *Weltbeziehungen im Zeitalter der Beschleunigung*, Berlin 2012, S. 104-147）

[50] 對此，一個極有啟發性的研究，可見例如：Eleanor Rosch, »Principles of Categorization«, in: dies., Barbara Bloom Lloyd (Hg.), *Cognition and Categorization*, Hillsdale 1978, S. 27-48.

還是可以指認出某種形態關聯，將之描述爲是「現代的」。

　　總的來看，不同的世界關係反映了不同的社會形態，世界關係是社會形態在其文化要素與結構要素的**共同作用**下所實現出來的。如我在《共鳴》中嘗試指出的那樣，我們不能將**世界關係**簡單理解爲人與其世界或環境之間的關係，因爲人與世界不是首先被先驗地給定了然後兩者才產生關係，而是因爲處於關係中了所以兩者才會出現。關係與處於關係中的事物是**同源的**。不過，在一種認知捷徑的意義上我們可以說，人類唯有處於與所知覺到的世界的關係中才能成爲主體，唯有集體相處才能構成社會，而這樣的世界關係必然既會有物質與制度的面向，也會有文化與主體面向。同時我們不能把關係想成是一種鐵籠或固定的安排，而是一種主體與對主體而言呈現爲世界那個東西之間持續的、動態的相互作用過程。世界關係是一種動態的相互作用（inter-action），或是我們大膽一點地用博拉德（Karen Barad）的話來說，是一種持續的「內在作用」（intra-action）。[51]

　　所以，以下我終於要來考察現代的世界關係整體了，並嘗試爲結構狀態與文化推動力給出最佳說明。這些結構狀態與文化推動力，確立了當代社會的核心發展趨勢與改變趨勢，也形塑出作爲歷史－文化社會形態的現代生活形式。如我前文提到的，我沒有要否認個體、文化、性別差異、社會結構等方面的差異，這些差異的確爲生活形式和生活實踐帶來了許多顯著的差異。我只是想指出，我們必須認真看待能夠構築出形態的各種力量的存在與持存，因爲這些力超越或貫穿了所有差異，發展出形塑了結構與文化的作用力。根據我在前文系統性地發展出來的社會批判理論綱領，我首先要來對結構的與文化的形態特徵進行分析。

2.1 第一個基石：動態穩定

　　如我從《加速》以來所撰寫的一系列作品中嘗試指出的，現代社會的原型的結構特徵（以及由此特徵造就的各種制度）就是現代社會唯有保持動態才能維持穩定。意思是，它唯有以提升爲模式才能維持其結構，亦即它必須仰賴持續的（經濟）增長、（科技）加速、時時的（文化）創新，才能再生產它的制度現狀。因爲不論是經濟增長還是創新成就的提升，都可以視爲加速（只是形式不同），所以我們總的用**加速**

---

[51] Karen Barad, *Meeting the Universe Halfway. Quantum Physics and the Entanglement of Matter and Meaning*, Durham, London 2007.

來標示現代社會的（結構）特徵。因為，**經濟增長**意指生產、消費、分配等方面，今年必須做得比去年更多（亦即更快地）。價值提升就是以「更多」的形式實現的。此外，在資本主義競爭經濟中，生產力一直被迫要不斷提升，也就是說商品與服務被迫要加速生產。[52] 相反的，創新壓縮則意指技術、組織、社會等方面的更新要在越來越短的時間間隔之內進行更替，而這也意味著當下時態已經萎縮得越來越短，或是社會變遷加速得越來越快。[53]

對於深受資本主義影響的現代社會形態來說，重點倒不是增長、加速或創新提升本身，而是其**內生的**結構必然性。意思是，就算沒有任何文化方面的渴望或是與環境有關的理由在推動增長，這一切也還是會發生。雖然經濟增長與另外兩種提升形式有著內在的關聯，但經濟增長本身也還是必然會出現的，因為唯有如此現代社會整體制度憲章的運作方式才持續下去。[54] 用更言簡意賅的說法來說，就是：若徒有越來越高的生產力但經濟沒有增長，那麼首先有一堆人都會失業了，然後各工廠、企業都會倒閉，國家稅收減少，同時必要的社會服務和基礎建設的支出卻還是會不斷增加。接著政治形態的施展空間就會變小，因為資源開始短缺，同時衛生部門、養老機構、教育系統、科學系統、文化活動等等全都會因為越來越嚴重的補助短缺而陷入危機。最後，整個社會系統與政治系統都會失去正當性。

雖然的確至少在民族國家層次上，也是有國民經濟很長一段時間並沒有真正經濟增長的情況，例如 1990 年代之後的日本經濟；但這並不是說我們就可以藉此逃脫了現代形態結構的增長律令了。就算沒有增長，理性化的加速和創新依然會為人們帶來越來越大的壓力，因為 G－W－G' 循環依然存在。這個簡單的經濟公式很扼要地用一些簡短的符號為我們呈現出現代性的提升原則：金錢（G）只用於投資（W），亦即必須挹注於經濟活動，因為實際上我們真正的目的是透過更多的投資來獲得更多的獲利、收益或利潤（G'）。也就是說，並不是因為系統之外（例如因為外在的人口增長、資源短缺、生態變遷、軍事威脅）的壓力，所以人們被逼不得不凡事都要增長、加速、創新，而是這些都是內生的系統邏輯本身。這也造成一個後果：例如連建

---

[52] 在這方面的一個詳細的闡述，可見：Hartmut Rosa, »Escalation: The Crisis of Dynamic Stabilization and the Prospect of Resonance«, in: Klaus Dörre, Stephan Lessenich, Hartmut Rosa, *Sociology, Capitalism, Critique*, London 2015, S. 280-305 sowie Rosa, *Resonanz*, S. 671-690.

[53] Rosa, *Beschleunigung*, S. 176-194.

[54] 對此，一部非常有啟發性的著作，可見：Claus Offe, *Strukturprobleme des kapitalistischen Staates. Aufsätze zur politischen Soziologie*, Frankfurt/M., New York 2006.

築行業也都嘗試以增長爲目標，即便居住空間和辦公空間已經供過於求而導致房市危機了；或例如汽車工業和航空工業不斷致力於製造和販賣更多的汽車和飛機，雖然我們在文化和政治方面已經有了共識，認爲這些產品會破壞生態到自我毀滅的地步；或例如食品工業嘗試透過實驗加入各種各樣的添加物，阻斷胃和腦之間的飽腹信號，讓已經體重過重的人還是會不斷想再吃更多東西。[55] 無數的資訊科技也發現了另一種方式，可以確保智慧型手機、平板電腦等等產品可以不斷有大量的置換更新：它們爲客戶提供的合同中已經預計在沒幾年之後就會自動淘汰掉該設備。這種「提升遊戲」既非出自於需求（亦即不是因爲消費欲望），也不是由生產的創新和發明的樂趣所推動的。這場遊戲的起因更多是由結構所逼迫的，因爲如果要維持（就業崗位、薪資、醫療保健、養老金等等的）現狀，只能透過不斷的提升才得以可能。

　　我已多次指出，提升邏輯不只是資本主義經濟的一項特質，而是我們也可以在社會中其他的價值領域和功能領域中看到這種邏輯。例如動態穩定亦是科研工作的顯著特徵。與非現代社會的情況不同，科研工作如今已不再是爲了傳統知識的保存與傳承而已，而是也著眼於持續擴展已知和可知事物的邊界。關於「科研工作」這種探索知識的活動形式——正如德語的「科學」（Wissenschaft）字面上便意指「知識」（Wissen）的「集合」（-schaft）——的內在動力，韋伯在他著名的講稿〈以學術爲志業〉中就已注意到：

> 在科學中的我們每個人都知道，科學研究在 10 年、20 年、50 年之後就會過時了。這是科研工作的命運；甚至這就是科研工作的**意義**，科研工作……必須聽命與服從於此。每項科學研究的「完成」，都意味著它提出了新的「問題」，因此它**希望**能被超越、能過時。……但在科學上被超越，不只是——容我再說一次——我們所有人的命運，而是我們所有人的目的。我們從事科研工作時無不希望將有其他人比我們走得更遠。原則上這種進步是永無止境的。[56]

---

[55] Jörg Blech, »So schmeckt die Zukunft«, in: *SpiegelOnline* vom 17. 3. 2017, https://www.spiegel.de/politik/so-schmeckt-die-zukunft-a-11d193e-0002-0001-0000-000150112489, letzter Zugriff am 23. 5. 2021.

[56] Max Weber, *Wissenschaft als Beruf, in: Geistige Arbeit als Beruf. Vier Vorträge vor dem Freistudentischen Bund*, Erster Vortrag, München, Leipzig 1919, S. 14.

　　如同現代經濟的核心是自我驅使的 G-W-G' 動力一樣，現代科學的基本動力亦是**知識－研究－更多知識**（Wissen-Forschung-vermehrtes Wissen, W-F-W'）。現代藝術──像是繪畫、音樂、舞蹈、詩──也與此類似，它不再基於擬仿原則，僅僅模仿大自然或效仿「經典大師」的風格而已，而是必須藉由原創與創新來進行**趕超**。[57]最後，由於統治只能透過固定時間的選舉才能獲得暫時的正當性，使得這種動態穩定邏輯也滲透進了政治，讓政治的操作手法完全就是一種趕超競爭。所有的候選人都在試圖透過承諾各種提升（更多的工作、更好的住宅、更高的收入、更多的托育機構等等）以贏得權力。簡單來說，現代制度系統──市場經濟、社會國家、政治稅收、文化活動、科研工作、公共衛生、養老看護──都唯有在提升與創新的模式之下才能維持下去。

　　我的命題是，這種最初在歐洲和北美於十八世紀時產生的特殊結構形成方式，從歷史來看事實上是獨異的，或至少是非常特殊的，但它卻造就了現代性的形態特徵。一方面，現代社會不切實際地冀望自身的形態結構能有高度穩定性。這種現代社會不僅自從十八世紀以來就持續地進行著再生產，而且也足以表現出它在很多不同的文化傳統中都可以生存下來，甚至被很多不同的文化傳統給吸收了。但另一方面這種穩定性事實上是一種騎行腳踏車般的穩定性：我們唯有騎得更快，才能更穩定、更筆直地保持在車道上。如果我們相反地騎得慢了，就會感覺到搖搖晃晃、快發生碰撞了。甚至如果我們停下來而沒有任何其他支撐的話，就會直接跌倒。靜止下來，生存就不可能持續下去，形態就會終止了。[58]但同時，這種由速度產生出來的穩定性也會提高（嚴重）意外的危險。

　　此外，對我來說特別重要的一件事是，動態穩定模式需要以持續不斷的能源動員為前提。如果人們從物理學的意義上來理解增長、加速、提升，那麼理應會想到這一切都需要付出能源供給的成本，而且事實上現代社會形態的穩定性──如同英國考古學家與歷史學家莫里斯（Ian Morris）所計算的──歸根究柢基於一項事實，即它在這 250 年來的物理（尤其是基於碳的）能源需求極大地提升了，自 1773 年蒸氣機發明以來到 2000 年之間人均消耗量增加了六倍之多。[59]但這種提升絕不單純是社會形態

----

[57] Boris Groys, *Über das Neue. Versuch einer Kulturökonomie*, München 1992.

[58] Claus Offe, »Die Utopie der Null-Option. Modernität und Modernisierung als politische Gütekriterien«, in: Johannes Berger (Hg.), *Die Moderne – Kontinuität und Zäsuren* (Soziale Welt, Sonderband 4). Göttingen u. a. 1986, S. 97-116.

[59] Ian Morris, *The Measure of Civilization. How Social Development Decides the Fate of Nations*,

的物質方面自然而然的新陳代謝，而是更多牽涉到一種社會互動邏輯、互動動力、互動速度。因此現代形態構成了一種典型的〔李維史陀（Claude Lévi-Strauss）意義下的〕「熱社會」[60]，這種「熱」是政治活動能量與心理活動能量不斷的運作與投注下散發出來的。但如我已經指出的那樣，我們不能單用現代社會的結構憲章來解釋其驅動能量。企業、大學、國家，這些不是單憑自身就能成長、加速、創新的，而是也需要有主體對此的行動力。而主體的行動力是由恐懼與欲望作爲動機形式而**在文化面向上**產生的。

2.2 第二個基石：擴大對世界的作用範圍

人類的世界關係始終都是由拉力與推力，亦即由欲望與恐懼的力量所刻畫的。這兩種力量構成了世界關係的基本形式，因爲世界關係一方面由既欲求、又恐懼的主體以特殊方式所造就的，另一方面也是由既有吸引力、又充滿威脅而令人反感的世界圖景所造就的。[61] 因此我們若要了解文化形態的推動能量，就有必要同時重構恐懼（與我們所懼怕之物）和欲望（與我們所追求之物）的「地圖」。[62] 於此，我的命題是，每一種社會形態都會在文化方面形塑出這一類的特殊視野，以此或隱或顯地定義或至少描繪出美好或成功生活的樣貌以及失敗的深淵。如果我們想找尋造就現代社會提升遊戲的推動能量，我們就必須回答一個簡單的問題：是什麼讓主體在過生活時會有動機執行現代社會的提升律令？什麼東西讓主體會想去追求？又是什麼東西讓主體感到害怕而想要逃離？

我們似乎不難發現一項現代，尤其是晚期現代社會形態中生產出恐懼的機制：提升律令。提升律令反映出主體生活方針中各種競爭模式，也在生活中讓人們擔憂，甚至是害怕在動態化的社會秩序中落後或被甩掉。動態穩定邏輯讓我們無時無刻都感

Princeton, Oxford 2013, S. 61-66.

[60] Claude Lévi-Strauss, *Das wilde Denken*, Frankfurt/M. 1973, S. 270-281.

[61] Rosa, *Resonanz*, S. 187-211.

[62] 這裡有必要將情感－肉體面向與認知－評價面向嚴格區分開來，因爲在我看來，我們極想追求某事物往往起因於**感官**層面（例如在有酒癮的我面前的一杯烈酒），即便在道德上，我覺得喝酒是不好的，也知道它會再次引起我的酒癮，所以在**認知－評價方面**我會將喝酒視爲惡。但反過來說當然也有一種可能性：我作爲一位虔誠的基督教徒，去參加禮拜對我來說是非常有價值也非常重要的，但我眞覺得參加禮拜很無聊，眞的很想賴床（關於此種情境的詳細討論可參見上述引文）。不過在此的討論，我們先略過這個面向。

覺到自己站在滑坡上，或站在一個下行的手扶梯上。為了維持在社會中的一席之地，主體（不論是個體還是群體）必須持續且越來越快地往上奔跑，而且必須跑得比所有人都前面。於此最重要的是，手扶梯的數量還越來越多了。今天的生活運作中有越來越多方面都要求人們要有「表現成果」，因為地位、知識、安穩都不再是隨著年齡增長自然就會擺在面前的東西。工作、伴侶、友誼，或乃至投資、保險、科技軟硬體設備，甚至是家具、媒體產品的訂閱，這一切都可能隨時就結束掉或過時，這一切都要求人們不斷投入能量與注意力，否則主體就無法**跟上時代**。當下，這種邏輯越來越聚焦在**參數最佳化**領域。生活中越來越多領域，不論是公領域還是私領域，都設定了能用數位量化的成果參數和狀態參數，並以此將成果和狀態先是**可視化**，接著使之**可比較**，最後**可操控、可優化**。在身體領域，有例如每日步數、睡眠時長，不久前甚至還有血液含氧量。最後這一項真是參數最佳化情況的最好例子。沒幾年前，實際上還沒有人會知道自己一天下來走了多少步，但到了今天則是變成還沒有多少人知道自己的血液含氧量。一開始當智慧型手錶開始自動測量血液含氧量時，智慧型手錶用戶還譏笑這個功能。但後來有證據開始指出，知道血液含氧量可以「拯救性命」，因為它可以及早對中風、心肌梗塞、感染新冠病毒等情況及早提出警告，使得**不採集和觀察血液含量**不久後竟然就變成一件缺乏警覺、不負社會責任的事。

同樣的情況也隨處可見於企業、政府部門，甚至是學校、幼稚園、大學，這些地方都可以看到越來越多的參數〔例如在學校有國際學生評估專案（Programme for International Student Assessment, PISA），或是科研有影響指數（impact factor）〕需要我們去採集、比較、最佳化。韋伯在《新教倫理與資本主義精神》中就已嘗試指出，這首先是一種對永恆詛咒的恐懼，這種恐懼驅動了現代的生活運作，這種生活運作正好與以動態穩定為主的經濟系統是相適配的。[63] 而到了今天，這成為一種對崩裂的社會深淵中的「地獄」的恐懼，恐懼自己實際上會跟不上潮流；就算自己還算成功地在下行手扶梯和滑坡上跌跌撞撞地往上奔跑了，還是會被這種恐懼糾纏得喘不過氣。一個一直處於失業狀態的主體在社會秩序中會失去容身之處；這個主體如果一直依賴社會救濟金的施捨過活，這主體某種程度上就社會性死亡了。在現代社會形態中，一份有薪水的工作也同時是生活的共鳴繫繩或臍帶。在工作中，主體會感覺到自我效能，會感覺到自己與社會整體聯繫在一起，感覺到對生活的成功、對秩序的維護

---

[63] Max Weber, *Die protestantische Ethik und der Geist des Kapitalismus*, hg. von Dirk Kaesler, München 2010.

提供了顯著貢獻。當拿到薪水時，也會感覺獲得了力氣和養分。主體在一種共鳴循環中從世界獲得了一席之地與養分。如果主體失去了工作，文化上主流的自我詮釋——這種自我詮釋不一定是一種明顯的觀念，但會是一種制度化的自我理解形式，然後也會成為一種具體的自我與世界之間的關係的感受——會讓主體漸漸感覺自己像隻「寄生蟲」，讓主體感覺自己不再是這個循環的一部分了，主體的收入不再基於與世界之間具有自我效能感的連結了。這種在生理－身體面向上都能感受得到的「變成寄生蟲」的世界體驗（雖然我不否認這種形容也是一種意識形態的扭曲或對意識形態的粉飾）很像在所謂的古代文化中可以看到的社會性死亡。一個人如果拒絕了共鳴，即便這人肉體沒有遭到什麼影響，也是會死的（而且是真的死亡了）。[64] 不過這樣一種自我與世界之間的關係的觀念從來不只是出自於社會形態的結構邏輯而已。單單結構邏輯無法完全決定了這種觀念，而是我們必須從其內在邏輯，即第一人稱（文化）面向的驅力和內在關聯，才能對此有充分的了解。

　　如果我們把目光對準現代性的正面、有吸引力的面向上，情況會更加清楚。任何一種社會形態，如果完全只擁有負面的推動力，僅僅由恐懼推動，那麼這種社會形態絕對是無法長久持存的。[65] 尤其當一個能量極大的形態，必須持續不斷地從主體那裡攫取能量，而且需要越來越多的能量的時候，這種形態必然還需要一種正面的允諾，一種由文化欲望能量所生產或釋放出來的美好生活圖景。我在我的《共鳴》與《不受掌控》提過與此相關的一個命題：現代社會在文化方面的力量，來自於它允諾（個體或集體）能擴大**對世界的作用範圍**，亦即能持續提升認知、技術、經濟、政治方面對世界和生活的**掌控**。生活品質如何（以及美好與否），端視我們在可抵達、可管控、可掌控的範圍能有多廣而定。因此，我們認定一個社會有沒有「發展」的標準，就在於我們能否透過科技、經濟、政治的手段將世界當作工具來充分地管控。所以「發展指標」的估算通常是看科技、經濟、政治方面的**對世界的作用範圍**。[66] 所以我們對生

---

[64] 可參閱如 Hans-Peter Hasenfratz, *Die toten Lebenden. Eine religionsphänomenologische Studie zum sozialen Tod in archaischen Gesellschaften*, Leiden 1982；亦可見：Rosa, *Resonanz*, S. 257f.

[65] 關於這方面的詳細論證可見：Taylor, *Quellen des Selbst*, S. 15-51; 以及 Luc Boltanski, Ève Chiapello, *Der neue Geist des Kapitalismus*, Konstanz 2003, S. 42-48.

[66] 莫里斯在他非常淵博的著作中嘗試發展出與應用跨歷史的**社會發展指標**，並對這個指標首先給出了非常基本的定義：「社會發展……與否，可以透過對某社群在世界中進行實現的能力進行評估。」（Morris, *The Measure of Civilization*, S. 5）接著他更詳細地根據四個掌控參數提出社會發展指標，這四個參數是：人造能源的掌控指數、社會組織能力指數、資訊科技潛力指數、戰爭執行能力指數。見：ebd., S. 39f.

活品質的評估，就是去看可掌控的收入、獲得教育和醫療健康支援的程度、社會關係〔用啟發了聯合國發展計畫的沈恩（Amartya Sen）那可行能力方法理論的話來說，就是「功能活動」與「可行能力」〕，這些我們都視爲可以讓個體將可達到的界域加以擴大的資源。[67]

尤其是**擴展**界域的企圖與希望，生產出了欲望能量，而且人們在實現的過程中能短暫地感受到一種美好。現代社會形態的文化特性就在於，「美好」的本質不是人們能在某些可能性的**實現**或**滿足**中，而是在（持續不斷且毫無節制地）**對可能性進行擴展**中，才能找得到或體會到的。這也可以解釋一些事情的文化意涵，例如登陸月球、核裂變，或是**金錢**對於行動個體的吸引力，因爲一個人的銀行存款可以直接反映這個人對世界的作用範圍。存款多，世界（的環遊、建造與居住、擁有與改變）對這個人就是敞開的。如果是像伊隆・馬斯克（Elon Musk）這樣的富豪，其作用範圍甚至可以上到宇宙、直達火星。相反的，存款空空，就意味著這人連到隔壁城市的公車票、住在破爛的地下室、冬天穿件夾克都是負擔不起的奢望。能開關對世界的作用範圍的，不是只有經濟資本，而是還有（布赫迪厄意義下的）文化資本與社會資本。這些資本都可以讓我們的世界潛能，我們的機會，我們的物質世界、觀念世界、社會世界的圖景能更好地被獲取與掌控，被確立與提升。擁有高中學歷的人，想來比僅擁有初中學歷的人還有更高的獲得繼續教育和工作的可能性；多學一門外語，可以擴展我們對該語言的整個文化中的人與物在認知與溝通方面的範圍。當受邀參加一場舞會或與「重要人士」共進晚餐時，我們想來都會接受，因爲我們會希望可以藉此開拓一整個新的社交圈。

而如果在一個高度動態的社會中，美好的生活到底能眞正爲我們帶來什麼變成一件很成問題或不清不楚的事，如果主流的倫理不再能爲我們提供目的，如果美好生活的輪廓（由於非常正當的倫理多元主義的緣故）完全被當作是個人的私事因此不再有能讓我們遵循的方向[68]，那麼在生活運作中專注於累積各種羅爾斯（John Rawls）所謂的多多益善的「基本財」（primary goods）的資源，對於主體來說就算不是必要的，

---

[67] 可參閱：Martha Nussbaum, Amartya Sen (Hg.), *The Quality of Life*, Oxford 1993。尤其是沈恩所發展出來的可行能力方法理論，已經成爲了人類發展指數（Human Development Index, HDI）的基礎。

[68] Alasdair MacIntyre, »Die Privatisierung des Guten«, in: ders., *Pathologien des Sozialen. Die Aufgaben der Sozialphilosophie*, Frankfurt/M. 1994.

也會是非常重要的。[69] 因爲資源決定了我們對世界的作用範圍，無論是對於鋼琴家、實習生還是技工的生活來說都一樣。這些財物和布赫迪厄提出的重要資本形式差不多是重合的：[70] 經濟資本（錢）、文化資本（教育）、社會資本（關係），以及象徵資本（承認）。此外我們不能忘了其實還可以加上身體資本，像是健康、體態、魅力、抗壓力等等，這些在晚期現代社會中也都變得越來越重要。如果今天人們從各種運勢預測那裡尋求諮詢，那麼會發現通常在這些運勢預測中可以很快且令人印象深刻地確認一個假設：運氣和這些資源的增加（與獲得）是正相關的。[71]

在我看來，能將可達到的界域加以擴大，也是大城市之所以相比於鄉下來說更有全面吸引力的重要原因。雖然我們通常會從經濟的角度來解釋說之所以如此是因爲大城市有更好的工作與就業機會，但尤其是對於中產階級來說，落後的鄉下並不眞的有很多缺點。鄉下地區很多工作（例如醫療衛生）是很歡迎人才的，房租和基本物價也非常便宜，而且沒有什麼噪音與環境汙染問題。所以單從經濟的角度來解釋是遠遠不夠的。尤其是對於年輕人來說，大城市之所以有難以抵擋的吸引力，是因爲在那裡，各種劇院、博物館、音樂廳、夜店、電影院、購物中心、健身房的世界都可以在掌控當中，這些東西是鄉下沒有的。簡單來說，人們對世界的作用範圍——如同齊美爾注意到的——在大城市中可以擴大無數倍。一方面，人們在大城市**內部**一定程度上就可以遇見全世界的觀念、文化產品、來自五湖四海的人，但在村鎮或小城市頂多就只有披薩店或土耳其漢堡速食店。另一方面，大城市擁有國際機場、大使館、代表處，這些基礎建設和文化設施可以讓我們快速且毫無阻礙地到達最遙遠的地方。

還有，最後，如果我們去考察現代科技發展的推動力，那麼會發現掌控和擴大作用範圍在其中也依然是非常重要的動機。就如同望遠鏡可以延伸宇宙的可見領域一

---

[69]「第一步，假設社會基本結構分配了某些基本財，亦即分配了某些我們預設任何理性的人都會想要的東西。不論一個人理性的生活規劃是什麼，這些財物通常都會有用處。爲了簡單起見，我們假定社會所分配的主要基本財是權力、自由、機會、收入、健康（之後我們在第三部分還會再著重探討『自尊』這一項基本財。」（John Rawls, *Eine Theorie der Gerechtigkeit*, Frankfurt/M.1975, S. 112f.）（譯按：這一段引言出自羅爾斯的《正義論》，我在這裡根據英文原文譯出，出處爲：John Rawls, *A Theory of Justice*, revised edition, Cambridge/Massachusetts 1999, p. 54。不過羅薩在這裡引自《正義論》的德譯本，而這段話中，「亦即分配了某些我們預設任何理性的人都會想要的東西」這一句在德譯本裡被翻譯成「亦即分配了只要是理性的人都會認爲多多益善的各種東西」。所以羅薩在此處才會提到「多多益善的基本財」。）

[70] Pierre Bourdieu, »Ökonomisches Kapital, kulturelles Kapital, soziales Kapital«, in: Reinhard Kreckel (Hg.), *Soziale Ungleichheiten* (= Soziale Welt, Sonderband 2), Göttingen 1983, S. 183-198.

[71] 對此的詳細探討，可見：Rosa, *Resonanz*, S. 37-52.

樣，顯微鏡擴大了物質微觀世界的可見領域，內視鏡也增加了我們對身體內部的穿透力與可控性。運輸加速的發展同樣是一段世界作用範圍擴大史，不論是從整個科技發展史（從步行，到驛站馬車，再到噴氣式飛機）來看還是從單一運輸科技來看都是。當我們獲得人生第一台腳踏車時，就已經可以擴展了一些個人的世界作用範圍；當我們拿到駕照、購入汽車，作用範圍就更大了。最後，當我們坐上飛機旅遊時，作用範圍更是爆炸性地擴展開來。

這些日常的作用範圍（或是文化方面的標準作用範圍）不是光靠科技發展狀態或光靠經濟可能狀態來決定的，而是這兩者的共同作用下產生的。唯有當科技方面（和政治方面）提供了可能性且經濟方面人們也行有餘力時，週末坐飛機出國旅遊一事才能被納入文化方面的作用範圍中。在這層意義上，對許多「北半球」的人來說，機票價格下降、旅遊業的擴展，更是使得物理－地理意義上的對世界的作用範圍急速地提升了起來。以此而言，新冠疫情限制了許多人的出行，可說是史無前例的讓人們**對世界的作用範圍大幅縮限了**，也讓可受掌控的界域相當戲劇性地萎縮了。

在疫情情況下，世界的物理面向在很多方面都變得不受掌控了；但它在數位化的道路上卻依然是我們可以觸及的。沒錯，在（社會活動和文化內容的）數位方面的可受掌控程度持續攀升，使得數位方面的可受掌控和物理方面的可受掌控長久以來的脫鉤在今天變得更嚴重了。可以說，在我看來，就主體的注意力能量與欲望能量方面，智慧型手機那幾乎遍及當代社會形態所有階層的吸引力與制約力，正是來自於它能夠將人類歷史上一直以來有限的社會、文化與媒體的可及界域和經濟支付範圍加以擴大。只要有智慧型手機，我們幾乎可以說就能**隻手**掌控整個世界。只要手指在螢幕上點個幾下，我們就可以聯繫上、看到（幾乎）所有朋友、親戚、熟人並和他們說話，我們就可以直接獲得整個數位化的世界的知識、所有的音樂與電影、世界上所有地方最新事件的圖片。事實上，現代社會形態正是以這種方式實現了一種**全能的力量**，這種力量不僅僅是屬於集體的能力，而且也是一種主體的**實踐能力**。但我覺得我們不能高估這種實踐能力的重要性。「過去哪一個世紀料想到在社會勞動裡蘊藏有這樣的生產力呢？」馬克思和恩格斯在 1848 年看到現代社會的經濟－技術發展早期階段中可受掌控的界域令人難以置信地擴展開來時，驚歎地問到這個問題。[72]在面對二十一世紀早期的豐富性和可能性時，對現代社會形態的最佳說明想來也會發出這樣一種驚歎。

---

[72] Karl Marx, Friedrich Engels, *Manifest der Kommunistischen Partei*, in: dies., *Ausgewählte Werke*, Moskau 1986, 34-63, hier S. 39.

3

去同步化與異化
對現代性的診斷與批判

　　如果我前文的思考是有道理的，如果推動了社會學觀察和理論建立的反思能量是從「這裡有些事情不對勁！」的這一種感覺乃至論斷中獲得其動力的話，那麼在這樣一種驚歎下（以及在透過前文的分析重構之後）要對現代社會形態提出最佳說明的主要問題就是：這樣一種由**追求擴大對世界的作用範圍**所推動，且不斷將其**動態穩定**（與持續擴展）**的制度模式結構**再生產出來的社會形態的不對勁之處是什麼？或換一種問法：這樣一種形態，是以什麼樣的方式在晚期現代造成了越來越急迫、越來越劇烈的生態危機、社會危機、經濟危機與心理危機？

　　若要回答這個問題並將**現代社會形態批判**給說清楚，首先最重要的事情就是我們要注意到制度面的提升邏輯與文化面的推動環節彼此之間是交織在一起的，並且我們必須去了解這兩者是如何交織在一起的。我在前文已嘗試釐清這件事了：一方面，現代社會的結構面的再生產模式需要主體不斷地追求提升，並且需要有源源不絕的推動主體的能量；另一方面，當主體渴望擴大對世界的作用範圍時，結構面向必須要能滿足這種文化方面的渴望（即便每個人的渴望程度可能都不一樣）。誠然，資本主義的積累邏輯在很多地方和為某些階層帶來的首先是稀缺、貧困，也因此造成對世界作用範圍的**縮減**（而且，毋庸置疑的，這種情況在今天依然存在著）。[73] 但隨著全球生產力與每年生產出來的社會產品的劇烈增長，以及隨著科技可能性的爆炸性發展，總體動力不再是一種零和遊戲了。意思是，當一方擴大了對世界的作用範圍時，並不會相應地讓另一方失去了作用範圍，完完全全不會。但就算是這樣，人們也依然還是熱切渴望擴展可掌控的界域，也不斷受到這種渴望所驅動，即便這種渴望至今都並沒有真

---

[73] Stephan Lessenich, *Neben uns die Sintflut. Die Externalisierungsgesellschaft und ihr Preis*, Berlin 2016.

的對遭受剝削與貧困之苦的人帶來什麼幫助。

我在這裡想提出的重要觀點是，制度結構與文化推動能量的共同作用會產生一種世界關係，這種世界關係標示了現代性的社會形態，並且在我看來這種世界關係完全可以描述成一種**侵占關係**。結構逼迫我們要不斷以增長、加速、創新等形式進行提升，文化則讓我們渴望獲得掌控和擴大作用範圍，這兩者都讓我們將世界在所有表現層次（不論在周遭自然的宏觀領域，在政治－社會世界的中觀領域，還是在個體自我關係的微觀領域）上都視爲一個我們要去侵占但又會反抗我們侵占的對象，所以我們必須去衝撞、對抗它。這個世界所表現出來的一切，或是說在螢幕上顯示出來的一切，我們都必須要知道、確認、支配、征服、購買、利用。[74] 但是這種制度化的、我們已習以爲常的世界關係的形式不論是在結構層次還是在文化層次上，都導致了很成問題的後果，而且這些後果在晚期現代社會中已經變得越來越顯著、越來越糟糕了。我的假設是，我們已經可以感覺到現代社會的持存條件在這兩種形態層次上都已經遭到破壞了。

3.1 第三個基石：升級與去同步化

現代社會形態在**結構方面**最核心的問題在於動態穩定邏輯迫使結構不論在輸入面向還是在輸出面向，都必須不斷進行升級式的提升。一個地區每年的經濟增長率就算非常溫和地只有 1.5%，遠低於經濟專家認爲系統再生產所必要的 2-4%，[75] 這個地區的國民生產總值在 50 年內也都還是會增長 100% 以上（如果是 4%，那更是每 18 年就會直接翻了一倍）。但這個地區長期來看依然會產生動態**不穩定**，因爲這個地區會越來越難獲得進一步的增長和進一步的加速。如果要獲得進一步的增長和加速，必須一直都要有越來越多的物理、心理、政治方面的資源來進行動員、增強、投注、整合、消耗。我們都已經看到，生態、經濟、政治方面持續的**征服、加速與強化**對於系統的動態穩定來說是必不可少的。[76] 所以我的一個簡化的命題認爲，這會造成一種經濟－

---

[74] 參閱 Herbert Marcuse, *Triebstruktur und Gesellschaft. Ein philosophischer Beitrag zu Sigmund Freud*, Frankfurt/M. 1977, S. 111，這裡他聯繫上了舍勒的思想。

[75] 可見例如：Beate Schirwitz, »Wirtschaftswachstum und Beschäftigung. Die Beschäftigungsschwelle«, in: *ifo Dresden berichtet* 12 (2005), Heft 3, S. 34-37.

[76] 「征服、加速與強化」是我和多勒（Klaus Dörre）、雷塞尼希（Stephan Lessenich）於 2011 到 2020 年間在耶拿共同主持的德國科學基金會重大研究計畫的名稱。

生態－政治－心理的四重危機，因爲當社會結構不斷被逼迫要進行提升時，不只是其自由空間和形塑可能性都會萎縮掉，而且就連自然生態空間、民主政治、人類心理，乃至資本主義經濟本身都會因爲逐步超載與過度利用而產生危害與損害。[77]

　　這樣一種唯有維持動態才能保持穩定的社會形態，在我看來是沒有辦法長期持續下去的，因爲它需要與它相互補的另一個面向持續爲它輸入能量，但這個相互補的面向也產生**過熱**的現象，像是宏觀和中觀層面上的溫室效應與變得越來越有攻擊性的政治氛圍[78]，以及個體心理微觀層面上的倦怠症的流行，這些都會讓這種社會形態始終處於危害之中。我曾在很多地方都將這種現象描述爲**去同步化效應**，所以在這裡我僅會集中在此進行一些框架式的概覽。[79]

　　我的思考出發點來自於我認識到，不是所有的社會群體、領域、生活形式都有同等的動力或加速能力。這使得加速的系統和／或行動者會處於不同的時態區間，以不同的速度相遇，所以必須將彼此的進程加以同步化，這會讓所有相遇的系統和／或行動者中較慢的一群面臨一種系統性的壓力，不可避免地形成張力和去同步化效應。如果有兩個系統，其時間是彼此相互決定的，而其中一個系統提升了自己的節奏，那麼在一種以速度爲優先且很仰賴動態化的形態中另一個系統就會顯得**過慢**了。這個因爲沒有加速而顯得過慢的系統就會像是在刹車，阻礙了同步化。這樣一種基本模式在幾乎所有社會脈絡中都存在。例如我們可以運用這個觀點來解釋社會階層分化爲什麼變得越來越劇烈。經濟資本、文化資本、社會資本對於社會特權階層來說是很重要的加

---

[77] 關於政治後果，可參閱：Stephan Lessenich, *Die Neuerfindung des Sozialen. Der Sozialstaat im flexiblen Kapitalismus*, Bielefeld 2008；關於經濟－生態方面的征服，見：Klaus Dörre, »Neue Landnahme? Der Kapitalismus in der ökologisch-ökonomischen Doppelkrise«, in: *Vorgänge* 49: 3 (2010), S. 80-91；關於心理方面的超載，可參閱：Vera King u. a. (Hg.), *Lost in Perfection. Zur Optimierung von Gesellschaft und Psyche*, Berlin 2021，以及：Thomas Fuchs u. a. (Hg.), *Das überforderte Subjekt. Zeitdiagnosen einer beschleunigten Gesellschaft*, Berlin 2018.

[78] 我在這裡主要援引自英國政治學家布魯特（Michael Bruter）在倫敦政治經濟學院自 2018 年開始主持的歐洲研究委員會的研究計畫「敵對的時代：了解 27 個民主國家中公民選舉敵意的性質、動態、決定因素和後果」。

[79] 可參閱例如：Ulf Bohmann u. a., »Desynchronisation und Populismus. Ein zeitsoziologischer Versuch über die Demokratiekrise am Beispiel der Finanzmarktregulierung«, in: *Kölner Zeitschrift für Soziologie und Sozialpsychologie*, Sonderheft 58 (2018), S. 195-226; Hartmut Rosa, »Airports Built on Shifting Grounds? Social Acceleration and the Temporal Dimension of Law«, in: Luigi Corrias, Lyana Francot (Hg.), *Temporal Boundaries of Law and Politics. Time Out of Joint*, London 2018, S. 73-87; Rosa, »Escalation«, S. 288-293.

速資源，對於特權階層的下一代來說也一樣很重要，所以特權階層的孩子從小就能從家庭中獲得更多優勢，這種優勢是那些較沒有特權的社會環境中長大的小孩難以趕上的。因此，社會階層之間的鴻溝不只會傳遞下去，而是我們甚至可以猜測這鴻溝還會一代比一代大。

不過，這種重要的、基本上無解的去同步化問題不只產生自不同社會階層和不同生活形式之間（像是只能侷限在特定區域的「某地方」和可以全球任行的「任何地方」之間[80]）的共同作用，而是也會產生自不同社會制度領域及其環境的交界處。事實上我會說，二十一世紀晚期現代的四大危機都可以說是這樣一種去同步化危機。從這種整體看待世界關聯式結構面向的觀點來看，現代社會形態的社會制度都座落於無所不包的生態系統（作爲宏觀領域）和由心理所構成的人類個體（作爲微觀領域）之間。各項社會事物（作爲中觀領域）持續的加速和動態化會對這兩個系統領域造成越來越大的內在心理壓力和外在環境壓力。除此之外，就連社會中觀領域本身當中也會有嚴重的去同步化問題，因爲有些組織和機構總是會比另一些組織和機構有更強大的加速能力。去同步化危機是現代社會形態的結構問題，在所有四個層次上我們都會看得到：(1) 在單一功能系統之內，像是在經濟系統之內；(2) 在數個社會功能領域之間，像是在經濟、政治和護理工作之間；(3) 在社會技術方面的再生產速度與加工速度，與周遭許多生態領域之間的關係當中；以及 (4) 在主體的身心過程與需求，和總體社會運作速度與改變速度之間的交界處上。我在下文將會嘗試對這四個層次的危機進行診斷。

3.1.1 對經濟來說太快了：金融危機

2008/2009 年間全世界的經濟危機後果至今仍難以解決，而這場危機在結構方面的肇因可以說也是因爲金融市場轉變速度和實體經濟的生產消費過程步調嚴重脫鉤了。在金融市場上，人們可以利用市場在分分秒秒中的波動而從資本流通與貨幣流通中實現獲利。全世界大部分的股市交易和金融交易都已經是透過電腦所控制的演算法來進行的，不再由人類行動者操作。而汽車、住房、衣物、書籍等物質產品，以及各種實體消費（其不在於獲利，而是在於買賣[81]），很顯然且有部分無可避免是需要時

---

[80] David Goodhart, *The Road to Somewhere. Wie wir Arbeit, Familie und Gesellschaft neu denken müssen*, München 2020.

[81] Hartmut Rosa, »Über die Verwechslung von Kauf und Konsum. Paradoxien der spätmodernen Konsumkultur«, in: Ludger Heidbrink u. a. (Hg.), *Die Verantwortung des Konsumenten. Über das*

間的。由於至少在「富裕的」社會中物質層面（例如每年所生產出來的住房、汽車、衣物、食物、書籍等等）越來越難再有大幅度的增長，而且這種增長會帶來很多（生態方面的）副作用，所以這些社會就開始轉向金融產品，並且金融產品的發展和規模都越來越大，並已接近光速的速度在循環。但金融經濟和實體經濟之間步調的脫鉤會隨即造成病態的「泡沫」，就像 2008 年的房市泡沫一樣。那時候泡沫的破裂造成了重大經濟後果，而這種破裂亦可以視為一種去同步化危機。所以就連許多經濟學家都認為金融經濟和實體經濟這兩個經濟的次領域必須重新同步化。但重新同步化要付出極大的代價。也許唯有讓（金融）經濟整個猶如違逆自身運作模式般地**減速**下來，以此作為代價，才能重新同步化。

3.1.2 對政治來說太快了：民主危機

不同社會運作領域在時間方面的扞格，我們在現代社會的許多制度情境中都可以看到。例如教育和醫療看護**不是**隨便說加速就能加速的領域，但卻又總是遭遇到經濟效率和政治管理措施的壓力。所以看護工作中的行動者常常會感覺到自己處於自身專業導向和經濟政治規定之間因不同的時間需求而產生的衝突中。[82]

我在 2005 年出版的《加速》和後來的研究中有一個核心論點：**民主政治制度**無可避免是一種**需要時間**的過程，它本質上就算藉助了數位科技也無法真正加速起來。而且完全相反，它在晚期現代社會條件下還傾向要**緩慢下來**。因為民主作為一種政治決策模式根本上並非只是蒐集（或多或少自發的）諸多私人意見以對一項事務進行表決而已，而是透過一種民意協商與決策過程而進行的**集體政治形態**。在這種過程中，首先必須提出可能的或合理的立場，接著進行討論和互相權衡，如此才能在所有公民之間獲得一種民主的基本共識，全體國民才能跨越所有差異得出一個共同的計畫。政府的政治決策必須以此方式不斷重新回應**民意**，因為民意是政治決策的正當性基礎。[83] 但如果決策的**基礎**在民主、倫理、宗教、政治等方面更講求多元化、更講求不

Verhältnis von Markt, Moral und Konsum, Frankfurt/M., New York 2011, S. 115-132.

[82] 例如可參閱：Alfons Maurer, »Das Resonanzkonzept und die Altenhilfe. Zum Einsatz digitaler Technik in der Pflege«, in: Jean-Pierre Wils (Hg.), *Resonanz. Im interdisziplinären Gespräch mit Hartmut Rosa*, Baden-Baden 2018, S. 165-178.

[83] 對此，很常被提到的一個基本文獻，可見：Jürgen Habermas, *Strukturwandel der Öffentlichkeit*, Neuauflage, Frankfurt/M. 1990。亦可見：Hartmut Rosa, »Demokratischer Begegnungsraum oder lebensweltliche Filterblase? Resonanztheoretische ÜberlegungenzumStrukturwandel der Öffentlichkeit

要墨守成規，那麼這樣的基礎就越不會是穩定的，因為會越充滿辯論（亦即達到共識的門檻就會越高），而如此一來民主過程就會愈發地緩慢下來。尤其當互動鏈在時間和空間方面延伸得很長，以及各種互動交織非常複雜和動態的情況下，決策的**結果**就會更慢產生。在晚期現代社會中，由於動態化過程，決策基礎的建立和決策結果的產生兩者都會有更顯著的緩慢化趨勢。[84]

於是，民主政治作為一個緩慢的領域，與數個不斷加速的領域——經濟生產和金融貿易、文化變遷與媒體的熱搜話題——之間產生了越來越嚴重的去同步化。英國脫歐公投，2016 年讓川普當上美國總統的選舉，在民主世界的許多地方右派民粹政黨和政客的崛起（像是印度的莫迪、巴西的波索納諾、菲律賓的杜特蒂），這些都被認為是**民主危機**而受到廣泛討論。在晚期現代社會中，現有的民主政治不再被認為是社會變遷的推手和塑造者，不再被認為能讓生活情境朝往更好的方向邁進，而是反而被當作一種阻礙；民主政治主要只能被動地反應，似乎只能在危機處於燃眉之急時充當「滅火器」而已。2020 年爆發的新冠疫情危機也證明了這種模式，幾乎所有國家的政治決策行動很明顯都是**反應**行動。但同時政治行動也表現出令人驚訝的龐大能力，因為它讓幾乎所有的其他社會領域及其循環速度都極端地「減速」下來，像是讓交通停下來、關閉國界、禁止活動舉辦等等。很顯然的，這類行動（這裡還姑且不論 2008/2009 年金融危機政府施政決策恰恰就是**因為時間壓力的關係**讓本來應是民主行動的根本核心的議會權力被大幅縮減了）就其邏輯來說**與各社會領域的運作形態背道而馳**，也嚴重破壞了制度秩序。這樣的後果當然也讓第三個大型危機——生態危機——理所當然地浮現出來了。

3.1.3 對大自然來說太快了：生態危機

魯曼認為，社會次系統是以自我生產的模式透過功能分化而形成的，我們應以此為基本命題去探討現代社會形態的核心特質。他總是不厭其煩地強調，現代社會形態的運作鏈若越少受到政治行動的干預，就會越穩定、越有效率。但就連他這樣的學者都開始也看到了一件事，即現代社會的核心麻煩就在於社會不斷在破壞作為自身持存

---

im 21. Jahrhundert«, in: Martin Seeliger, Sebastian Sevignani (Hg.), *Ein neuer Strukturwandel der Öffentlichkeit?*, Baden-Baden 2021 (= Leviathan, Sonderband 37), S. 255-277.

[84] 關於這個論點的理論基礎，可見：Rosa, *Beschleunigung*, S. 402-427；關於這類去同步化現象及其政策處理過程的經驗分析，可見：Bohmann u. a., »Desynchronisation und Populismus«.

基礎的生態環境，並因此嚴重地摧毀了自身。[85] 這種在超過 30 年前就被提出的憂慮，到了今天因為越來越嚴重的氣候危機而更加被證實了。越來越劇烈的全球大氣層暖化所反映出來的無非就是一種實體層面上分子的加速過程。大氣層暖化，就像燃氣或汽油加熱，都意指其動能的提高，亦即分子運動速度的增加。我們可以把氣候危機視為由社會層面上的社會科技－經濟加速（尤其是造成碳排放的能源消耗）過程所造成的大氣層（作為宏觀領域）的加速。因科技加速和物質方面的動態化所造成的物理方面的暖化，最終會造成氣候變遷的加速。我們可以將這種過程也描寫成一種去同步化，因為這種影響甚鉅的氣候改變首先會嚴重擾亂無數地理與生態系統，其次也會擾亂這些系統內在的時間模式，例如改變了洋流的循環速度與循環方向，或是增加了颶風的形成。

事實上我想宣稱的是，幾乎**所有**的當代生態危機都是一種去同步化的問題。人們很常討論的物種滅絕，並不是因為我們**做出**了砍樹或捕魚的行為，而是因為我們砍伐雨林和捕撈海洋生物的**速度遠遠高於或快於**雨林或海洋生物再生產的速度。如果再相比我們消耗石油或其他礦產與這些自然資源再生產之間的速度，那麼其速度的差異還會更加巨大。另外一方面，我們所謂的環境汙染之所以是問題，也是因為我們有毒物質的生產與排放的速度快於大自然分解這些物質的速度。總的來說這些生態去同步化形式危害到的不是我們這個星球，也不是「大自然」，但絕對會危害到現代社會形態。（侵占性的）現代世界關係的問題，在由其所造成的生態危機中最為表露無遺了，沒有之一。

3.1.4 對心靈來說太快了：精神危機

如果說，生態的去同步化**從外部或從上方**危害了現代社會形態（雖然自然與社會的二分不論在從認識論的角度來看還是從本體論的角度來看，都是很成問題的，即便社會形態就是基於這種二分而界定出自身的 [86]），那麼承載能量的主體的可能的倦怠症，亦即主體心理動機資源的耗盡枯竭，就是**從內部或從下方**危害了現代社會形態。關於這種我們即將面臨倦怠症危害的猜想，乃基於一種有經驗證據支持的假設。這種假設認為不論是主體之間的過程還是內在心理過程，這兩者的主體動機能量的生產不是能任意加速的，而是有其特殊的自身時間，要是超過了這種自身時間就會造成心理

---

85 Niklas Luhmann, *Ökologische Kommunikation*, Wiesbaden 1986.

86 這即是拉圖的主題，可參閱他那本輕薄但相當有啟發性的著作《我們從未現代過》。

機能障礙的後果。[87]

　　如果說，動態穩定的運作模式會造成物質、社會、文化等方面的社會再生產機制的不斷加速，那麼不論是主體的心理結構，還是主體的身體與人格[88]，都不可能不受到影響。問題是，主體（在例如或恰恰就是價值、知識、慣習從一個世代傳承到下一個世代的文化再生產的自身時間方面）因去同步化而產生機能障礙之前，究竟能承受住多大的動態化。「去同步化，亦即被甩出共用時間或世界時間，是每個人都必須不斷抵抗的潛在危害。」精神病學家兼哲學家福赫斯（Thomas Fuchs）在討論主體承擔的加速壓力時如是說道。[89] 這也指出了晚期現代個體會嘗試用各種方式來加速身心的自身時間，例如會使用像咖啡因、古柯鹼、安非他命等興奮劑，或是攝取各種承諾能讓意識、身體、社會生活能「重新同步化」的藥劑（例如利他能、牛磺酸、健腦片等等）。此外，幾乎所有形式的「人類增強」（human enhancement）——不論是將認為「不夠好的」再「優化得更好」，還是用科技的方式「修復」人與機器的速度，如超人類主義者宣揚的那樣——都旨在提升身體與精神的速度，因為身體與精神的速度在面對不斷攀升的社會科技運作速度時顯得太慢了。[90]

　　同時，也有一種說法提出了警告，告訴人們**病態的**去同步化形式（例如倦怠症或憂鬱症）正極大規模地擴散開來了。[91]「在憂鬱症發作的時候，所有這些（同步化的）努力都失敗了，個體陷於絕望中，主體之間的時間的脫鉤變成了現實。」福赫斯提

---

[87] 參閱：Helga Nowotny, *Eigenzeit. Entstehung und Strukturierung eines Zeitgefühls*, Frankfurt/M. 1990.

[88] 參閱：Richard Sennett, *Der flexible Mensch. Die Kultur des neuen Kapitalismus*, Berlin 1998; dazu jetzt auch Hartmut Rosa, »Charakter«, in: Stephan Lorenz (Hg.), *In Gesellschaft Richard Sennetts. Perspektiven auf ein Lebenswerk*, Bielefeld 2021, S. 39-53.

[89] Thomas Fuchs, »Chronopathologie der Überforderung. Zeitstrukturen und psychische Krankheit«, in: ders. u. a. (Hg.), *Das überforderte Subjekt*, S. 52-79, hier S. 54.

[90] 可見 Julian Savulescu, Nick Bostrom (Hg.), *Human Enhancement*, Oxford 2009，以及亦可參閱：Robin Mackay, Armen Avanessian (Hg.), Accelerate. *The Accelerationist Reader*, Falmouth 2014.

[91] 可見 King u. a. (Hg.), *Lost in Perfection*，以及：Fuchs u. a. (Hg.), *Das überforderte Subjekt*。《美國心理健康狀況》也在心理疾病的發展與擴散方面提供了非常有啟發性的報告。這份報告在 2020 年公布的調查指出，12-17 歲之間在過去幾年曾遭受過憂鬱症之苦的青少年，全國比例從 2012 年的 8.66% 到 2017 年上升到 13.01%。可見：https://imph.org/state-mental-health-america-2020/，最後網頁查閱日期：8.1.2020。

到。[92]當然，憂鬱症本身不能**定義為**去同步化。[93]世界衛生組織也承認，憂鬱症和倦怠症，與其他的壓力反應疾病（例如飲食、睡眠、恐懼等方面的紊亂）一起成為世界上攀升速度最快的健康問題。[94]

倦怠症與憂鬱症最引人注意的其中一項特質在於這兩者都會將人帶入**完全沒有動力**的狀態。當人們陷入倦怠症或憂鬱症時，會感覺到時間完全靜止下來，時間和／或自我彷彿都被「凍結住了」，所有的意義與運動都被奪走了。[95]「患憂鬱症的人深受主體體驗時間過於緩慢與異化之苦。在嚴重的憂鬱中，心理與生活的動力都已貧乏、窒礙到時間都停下來的地步。他們感到未來毫無希望，覺得自己在走入一個不斷受到威脅、避無可避的災厄中。」福赫斯在他的臨床發現中如此總結，並且援引了一段憂鬱症患者的話：「其他的時鐘還繼續走著，我的內在時鐘卻已經停下來了。所有我必須做的事我都推進不下去了，我像是癱瘓了。所有的責任義務我都不想管了。我偷走了時間。」[96]

同樣的，所以也有一些學者，像是艾倫伯格（Alain Ehrenberg），認為之所以人們會得到憂鬱症，是因為現代生活對速度的要求過高，導致人們的心理出現了去同步化的情況並產生過大的壓力。[97]就如同生態的去同步化危機一樣，心理危機也是由現代社會形態的持存條件逐漸造成的。就像生態危機是現代社會在物理－物質方面貪得無厭的能源需求造成的一樣，心理危機是因為現代社會的系統－結構同樣貪得無厭地榨取文化和主體的動機能量，造成了心理方面的機能障礙而導致的。正是在這裡，結構的形態力量和文化的形態力量決定性地交錯在一起，兩者產生了相互作用，這個相互作用就是我接下來要介紹的基石。

----

[92] Fuchs, »Chronopathologie der Überforderung«, S. 54.

[93] Ebd., S. 52, 55.

[94] 韋特恆（Hans-Ulrich Wittchen）和亞科比（Frank Jacobi）透過評估後指出，全德國有 500 到 600 萬、全歐洲則達 2,000 萬（18-65 歲之間的）成年人患有憂鬱症。可見他們的文章：»Epidemiologie«, in: Gabriela Stoppe u. a. (Hg.), *Volkskrankheit Depression?*, Heidelberg 2006, S. 15-37.

[95] 參閱 Tom Bschor u. a. »Time Experience and Time Judgement in Major Depression, Mania and Healthy Subjects«, in: *Acta Psychiatrica Scandinavia* 109 (2004), S. 222-229.

[96] Fuchs, »Chronopathologie der Überforderung«, S. 52f.

[97] Alain Ehrenberg, *Das erschöpfte Selbst. Depression und Gesellschaft in der Gegenwart*, Frankfurt/M. 2008.

3.2 第四個基石：異化與世界靜默

在前面提到第二個基石的章節，我清楚地嘗試指出，現代社會形態的文化動力在於允諾了人們能獲得與掌控世界。我（在「最佳說明」的六重結構的意義上）對現代社會的「文化」批判式的診斷的核心在於，這種允諾和其所承諾的幸福是不會兌現的，甚至在晚期現代社會中它還會造成相反的後果。在科學、科技、經濟和政治方面被掌控的世界，對主體來說會在兩方面——亦即內在面與外在面——極端地**不受掌控**。現代社會形態最重要的矛盾之處就是在這裡。

世界（於外在面）的不受掌控，最顯著地表現在晚期現代社會總想著在科技方面和社會方面控制與掌控世界，卻似乎總矛盾地讓人們反而感受到**如面對怪物般的無能為力**。這會讓人們一方面有近似全能的感覺，但另一方面卻又有極端無能為力和任憑擺布的感覺，在這兩方面的感覺之間來回擺盪。我自己對此的一個比較典型的例子是能進行核分裂並使用從中釋放出的能量的科技能力發展。在此發展中，現代社會在掌控原料世界方面可說攀上了一個新的台階，將作用範圍深入到物質運動原理、物質的「核心」中，並展現出一種能**造就出世界**的特質。[98] 只不過從文化歷史的角度來看，這種新的掌控感沒多久就讓位給對核電廠爆炸或洩漏等放射性連鎖反應的恐懼了。不論是個體還是集體，現代主體在面對放射性連鎖反應時都是完全無能為力的。

有趣的是，在晚期現代社會與大自然的關係中，我們也可以不斷重複看到同樣的這種結構與同樣矛盾的體驗。像是在量子物理學、基因科學、生物化學、半導體化學、人工智慧的發展，或是其他許許多多領域中，現代社會認識、控制、支配與利用大自然（包括大自然的力量與大自然的變化過程）的能力急遽攀升，這種急遽攀升的能力中便都蘊含著這種結構與這種矛盾的體驗。同時，我從結構面向描述為生態去同步化的情況，也會造就一種我們現在在全世界各處都看得到的說法，即相信我們這樣的社會形態對世界的掌控與觸動，最終仍比不上我們對世界的危害與摧毀。掌控世界的計畫，驟然變成一種危害與毀滅世界的不受控制的實踐。結果是，社會形式本身因此受到各種如颶風、永凍土融化、雪崩、海平面上升、熱浪與旱災等形式的摧毀的威脅。原本近似無所不能的感受，驟然就轉變成嚴重的不受掌控感和極端的無能為力感。

---

[98] 見 Hartmut Rosa, *Unverfügbarkeit*, Wien, Salzburg, 2018, Kap. IX；以及：Hartmut Rosa, »Spirituelle Abhängigkeitserklärung. Die Idee des Mediopassiv als Ausgangspunkt einer radikalen Transformation«, in: Klaus Dörre u. a. (Hg.), *Große Transformation? Zur Zukunft moderner Gesellschaften* (= Sonderband des Berliner Journals für Soziologie), Wiesbaden 2019, S. 35-55.

　　而且這種矛盾絕不僅限於現代的自然關係而已。在我看來，它也是晚期現代的歷史關係和政治關係的底色。「掌控世界」這項文化綱領，在根本上會建立起一種我所謂的關於自然和歷史的「心靈獨立解釋」。意思是，我們會認為不論是大自然的侷限還是歷史的規定（例如傳統、習俗、程序），原則上都不應該擁有能約束或限制住我們的力量。就像科技發展總是不斷獨立於大自然而進步一樣，**人民自決**和民主等觀念也暗含一種想像，即共同生活的所有各種法則——像是經濟、教育、法律、文化等等——都是政治可以掌控的並且可以（透過民主來加以）形塑的，至於這些共同生活的法則究竟是從什麼樣的歷史背景中形成的，一點都不重要，不會產生任何約束力。這種觀念認為，所有的權力，所有的國家統治權力，都來自於人民[99]，但這種觀念也不過就是一種政治的全能承諾。與之相對的則是一種極端的無能為力感，尤其是當我們嘗試有效改變日常生活情境時，亦即當我們在面對越來越複雜、強大、快速的金融市場、全球網絡、社會與文化分化，為了想爭取我們的持存而努力想改變社會不平等、經濟不公正、氣候暖化等問題時，更會如此。在我看來，政治掌控承諾與民主無力感之間的不對稱造成了一種當代常以「民主危機」和「右派民粹主義」為關鍵字來進行討論的現象。民粹主義者承諾會快速重新加以掌控不受掌控之事。「奪回控制權！」作為英國脫歐公投的口號，不是偶然喊出的。川普對於許多美國選民來說之所以這麼有吸引力，也是因為他**說幹就幹**，讓國家政治**不需要得到**主流政治共識就可以再次獲得掌控。國際組織與國際協定、金融市場、國家法院與媒體，他通通不管，他甚至還直接頒布無視基本的功能分化邏輯的關稅制度，並且建起美墨邊境圍牆。[100]但矛盾的是，這些想快速重新獲得政治掌控的嘗試，卻恰恰造成新的、晚期現代社會怪物般的政治不受掌控形式。一些高度複雜與高度交織的科層體系（例如歐盟）和極端的政治掌控行動（例如英國脫歐公投和川普的一意孤行）之間的碰撞表明了政治世界總是會在一夜之間再次回到極端的政治不受掌控和不受支配的狀態。

　　然而，晚期現代的主體也在越來越大的程度上可以在直接的日常生活中體會到面對世界從近乎全能驟然轉變為癱瘓無能的感受。例如對於參加大學入學考試的學生來說，世界似乎是開放的，在德國有 1 萬 9,000 所大專院校可供選擇；但在高度動態的社會中，面對這麼多學校與茫然的人生發展道路時，學生們卻會感到完全沒有能力從

---

99 可見德國基本法第 20 條第 2 款：「所有國家權力來自人民。國家權力乃由人民經選舉和投票，透過立法、行政和司法機關而施行。」

100 參閱：Hanna Ketterer, Karina Becker (Hg.), *Was stimmt nicht mit der Demokratie? Eine Debatte mit Klaus Dörre, Nancy Fraser, Stephan Lessenich und Hartmut Rosa*, Berlin 2019.

中進行抉擇。又例如在飲食方面，儘管（或因為）對於食品的成分和作用我們掌控了非常多仔細的資訊，也有越來越多品項可供選擇，但我們卻越來越容易患上飲食紊亂的症狀（而且這種飲食紊亂就是字面上的意思），因為儘管（或因為）我們能嚴格控制食品的情況，但卻感覺到失去了對自然的代謝作用的控制。[101] 或在關於懷孕方面，儘管（或因為）有日新月異的科技提供了監控孕婦與胎兒身體變化過程的可能性，但孕婦對懷孕的恐懼卻不減反增。準媽媽們感覺自己**缺乏自我效能**，因為她們一來必須依靠相應的儀器，二來也認知到她們自己並無法控制相應的身體變化過程。[102]

不過，日常實踐中全能感與無能感交織的一個越來越經典的例子，可能當屬智慧型科技的使用了。在智慧型家居和智慧型汽車的使用中，使用者只要手拿遙控設備，就可以感覺到自己近乎全能。按下一鍵，屋子或車子就變暖、變亮、變大聲、變藍色了；再按一次，就變涼、變暗、變小聲、變紅色了。然而一旦這些電子設備突然當機了，當設備語音或螢幕提示出現了「請稍候片刻」的時候，全能就會驟然變成極端的無能為力。燈不亮了，暖氣不動了，音樂停不下來，門突然關了。與**半**受掌控的時候不同，在這個無法駕馭的世界中人們就算拿著槌子和鉗子也沒辦法解決事情，而且常常就算用蠻力也無濟於事。「請稍候片刻，請稍候片刻，請稍候片刻，請稍候……」沒有什麼情境會比這種**極端失去自我效能**的時候更讓晚期現代社會中的主體大為光火了。這種時候人們什麼都做不了，只能找尋專業援助。但就算是專業人士常常也什麼都做不了，只能將故障的設備寄回原廠。

這種情況可以（概括地）描述為主體的經驗視域中世界矛盾地**變得不受掌控**的外在面向。但還有一種不受掌控的**內在體驗**，與不斷攀升的外在不受掌控或對不受掌控的回應相互補地發展了起來。我在這裡和在《共鳴》裡描述為極端的世界靜默的經驗，可以用「異化」——即〔用耶姬（Rahel Jaeggi）的說法來說〕[103]「缺乏關係的關係」——來指稱。被掌控的世界迷樣般地退縮回去了，我們讀不懂、聽不到它，它變得荒涼與空虛；或是用共鳴理論的話來說，世界變得既**沉默**，也**不聆聽**。當主體與世

---

101 這種現象在臨床上可以用「健康食品痴迷症」來稱呼。可參閱：Friederike Barthels u. a., »Die Düsseldorfer Orthorexie-Skala–Konstruktion und Evaluation eines Fragebogens zur Erfassung orthorektischen Ernährungsverhaltens«, in: *Klinische Psychologie und Psychotherapie* 44 (2015), S. 97-105.

102 對此的詳細討論，可見：Rosa, *Unverfügbarkeit*, S. 71-75.

103 Rahel Jaeggi, *Entfremdung. Zur Aktualität eines sozialphilosophischen Problems*, mit einem neuen Nachwort, Berlin 2016, S. 20-70；亦可見：Hartmut Rosa, *Beschleunigung und Entfremdung. Entwurf einer kritischen Theorie spätmoderner Zeitlichkeit*, Berlin 2013.

界相遇時基本且持續的**吸納轉化**失敗了，這場相遇就會產生異化了。異化的原因可以是社會不平等或資源的匱乏，但當一位愛好音樂的人面對音樂串流平台上 5,000 萬首音樂卻找不到一首能溫暖自己內心的歌時，也會感覺到異化。或是當某一屆的高中畢業生面對漫長大學入學考試準備生涯後無數可能的終點卻沒有能力進行選擇時，也會有異化的感覺：

> 海德公園、首都、赫爾辛基、貓、駱駝、科莫多龍、加拉帕戈斯龜、自然公園、休閒度假區、埃斯比特爐具……萊茵河大橋、國家、人民、冒險──這一切糊成一大坨。我絕望地拉開窗戶對著一排屋子大喊：是誰把圓的地球給壓扁了？為什麼不再有山谷和深海？是誰把阿爾卑斯山給整平了？為什麼地球不再高低有致了？沒人回答我。在這整個世界中，我該旅行到哪裡，都已無所謂。我只能盲目地拍擊這個無所謂的地球。時差。躺平吧，疲倦的浪人……我將我空無一物的腦袋放流在塑膠太平洋上。

葛雷伯（Rainald Grebe）在他第一部小說作品《全球魚類》裡便描寫了這樣一種異化地存在於世的時刻。[104] 小說中的主角布魯（Thomas Blume）的問題不在於他缺乏選取最佳目標的合理準則，他的問題是他從這一大堆東西中「得不到回答」，當中沒有一樣東西可以「呼喚」或刺激他。

如果（被掌控的）世界變得慘白而空虛、沉默與麻木、冰冷而蒼灰會讓人們感受到異化的話，那麼它也是讓人（初步患上）憂鬱症的典型情境。如同葛雷伯在書中所發展的那樣，布魯的心理傾向有可能驟然轉變成臨床上的倦怠症，而且這種倦怠症的特徵就是連罹患此症的主體也感覺到自己變得冰冷、麻木、沉默、空虛。倦怠症是一種身體心理學方面極端的異化症狀，處於這種狀態中的人原則上不再有可能吸納轉化世界了。這種狀態非常重要的、足以用來診斷社會形態的地方在於，這種臨床的倦怠症除了表現出主體的可刺激性變得極低之外，也同時是因為推動能量消失殆盡而造成的。倦怠症患者描述了他們再也沒有能力爬樓梯或拿起咖啡杯，即便他們的身體本身完全是健康的、生理能量是充裕的。於此，我們可以將異化重新理解為一種**文化方面的形態紊亂**，亦即一種具有生產力的欲望能量全都乾枯殆盡了的狀態。

而如果我的命題是正確的，如果社會形態的制度過程，甚至是現代社會的提升

---

104 Rainald Grebe, *Global Fish*, Frankfurt/M. 2006, S. 13.

動力都有賴於文化方面的主體動機推動能量能被生產與釋放出來的話，那麼當下刻畫了晚期現代文化的**對倦怠症的恐懼**就是一種危機的表現，而且這危機在**結構**的層面上也侵襲了晚期現代的社會形態。也就是說，晚期現代社會同時有**雙重的**能量危機，一方面是外在的、生態的危機，另一方面是內在的危機。而我對內在危機的解釋是現代性的允諾——承諾世界會變得可受掌控、變得遷就與順從——逐漸變成空頭支票，甚至造成完全相反的後果。於此，幻想的終結表現在兩方面。一方面，世界不再是可受掌控的了，甚至越來越不受掌控和充滿威脅。而另一方面，我們在世界變得可受掌控之處卻又同時失去了世界，失去了世界對我們而言的**吸引力**，因為所有值得我們欲求的東西（欲望正是重要的正面推動能量）永遠都**在根本上是不受掌控，但原則上又是可觸動的東西**。[105] 如果我們所愛的事物已完全受到我們的支配與控制，我們就不再會愛這個事物了。我們以為世界已經完全被我們掌控了，而這個幻覺卻又同時呈現出一個死氣沉沉、缺乏推動力、**沒有**吸引力的世界，我們對這個世界的欲望也因此消失殆盡。但讓我們的欲望消失殆盡的還有一個世界，一個不受掌控的事物變成怪物回來了的世界，一個**原則上不再可被觸動**的世界。現代社會形態正因此處於斯庫拉女海妖和卡律布狄斯大漩渦之間的航道上。

---

[105] 不受掌控與阿多諾的非同一性理論有著相似之處（Theodor W. Adorno, *Negative Dialektik*, in: ders., *Gesammelte Schriften*, hg. von Rolf Tiedemann, Bd. 6: *Negative Dialektik. Jargon der Eigentlichkeit*, Frankfurt/M. 1970, S. 7-412）。我在我的小書《不受掌控》裡對此已有處理。

4

適應性的穩定與共鳴
另外一種治療性的、另類的視野之概述

　　社會學的社會理論可以且應該爲解決社會形態的病狀提供建議嗎？我在前文已清楚說明過爲什麼社會理論中旨在回應人們感受到的危機情境的最佳說明，應該要嘗試至少概述性地發展出一個超越現狀且能克服危機情境的視野。但我們不能僅從社會工程學的角度對個別的功能問題提出回答而已，而是最好將形態作爲一個整體，針對有問題且值得批判的形態勾勒出完全不一樣的另外一種輪廓。在這個意義上，所有的建議都必須包含另類的、**具有形態超越性的**環節。當然，我們在進行最佳說明的分析與診斷過程中，就已經會包含了這種另類的環節。但除此之外，我們還必須再從中進行更進一步的發展，從形態的矛盾與張力中再發展出——或至少初步嘗試提出——另外一種不同的、**内心世界的超越性**。傳統的例如由阿多諾、馬庫塞、班雅明等人提出的批判理論 106 所面對到的一個重要挑戰是，當人們越來越看不到、感受不到形態整體及其超越的可能性時，批判理論如何堅持爲另一種存在形式提供可能性（或甚至是追求另外一種存在形式）。因此以下我想從整體來探查**另一種世界關係**的可能性。我的做法是，我將根據從前文至此發展出來的詮釋建議來追問結構方面和文化方面另一種另類可能性。

4.1 第五個基石：超越提升律令——適應性穩定

　　基本上似乎很簡單：如果動態穩定是問題——因爲動態穩定迫使人們持續進行

---

106 我這裡想提及的特別是催生出法蘭克福學派傳統重要作品的那種既充滿激情、又充滿絕望的關懷，像是霍克海默和阿多諾的《啟蒙的辯證》、馬庫塞的《單向度的人》，以及班雅明的《拱廊計畫》。

升級式的但沒有盡頭的提升任務，並造成了越來越嚴重的去同步——那麼另外一種穩定模式顯然就會是解決方案。然而我們不能因此就設想一種靜態的穩定模式或再生產模式，因為所有具有生命力的事物都是會改變的，也都是在變遷中再生產的。將社會狀態就這樣「凍結住」或停止下來，就這樣禁止增長、創造、加速，並因此就這樣禁止變革能量的形成，[107]這種做法既非我們所願，也不可能持久。只要細想就會知道現代社會形態有問題的地方也不是在其動態特質本身，而是在於現代社會形態內在的**強制升級**，正是這種強制升級本身變成了一種堅硬無比的鐵籠。[108]所以我們應設想的，是只要有**好的理由**——例如因為我們的需求從未靜止下來，環境條件不斷改變，面臨到威脅、稀缺等等之類的——就**有能力**增長、加速，以及創新的一種結構安排和制度安排，而不是單純為了結構的再生產與制度現狀的維持而不斷強制進行提升。簡單來說：如果情況是為了改變現狀或應對已經改變了的環境條件，那麼提升應該且必須是可能的，但提升不能是內生性的、不能變成一種命令要求。我將這另一種模式稱為**適應性的穩定**。「適應性的穩定」並非意指現存的社會應該要適應各種挑戰，而是意指我們應該要針對各種挑戰譜寫出相應的**另外一種**形態。這種穩定模式（如我說過的）並不排除動態發展，也不否定動態發展的吸引力，尤其是當情況關乎滿足社會需求的時候。所以適應穩定的目標不是**去增長**（Degrowth），而是**後增長**（Postwachstum）。一個社會是否要以經濟增長、提高創新率、提升生產力為目標（畢竟在世界上很多地方問題不在於過度肥胖，而在於饑餓，所以經濟增長、提高創新率、提升生產力在這些地方還是非常重要的）在概念上和這個社會是否需要動態才能保持穩定並沒有關係。

　　但這樣一種另類的社會結構看起來會長得怎麼樣呢？這樣一幅理論家在書桌前構築出來的另一種社會形態的藍圖完全可能就只是一大堆憑空想像出來的、在政治上有高度危險性（這在歷史上已有前車之鑑）的掌控幻想。所以我以下的初步思路會縮限在三方面，這三方面全部都針對前文討論過的文化與結構的交界處，亦即針對「能量預算」和現代社會形態的世界關係。

---

[107] 按照李維史陀（Lévi-Strauss, *Das wilde Denken*, S. 270-281）的說法，將歷史變遷給停止下來的社會是一種「冷」社會。我們在中世紀的行會組織中也可以看到一些反動態的時刻。至於相反的「熱」社會，可見：Lévi-Strauss, *Das wilde Denken*, S. 190f.

[108] Rosa, *Beschleunigung*, S. 434-440.

4.1.1 與自然之間的代謝轉換關係

社會學的奠基者們基本上都已經同意，社會與自然之間代謝轉換的種類與方式，亦即社會將桀驁不馴的自然進行加工的種類與方式，大大影響了社會的世界關係以及社會形態的制度結構。而這也意味著，一個社會會有什麼樣的形態，是由在社會學中被歸類爲「勞動」與「經濟」這兩個領域中的東西所決定的。早期社會學家的主要作品——韋伯的《經濟與社會》和《新教倫理與資本主義精神》、馬克思的《資本論》、涂爾幹的《社會分工論》——幾乎都是以此想法爲基礎的。[109] 同樣毋庸置疑的是，現代主要的社會形態於此也都被描寫成是一種**資本主義**社會。資本主義所有主要的運作類型都透過資本積累過程而著眼於動態化與提升。意思是，資本主義的運作本質上相當仰賴於一種邏輯，即認爲我們必須不斷開發此前尚未被商業化的生活領域。如我們已經看到的，提升的三種形式（亦即增長、加速、創新）全都是由資本積累有系統地造成的。如果一個地方暫時沒有，或這地方有部分地區沒有達成這三種提升形式中的其中一種（例如停止了增長），那麼這個地方就得更超標地達成另外兩種提升形式。

所以，一個後增長社會若沒有基本的經濟系統改革是無法成立的。但這樣我們又該如何設想後增長社會呢？我認爲最關鍵的地方在於，我們必須在結構上和在文化上再次「追上」勞動和經濟，意思是，我們必須把勞動和經濟當作整個生活形式中的一個部分而已，而不是盲目地逼迫個體或集體不斷進行經濟提升。我們必須將經濟「再嵌入」文化世界、政治世界、整個生活形式。若我們這麼做了，資本主義的占有邏輯和開發邏輯就不再會被我們看作對結構來說必不可少的事，並且同時我們也不會排除掉（隨領域而異的）社會經濟**可能性**。博蘭尼（Karl Polanyi）已經發展出一些這方面的觀點，弗雷澤（Nancy Fraser）也有進一步的闡述。[110] 這種再嵌入得以讓我們對

---

[109] Max Weber, *Wirtschaft und Gesellschaft. Grundriss der verstehenden Soziologie* [1921], Tübingen 1972; ders., *Die protestantische Ethik und der Geist des Kapitalismus*; Karl Marx, *Das Kapital. Kritik der politischen Ökonomie* [1867], Bd. 1, in: *Marx-Engels-Werke* (MEW), Bd. 23, Berlin 1972; Emile Durkheim, *Über soziale Arbeitsteilung. Studie über die Organisation höherer Gesellschaften* [1893]. Frankfurt/M. 1988.

[110] Karl Polanyi, *The Great Transformation. Politische und ökonomische Ursprünge von Gesellschaften und Wirtschaftssystemen*, Frankfurt/M. 1977; Nancy Fraser, »A Triple Movement? Parsing the Politics of Crisis After Polanyi«, in: Marian Burchardt, Gal Kirn (Hg.), *Beyond Neoliberalism*, London 2017, S. 29-42.

增長、提升與創新的（毫無）吸引力進行批判性的評價，而不是盲目地臣服在其淫威之下。

我們並不乏學者建議我們從**制度上**去思考和實現這樣一種再嵌入，但我們至今仍缺乏集體的信念力量和實際上的可行性。[111] 所有想將改革建議付諸實現的嘗試似乎從一開始就會產生毫無前景和徒勞無功的感覺；（至少現在）我們似乎都仍缺乏能帶來進一步轉變的社會能量。與其去尋求這方面的建議，[112] 我自己在這裡更傾向先將焦點放在去指出主流制度形態的重大「織疵」，於此我們也許可以解釋為什麼人們會缺乏付諸實現的勇氣和想像，以及如何能克服或消除這種缺乏勇氣和想像的情況，讓轉型得以可能。於此，我們有必要再次簡短而根本地概覽一下是什麼造就了一個社會的轉型。

我的出發點是，所有社會轉型的基礎是其與世界的關係。不論是個體還是集體，人類都是處於世界之中的，必須與世界步入關係中，也總已經與世界處於關係中了。用梅洛龐蒂（Maurice Merleau-Ponty）的話來說，**存有即是面向於世界的存有**（être-au-monde）。[113] 從分析的角度來看，世界關係的基本經濟形式可以分為兩個面向：生產面向，針對的是**加工**世界的類型與方式；消費面向，意指（個體）**化用**世界的類型與方式。在現代性的不論是制度現實還是文化感受中，這兩個面向都是截然地斷裂開來的，某種程度上世界座落於生產（礦坑、工廠等等）和消費（百貨公司、線上貿易等等）之間。我要探討的織疵，就在於現代社會的經濟制度和政治制度雖然實際上確立了生產關係，亦即確立了我們**加工**世界的形式，但在語義學方面，以及在注意力的引導、欲望與恐懼的「力比多」能量方面，卻完全是在消費面向上運作的。經濟學家所構思的（並且尤其在新自由主義時代特別有政治影響力的）**市場**模式完全是從消費的角度來設想的。在這個模式中重點總是在如何刺激消費，所有的產品和市場形態的目的都旨在誘發消費決定（亦即喚醒欲望，讓人們會想要購買或擁有產品、服務或創新物）。**顧客至上**在這裡不僅僅是一句口號而已，而是構成市場的現實。知名的德國經濟研究院專家弗斯特（Clemens Fuest）非常嚴肅地宣稱，整個經濟領域無非就是在消費者的控制之下進行服務。[114]

---

111 參閱 Erik Olin Wright, *Reale Utopien. Wege aus dem Kapitalismus*, Berlin 2017.

112 這方面的建議五花八門，從全球價值折扣和類似的全球繼承稅、收入差距和財產積累的基本上限，到銀行與金融機構的國家化，甚至是由政治來領導資本流動，都是。

113 Maurice Merleau-Ponty, *Phänomenologie der Wahrnehmung*, Berlin 1966.

114「從經濟學的觀點來看，增長終究是諸多個體決策的表現。⋯⋯是人，人的願望與決定，而非

　　經濟學家夢寐以求的理想市場是能以盡可能低的價格提供品質最高的產品。就連政治，尤其是新興自由主義晚期現代的政治，在嘗試進行調節的過程中也完全遵照著這個邏輯，因爲政治嘗試要做的就是透過「誘導」進行消費調節。生態學也是，希望能提升電、汽油、飛航的價格，透過補貼降低可再生能源的價格，或根本就應該將生態環境的「成本」納入「價格」當中。這不僅適用於「終端消費者」的個人消費方面，而是（如果事關打造乾淨環保的經濟的話）也適用於同樣可視爲消費者的工廠企業，這些企業也應該透過政治以相同的方式透過消費誘導（提高／降低商品、人力、原物料、清潔、排放等等的價格）進行調節。在現代制度網絡中，行動者會將對方設想、理解、看待爲**理性的消費者**，政府在對生產過程的成果進行調節時也是如此。至於**進行勞動**以及**可被視爲與勞動有關**的生產者，以及這些生產者在消費之前所做的事首先且尤其就是在對自然進行加工，並因此以此方式與自然產生關係，於此就都被視而不見了。勞動被理解爲一種純粹的工具關係。

　　於是在消費者和顧客方面被廣泛制度化的倫理感受能力、美學感受能力與民主的感受能力，幾乎全都不存在於勞動這一方面。最重要的現代主流價值，像是自主性、本眞性、（在公平的市場參與權方面的）民主公平性，都是在將主體視爲消費者的各種制度中進一步實現的，但當主體作爲生產者的時候這些卻都不存在。我們該生產**什麼**，該生產**多少**，該**如何**生產，就算不是完全，也在很大程度上是由社會形態的提升律令和市場的競爭法則所決定並由其推動執行的。[115]

　　然而並非偶然的是，從社會歷史的角度來看，確立與定義一個社會的並不是這個社會的消費形式，而是其**生產方式**。人們不需要當馬克思主義者也會知道，我們會把社會形態定義爲漁獵社會或採集社會，而不是定義爲食兔、食魚或食莓社會；我們會說農業社會、工業社會、資訊社會，而不會說喝牛奶社會、自動駕駛社會、用電腦的社會。此外，主體（與所有消費社會或閒暇社會的預言相反）在個體層面上直到今天也依然鑲嵌在社會的**對世界進行加工**的面向中，例如會身爲一位建築師、砌牆工、企業家、麵包師、程式師。主體會將個人的世界關係主要詮釋爲是在對桀驁不馴的世界

隨便一種系統，造就了增長動力。……企業必須生產出人們想要的東西。」（»Wie geht es nach der Krise weiter? Der Ökonom Clemens Fuest und der Soziologe Hartmut Rosa streiten über die Lehren aus Corona«, in: *Stern*, Nr. 32 vom 30.7.2020, S. 36-43, hier S. 40f. und S. 43.）

[115] 這作爲馬克思在經濟哲學手稿裡提到人類的五重異化的核心，不是偶然的。見：Karl Marx, *Ökonomisch-philosophische Manuskripte aus dem Jahre 1844* (Pariser Manuskripte), in: *Marx-Engels-Werke* (*MEW*), Ergänzungsband I, Berlin 1968, S. 465-588.

進行**加工**。當然，將世界關係二分成生產面向與消費面向總的來說有一種父權主義的傾向，因為這種二分方式無視世界關係的**再生產**面向，雖然再生產對於社會形態的社界關係來說是非常基本的。無論如何，不論是個體的還是集體的協作情境，往往都忽視了生產領域的世界關係的制度結構形態。生產領域的世界關係的制度結構形態都被現代性的提升律令和由力比多推動的消費能量所決定與支配了。

雖然對世界進行加工的框架條件會受到集體和政治（例如勞資協議、工時法規、保護條款等等）的影響，但不論是生產方式、生產目標還是生產數量，在這些會深刻影響社會形態的作用中都往往並沒有得到反思與討論。然而，正是我們對世界進行加工的類型與方式，正是我們參與進世界而與世界產生關係的類型與方式，對於「我們是誰」這件事來說非常重要。如果顧客是全能的皇帝，那麼生產者就會變成**無能為力**的奴才了。注意：我在這裡不是要鼓吹已經失敗的計畫經濟模式必須回歸，而是想請大家注意一件事，即我們應該讓世界關係的核心構成領域完全擺脫反身的、政治的、個體的掌控。這也就是為什麼在貧富差距極大的地方，都是現代性的自主與自決的理念遭到破壞的地方。

關鍵的重點在於，消費決策是個體進行的，但生產關係只有集體才能塑造與改變。於此我們可以看到另一個現代社會的矛盾：系統性的、數量不斷增加的、個體的、制度的**不受掌控**，包括生產目標、生產數量、生產方式以及生產性的世界關係，都被持續擴張的個體消費的掌控領域給抵消了。所以不令人意外的是，不論是經濟學還是對經濟學多有依賴的政治學都是將方法論個體主義視為公理，以此公理為出發點。所以政治為社會訂定的各種制度也都遵循著這個公理，讓這些制度以顧客、客戶、選民的個體消費願望與行動決策為導向，將行動者設想為在進行「理性的選擇」。至於何謂美好生活或正確生活的問題，都變成個人生活運作的問題，然後置於普遍的**美好事物的私人化**的背景下來回答。[116]這導致的後果是，在**倫理消費**的理論和實踐中，人們總是採取個體消費決策的彎路，以此影響集體的生產形式與目標，將道德觀點匯入形態塑造，並以此重新評斷物質世界關係。正是在這樣的脈絡下，晚期現代的經濟學幾乎變成了統治學，社會學卻變成了與之對立的科學。雖然勞動社會學和工業社會學這兩門社會學的分支逐漸失去了重要地位，但這門學科總體來說依然深信生產領域，以及越來越大程度上也包括再生產領域的集體形態對於整個社會來說無比重要。經濟學家典型以**市場領域**作為個體消費決策的中心，以此出發來進行討論，並

---

116 MacIntyre, »Die Privatisierung des Guten«.

且將方法論個體主義典範視爲幾乎是絕對的；但社會學家傾向將**勞動領域**置於中心，對方法論整體主義較爲偏好。[117]長久以來處於這兩者之間的再生產領域的基礎重要性卻被忽視了，即便社會學在這方面在過去 30 年來有顯著的加強。

現代性最具有支配性的自我詮釋，在「民族自決就是生活形式的自主決定」這樣的觀念中達到高峰。但從上述觀點來看，這種自我詮釋只是一種幻覺。一來，自主和平等在勞動領域中並沒有一席之地；勞工作爲「世界加工者」在生產的方式、數量與目標方面沒有發言權。早在 1980 年代，泰勒（Charles Taylor）就已經注意到歷史上對發展中的現代性有深刻影響的一種妥協，亦即「將異化勞動視為高度消費水準帶來的回報而接受下來」。[118]二來，若公民被視爲構築了生活形式的**國民**，那麼這種公民的自主性和效益就必須讓位給作爲生產者、消費者和顧客的公民的效益。晚期現代社會的社會組織形式與生活方式在很大的程度上都把工業革命與數位革命的產品以及經濟提升律令，當作是政治審議與決策的結果。

現代社會嘗試不斷地打造消費天堂；它認爲自身的驕傲與成就來自於能在所有生活層面提供多到滿出來的產品：[119]**最好的產品、實惠的價格**，甚至量身打造最奇特與最個性化的需求，都這樣了我們還能想要什麼呢？但是消費天堂可能無非就是生產地獄（更不用說它對再生產領域和生態領域可能造成的問題），因爲在經濟學家所設想的理想市場中，只要產品的品質對社會來說有一丁點沒有到最好、價格對社會來說沒有到最低，企業在市場上的地位就會不保，這會讓理性化、加速、最佳化等等壓力被無窮加大。

主體在其所參與的世界關係中形成與建構自身，但主體發現自己在當代社會中卻幾乎僅被當作消費者和顧客。這樣一種以此方式所構成的世界關係不僅生產出不斷升溫的大氣層、荒蕪的星球、堆積如山的垃圾，還生產出被榨乾的生產者和再生產加工者。而且它還系統性地生產出前人就已診斷出來的異化，一種由生產、再生產與消費之間不論是在概念上還是在制度上都晦暗不明的關係所造成的異化。或是如同泰勒

---

117 這個觀點要歸功於我和曼哈特（Henric Meinhardt）在 2020 年夏天多次在瑞士的恩加丁納之路的徒步旅行中的激烈討論。

118 Charles Taylor, »Legitimationskrise?« in: ders., *Negative Freiheit?*, S. 235-294.

119 事實上，這就是馬克思的《資本論》的根本出發點。他在書中的第一句就說了：「資本主義生產方式占統治地位的社會的財富，表現為『龐大的商品堆積』，單個的商品表現為這種財富的元素形式。」（Marx, *Das Kapital*, S. 49。譯按：此處譯文引自：馬克思、恩格斯，1972，《馬克思恩格斯全集》，第二十三卷，中共中央馬克思恩格斯列寧史達林著作編譯局譯。北京：人民出版社，頁 47。）

早在 1971 年就提到的：

> 當人們為了他們的孩子而創造出一個另外一種情境，因此與上千年的過去斷絕開來的時候，人們會覺得自己是在透過勞動文明而開創未來。一個可被人接受的身分，需要一些前提條件；只要挨過苦日子，就可以獲得這些條件——獲得與（終將被超越但亦會保存在傳統記憶中的）過去的關係，與社會世界（一種由無數自由的、有創造力的人所相互依賴而成的世界）的關係，與地球（亦即一個等待塑造的原物料）的關係，與（將幻化成在衣食無憂的孩子們生活中永恆的紀念碑的）未來和自身死亡的關係，與絕對性（亦即自由、誠信、尊嚴的絕對價值）的關係。但終有一天孩子們將會無法繼續前進未來。這些努力都把孩子們關在私人的安全港灣中，孩子們無法接觸和恢復與偉大現實的聯繫，因為他們的父母只有一個被否定的過去，生活完全只向著未來：社會世界非常遙遠、沒有輪廓。孩子們只能在朝向未來的巨大生產洪流中想辦法占據一席之地才能勉強立足。而現在看來這似乎沒有任何意義。人們感覺到與作為原物料的地球之間的關係變得空洞而疏離了，而且一旦失去了與地球的關係，要再恢復與地球的關係，會困難無比。意義之網對我們來說已經死氣沉沉了，我們在這張網上與絕對性已經沒有關係了。於是，過去、未來、地球、世界、絕對性，都以這樣那樣的方式梗塞了。這必然會產生令人無比恐懼的身分危機。[120]

　　在我初探性的思考中，為了將當下的現代社會形態轉變成新的、能採取上述所謂**適應性的**穩定的社會形態，我們必須將政治、法律、經濟等方面的制度從根本上重新轉向**生產與再生產**的世界關係，尤其必須彌合原子化的消費、缺乏自主性的生產、支離破碎的再生產這三者之間的斷裂。要做到這件事，我們必須實現一種新的、**被包含進再生產領域的經濟民主**形式[121]，讓現代社會承諾給我們的自由能延伸到對世界進行加工的面向，讓市場與競爭雖然依然必須存在，但不會因此造成毫無節制的升級趨勢。

---

[120] Charles Taylor, *Erklärung und Interpretation in den Wissenschaften vom Menschen*, S. 207f.

[121] 參閱：Ellen Meiksins Wood, *Demokratie contra Kapitalismus. Beiträge zur Erneuerung des historischen Materialismus*, Köln, Karlsruhe 2010.

4.1.2 拔掉插頭：關掉負面的推動能量

我在一開始就已指出，制度和結構本身不會產生增長、加速與創新；它們還需要主觀方面的推動能量，意思是它們還必須仰賴文化方面生產出相應的抱負與恐懼。此外，制度和結構也沒辦法從自身就產生改變，它們還需要相應的轉型能量，而這也同樣必須由文化來生產與達成。也就是說，如果我們想要問不斷追求提升的社會形態如何有結構轉型的可能性，那麼我們似乎可以將目光投向結構與文化之間充滿能量的交界處。我在前文已經指出，薪資勞動與收入之間應有一種生產－消費的共鳴循環，但這種共鳴循環在晚期現代社會被排除掉了，造成了人們**對社會性死亡的恐懼**，而這種恐懼是晚期現代社會最可怕的「提升比賽」最重要的推動要素之一（如果不是**唯一**的話）。

在我看來，推動當下現代社會形態進行轉型的一個重要的步驟就是要將這樣的恐懼給消滅掉，或至少大幅減少這樣的恐懼，以此將逼迫人們毫無節制地追求升級的能量插頭給拔掉。例如主體可以想清楚自己到底需要什麼樣的社會生存基礎與物質生存基礎，或是不要強迫自己為無窮盡的競爭比賽與提升比賽進行辯護。用馬庫塞的話來說，就是要「使生存競爭緩和下來」。[122] 這種緩和，由於過去 250 年來生產力史無前例的提升而原則上首次得以可能，但又因為動態穩定造成的系統性的逼迫而遭到阻礙。人們不應該整天為社會地位與物質基礎而鬥爭，不應（在社會形態秩序中）承受永遠無可消除的社會本體層次的**不確定性**（提升邏輯就是基於這種不確定性之上的），而是應該確保能被包容進社會中，以此獲得本體層次的安全。能在個體層次上達到適應性的穩定的手段之一，就是**無條件的基本收入**。[123] 如果能在深思熟慮後引入這樣的制度，那麼這種制度也同時可以在**滑坡**系統上建立起一個比較安定的立足基礎。行動者可以在生活運作和生存形式中追求**充足**，而不是追求**只能更多、永遠不**

---

[122] 參閱：Herbert Marcuse, *Der eindimensionale Mensch*, Frankfurt/M. 1989, S. 11-38.

[123] 這種想法的根源可以追溯到摩爾（Thomas More）；到了二十世紀，像是弗洛姆（Erich Fromm）亦是這種想法的支持者（»Psychologische Aspekte zur Frage eines garantierten Einkommens für alle«, in: ders., *Gesamtausgabe*, Bd. 5, hg. von Rainer Funk, München 1989, S. 309-316）。近來也有很多關於這個議題的文章問世。可參閱：Yannick Vanderborght, Philippe van Parijs, *Ein Grundeinkommen für alle? Geschichte und Zukunft eines radikalen Vorschlags*, Frankfurt/M. 2005; Sascha Liebermann, *Aus dem Geist der Demokratie. Bedingungsloses Grundeinkommen*, Frankfurt/M. 2015。（觀念史方面的）重要文章則可見一本文集：Philip Kovce, Birger Priddat (Hg.), *Bedingungsloses Grundeinkommen. Grundlagentexte*, Berlin 2019.

足。如果我們將利潤生產與工資增長之間的辯證動力、害怕失業與業績增長之間的辯證動力所需的能量給阻斷，社會形態的結構邏輯勢必會改變。無條件基本收入的觀念可以用這種方式成為後增長社會制度形態的主要觀念與基石，[124] 如此一來現代性所許諾的生存自由才能兌現。

4.1.3 換上另一個插頭：從制度上重新設置正面的推動能量

雖然上述方針可以成功讓社會形態轉形成一種適應性穩定的後增長社會，但光是阻斷負面的推動能量來源是不夠的。如果沒有為正面的推動力提供一個文化源頭以生產欲望能量，社會變遷就算不是不可能，其可能性也是極低的。這種推動力在今天都只片面地集中在掌控領域的擴展，只根植於（經濟）增長和（選項與可能性的）增加，富裕、幸福、生活品質也都片面地僅用這些領域來衡量。因此我們迫切需要有不同的觀點和不同的尺度來評估品質、成就，評估經濟與勞動、看護與教育、體育與文化等領域中的制度現實形態。

要有這樣一種尺度，我們必須將生活品質與增長**在概念上脫鉤開來**。同時，我的命題是，我們可以用我接下來要描繪的最後一塊基石——共鳴概念，從制度上有效地實現這種脫鉤。若以此概念為基石，那麼例如看護機構、教育制度、農產企業等等，我們就不會再根據它們在多大程度上能透過掌控獲得最小的輸入，以達到能量與經濟資源方面的最大的輸出來對它們進行考核與評價，而是會去看它們在看護者和被看護者之間、學生與學校裡各學科所傳授的世界圖像之間、人類與自然之間是否允許建立起並且能夠維持住**各種共鳴軸**。事實上，在所有這些領域中，或甚至可能是**所有**勞動世界與公共管理的制度中，人們總是**也**努力且明顯在追求共鳴關係，但**構成當代社會形態的提升律令**卻會不斷以各種新的方式與共鳴關係相對立。例如當看護人員感覺到病患呆望著自己、自己卻必須轉頭看時鐘的時候；例如當教師會發現學生感興趣的事不是自己課堂上教的內容的時候；例如當屠夫突然看到自己刀下的動物承受巨大的痛苦的時候；又或是例如當麵包師感覺自己因為被逼要加速麵包製作與降低成本，所以感覺到自己再也做不好工作的時候；當記者或是科學家覺得自己為了發表壓力或資金壓力，所以只能發表很糟糕或很膚淺的作品的時候；當勞工局發現他們要服務的

----

124 關於這樣一種基本收入在制度方面該如何制訂、錢從哪裡來等的重要討論我在這裡無法詳細交代。而且關於這個問題，國內外已出版過無數相關著作了。但我認為這個問題不能僅透過理論來預下決策，而是此外還必須進行民主辯論。這樣一種制度絕對不是引進之後就完事了，而是必須根據適應性的試錯原則不斷要求與允許調整與修正。

對象的需求和困難明顯與管理法規相衝突的時候。這樣的例子族繁不及備載。以提升為原則的參數最佳化，以及共鳴的**在世存有**，兩者有一種（讓人感覺異化的）裂隙，而且這種情況常常會在基本性的**去同步化**形態中出現。並且在幾乎所有的現代日常制度中，甚至在假期中，人們都可以感覺到與指出這種裂隙。如果我們想將制度改建成適應性穩定的、重新同步化的社會形態的話，那麼這種裂隙可以是一個突破口或著眼點。[125]這樣一種改建，不會把社會形態正面推動能量的插頭給拔掉，而是換上另一個插頭，將文化的欲望能量轉到另一個方向上，因為沒有這樣的能量，變遷是不可能出現的。不論是什麼方向，在這樣另外一種成功生活的文化概念中增長與生活品質——如上所述——都會是脫鉤開來的。以下我要來對這樣一個概念進行總結性的勾勒。

4.2 第六個基石：異化的反面——共鳴

我關於晚期現代社會形態的最佳說明的最後一個基石，是為文化危機診斷給出一個至少有個基本框架的回答。我在前文已經逐漸形塑出我的回答了。我們已經看到，如果要給出回答，就必須對為人們提供動機的文化驅力進行修改，亦即修改關於美好生活的主流看法。有趣的是，當代文化危機反覆出現的症狀其實就表現在主動與被動、全能與無力之間無法彌合的鴻溝。並且如前面的章節所述，這種危機的症狀也反映在既主動但同時又感到被外力決定的生產，與在趨勢上既被動但又感到自主的消費之間的斷裂。世界關係的參與形式與順受形式之間的斷裂，在韋伯研究資本主義精神的著作最後很常被引用的句子裡表現出來的文化悲觀主義結論中，作為一個主題而被表達得最淋漓盡致。當中，韋伯對「機械化的化石」感到憂心忡忡，因為現代文化發展正逐漸變成機械化的化石，並最終以一種「病態的自尊自大」來粉飾這種趨勢，**最終極的人**表現為「沒有精神的專業人士」（羅薩按：即生產者）與「沒有心靈的享樂人」（羅薩按：即消費者），「這樣一種什麼都不是了的人卻覺得自己已登上人類前所未有的階段而沾沾自喜。」[126]

---

[125]「裂隙，所有事物中的裂隙，都是光可以照入之處。」（*Anthem*, Columbia Records 1992）——科恩（Leonard Cohen）著名且鼓舞人心的詩歌也許可以是引導即將到來的社會形態革命的一個隱喻。**因為**人類主體是一種仰賴共鳴的主體，**因為**在所有主體的日常生活中，共鳴連結和資本主義的強制提升之間出現矛盾，所以這種裂隙也可以成為重要的反抗之處，因為行動者都可以知道或感覺到上述所舉例的一堆情況中不對勁之處在哪裡。

[126] Max Weber, *Die protestantische Ethik und der Geist des Kapitalismus*, S. 188f.

　　缺乏精神的生產者和缺乏心靈的消費者似乎也反映出兩個基本問題面向，亦即主體和世界之間兩方面的關係紊亂。一方面是進行勞動（或研究）的專業人士與其勞動（或研究）對象之間的關係紊亂，另一方面是進行消費的享樂人和被享用的客體之間的關係紊亂。作爲「缺乏關係的關係」的異化就是由這兩種病態表現形式造成的。但我們又該如何設想一種成功的關係、一種**有關係的關係**呢？

　　我認爲，成功的（世界）關係意指，在個體的感受中，以及在社會層面上獲得組織化與制度化且最終成爲一種慣習的世界關係中，主動與被動的環節、欲意的和順受的環節，能以另一種特殊的方式，亦即**半被動**的方式，彼此得到協調。[127]半被動概念源於語言學，首先意指一種介於主動式與被動式之間的語言表達模式。這種動詞形式在現代西方語言中不存在，但在古希臘語、希伯來語或梵語以及其他許多語言中都有。[128]這種動詞形式允許我們表達一種參與或涉入事件或行動時主體既不是施爲者、也不是承受者的情況，或甚至讓我們可以不用從範疇上將主體和客體區分開來。在這種情況中，人們不是全能或無力的，而是**有部分能力**，[129]能部分**參與**和部分**從事**，也就是說基本上是半**被動**或半**主動**的。半被動的觀念涉及到一種**在世存有**的形式，即：我們**既**主動，**也**被動——或是**既不**主動，**也不**被動，而是超越了這種區分，也許甚至超越了**狀態**與**行動**之間的區分。[130]我在這裡指的不是根據發送者－接收者模式而運

---

[127] 對此的詳細討論可參閱：Rosa, »Spirituelle Abhängigkeitserklärung«.

[128] 關於這方面詳細且富有啟發性的研究可見：Rolf Elberfeld, *Sprache und Sprachen. Eine philosophische Grundorientierung*, Freiburg, München 2011, S. 228-259。亦可見：Béatrice Han-Pile, »Hope, Powerlessness, and Agency«, in: *Midwest Studies in Philosophy*, 41 (2017), S. 175-201.

[129] Ruth C. Cohn, Alfred Farau, *Gelebte Geschichte der Psychotherapie: Zwei Perspektiven*, Stuttgart 2008, S. 359.

[130] 很值得注意的是，德希達（Jacques Derrida）在他也許最有名的文章〈延異〉（La différance, dt.: »Die différance«, in: Jacques Derrida, *Randgänge der Philosophie*, Wien 2 1999, S. 31-56）裡直接參考了共鳴（！）概念而提出了與此相同的想法，並指出法文的「共鳴」（résonance）一詞的尾碼（-ance；德文的共鳴是 Resonanz，尾碼則是 -anz）表達了同樣的一種半被動性：「根據古典概念的要求，人們可以説，『延異』（différance）指出了一種構成性的、過程性的、原初性的因果關係，指出了一種分裂與分化的過程。這種因果關係或過程的構成產物或結果，就是相異（différents）或差異（différences）。與作爲動詞不定式和主動語態的延異（différer）相比，作爲名詞的延異（différance）將該詞作爲不定式時的主動意涵給中性化了，就像『動』作爲名詞時本身不顯示是哪一種動，不顯示是主動還是被動。同樣的，共鳴不是鳴聲動作。我們要知道，法文的共鳴的尾碼 -ance 意指共鳴無法區分是主動還是被動。並且我們以下將會看到，爲什麼『延異』所標示的情況既不是主動，也不是被動的，而是一種中間的形式，或是它會讓我們想起來去表達一種既沒有順受的主體也沒有行動的主體、既沒有順受的客體也沒有行動的客體的運作，一種既

作的互動與溝通中（主動）發送信號與（被動）接收信號的兩個可以彼此區分開來的過程。相反的，我這裡感興趣的互動形式絕不是一種神祕的行動形式，而是幾近日常的一種實踐，這種實踐將其主動的環節和被動的環節混合在一起，無法區分開來，所以我們幾乎無法說它是主動的還是被動的。**聽音樂**就是這類互動形式的一個很好的例子。就文法形式來說，聽音樂是主動的行動，它是經我們有意識地決定（找出某首音樂，打開音量）之後才實現的事。但當我們閉上眼睛沉浸在音樂裡時，我們就很難再說我們是主動的了：我們被音調與旋律攫獲與觸動了，但我們也是主動地欣賞與沉浸其中（如果我們非常沮喪、疲憊、消沉，我們內心不會這樣地沉浸其中，而是**只被動**地接受音樂，並因此什麼也體會不到）。愛情也是類似這樣的混合形式：愛在文法形式上也是主動的，但究竟是**我們去愛了**，還是**愛降臨在我們身上**？還是說，欲意與順受的環節在這裡沒辦法斷然區分開來呢？

　　然而對於世界關係社會學來說更為重要的是表現出**相互**混合形式的互動形式。**跳舞**或**音樂演奏**是這方面典型的體驗場域。跳舞的人說，舞蹈中最成功的時刻就是舞者說不出到底是自己被舞蹈跳出來，還是自己跳出舞蹈的，亦即最成功的時刻就是舞蹈自己從關係中心發展出來，從跳與被跳之間發展出來。我們必須說，基本上**是舞蹈讓舞者這樣跳了出來**（並且轉化了舞者），不論在過去還是現在都有詩如此說道。[131]類似的經驗在音樂家們的即興創作（但也不只有即興創作）那裡也可以看到。在即興創作時，其中一位音樂家會發出信號，其他音樂家則通常扮演另一個角色來會回應這個信號；但當所有音樂家都興頭來了的時候，大家就已經說不清這音樂創作是誰開了頭、誰在回應了。音樂就浮現在彼此間，浮現在音樂之中，**是音樂演奏出了自己**。[132]如果這聽起來感覺太玄了，那麼我們不妨換一個例子，想想一場熱烈的討論或成功的對話。討論和對話有一種能變得很有生命力與改變參與者的力量，尤其是當討論和對話裡沒有誰能說服得了誰的時候。當有一個新的想法從所有與談人的思想中冒出來的時候，討論的結果往往就不是誰獲勝了，而是新的觀點就這樣形成了，某種程

不從這類術語出發，也不考慮這類術語的運作，一種沒有運作的運作。但哲學卻可能已經將這種中間形式，將這樣某種程度上不及物的形式分配進行動形式與順受形式中，並在這種壓迫下構築自身了。」〔ebd., S. 37。這裡我要感謝蒙特利爾康考迪亞大學的弗利奇（Matthias Fritsch）讓我注意到德希達著作的這個段落。〕

131「噢，隨著音樂搖擺！噢，綻放眼中光芒！我們怎麼能將舞蹈與舞者區分開來呢？」葉慈（William Butler Yeats）那常被引用的詩《在學童之間》如此說道。

132 Martin Pfleiderer, Hartmut Rosa, »Musik als Resonanzsphäre«, in: *Musik und Ästhetik* 24 (2020), S. 5-36.

度上想出這個觀點的就是談話本身。

　　我建議，我們可以將異化的相反設想成這類有關係的關係。若我們進一步分析檢視這類關係的話，可以看到當中有四個我嘗試總的用共鳴概念來掌握和處理的環節：(1) **刺→激**（Af ← ffizierung）或觸動：我們彷彿受到一個人、一首音樂、一個想法、一幅圖像的召喚和觸動；(2) **感→動**（E → motion）的環節，亦即回應的、具有自我效能的向外運動；(3) **吸納轉化**的環節，意思是當我們與某個東西或某個人產生共鳴時，我們就不再是原先的我們了；(4) 構成性的**不受掌控**的環節：共鳴無法被強求、無法被利用手段製造出來，也無法被積累或儲存起來。

　　這四個環節的前兩個環節也清楚表現出，共鳴關係有一種觸動與被觸動的雙向作用，當中主體感覺既**聯繫**上了世界，也被世界**給聯繫**上了。這兩個環節裡的箭頭象徵著半被動即是一種雙向運動，生命力、能量、新穎性都是從中形成的。第三個環節則意指共鳴事件的參與者會從中產生轉變，也正是這種轉變讓我們感到自己是活著的，正如拉圖不斷強調的。[133]但轉變的前提是，所有參與者要感覺到與接受到彼此是不同的，而且在與不同的人相遇中難免會有**張力**和**憤怒**；在觸動中，總會有傷到人或被傷害的風險，所以在吸納轉化中也是有危險的。共鳴從來不是毫無風險的。

　　然而人類需要處在有著觸動與吸納轉化的關係中，而且正是這種需求推動了人類。在拙作《共鳴》中我已經指出，對於共鳴的渴望正是人類行動最重要的能量來源，也許甚至比滿足直接的生理需求更為重要。或是更仔細一點地說：生理需求必須透過共鳴才能得到滿足。[134]甚至也正是對於這種在世存有類型的渴望，為人們在受到結構的逼迫**之前**就提供了動機上的能量，讓人們不斷追求可受掌控的領域的擴大。它讓人們覺得有希望能在**其他的地方**找到和發現能與我們產生共鳴的世界片段，讓人們覺得還可以發現和占有這樣的地方。但是這個掌控世界的計畫卻無可避免和對共鳴的渴望產生矛盾，因為共鳴得以發生的第四個環節就在於共鳴根本上是不受掌控的。共

---

133 參閱：Bruno Latour, *Existenzweisen. Eine Anthropologie der Modernen*, Berlin 2014, S. 418-423；對此的詳細討論可見：Hartmut Rosa, »Einem Ruf antworten. Bruno Latours andere Soziologie der Weltbeziehung«; in: *Soziologische Revue* 39: 4 (2016), S. 552-560.

134 這個論點是以一項觀察為根據的：新生哺乳動物的呼喚，既是呼喚要求餵養，**也是**呼喚要求共鳴。新生兒必須要扶養人對自己的哭**聲做出回應**，才會感受到溫暖、照顧、餵養、觸動、親密以及自我效能。以此來看，遭受饑餓和感到寒冷都屬於異化的基本形式，因為世界**不回應**自己了。正是因為如此，把共鳴看成美學方面的「奢侈需求」是範疇上的錯誤。見：Rosa, *Resonanz*, Kap. 1; ders., »Beethoven, The Sailor, the Boy and the Nazi«, in: *Journal of Political Power* 13 (2020), S. 1-18.

鳴既無法獲得保證，也無法預料；既無法索取得到，也無人能賠償得了。

在消費者這一端，驅動資本主義的做法，就是將對共鳴的渴望轉向成對客體的欲望。在商業化的情境中，賣方總承諾共鳴是可被掌控的，我們幾乎每每去看廣告工業都可以看到這件事。**購買一次的阿爾卑斯山之旅，或訂購一次的豪華渡輪之旅，你就能夠體驗純粹的大自然；購買這部車，你就可以體驗到什麼是能提供自我效能的世界關係；買下這包薯片，你就能收穫真正的友誼**，諸如此類的。然而，藉助合法要求和透過郵購雖然可以掌控**客體**，但無法允諾**體驗**。事實上，對系統來說必不可少的消費持續擴張之所以得以持續下去，就是因為共鳴欲望總是遭遇失望，商品關係總是一種缺乏關係的關係，我們也因此總是被推動去在下一次的消費行動中尋找共鳴，因為共鳴欲望還沒有止息，也無法止息。

但是**不受掌控**並不是說共鳴在上述的豪華渡輪之旅中**從來都不曾**出現過。它的意思更多是：共鳴既無法生產，也無法被排除，它只在我們對它有最基本的期待的地方出現。還有，不受掌控也暗指基本上共鳴的**結局是開放的**。當我們和某（或一堆）人、一個想法、一片風景、一個工作產生了共鳴，原則上我們無法預見也無法預言**這場共鳴會發生什麼事**。我們無法知道我們的轉變和被轉變會以何種方式朝向何方。我相信這就是漢娜‧鄂蘭（Hannah Arendt）在描述人類生存基本條件時提到的「誕生性」（Natalität）：造就出新開始的能力來自於結局開放的、共鳴的人類合作。[135]

因為參數最佳化的結局從來都不是開放的，因為時間壓力和競爭完完全全就是共鳴殺手，因為只要害怕受傷害就會讓自己封閉起來不再面對他人，所以社會行動中的共鳴導向和現代性的提升律令之間就產生了非常尖銳的矛盾。我在我的書裡已仔細討論過此議題。基本上，不論是結構上逼迫人們進行，還是文化上促使人們想進行的掌控世界計畫，都會讓我們在面對世界時產生一種侵占性的支配、控管、控制態度，但這也導致我在前文所診斷過的異化危機。相反的，共鳴概念展示出來的是關於成功生活的另外一種構想。這種構想在現代社會形態及其抱負中就已經有了，但在其當下的制度與實踐中卻沒有實現出來。我認為，在這種構想中我們遇到的實際上是一種**內在世界**的革命性**超越**時刻。要獲得這種超越，首先我們必須改變我們的注意力與態度。我們應該從**聆聽與回應**（至於聆聽和回應會得到什麼結果，我們應抱持開放態度）的模式出發來打造一種相互包容、半被動的世界關係，而不是從基於目標意識的、片面主動的**控制和支配**的模式出發，否則行動主體在自我體驗中最後只會成為被動的受害

---

[135] Hannah Arendt, *Vita activa oder Vom tätigen Leben*, München 1994.

者。這兩種出發模式總的來說是不一樣的。

如果我們想從這種改換出發模式的想法中發展出一種具有文化影響性的關於美好生活的構想，以發展出一種轉型能量，讓社會形態的制度基礎與結構基礎有能夠媲美從封建社會變到現代社會這樣的轉型，那麼我們需要在概念上從兩方面進行擴展。第一，共鳴需要區分出四種形式。若人們要覺得自己的生活是成功的，那麼人們必須要可以在以下四個方面建立和維持穩定的共鳴軸：(1) **社會**共鳴軸（soziale Resonanzachsen），亦即與他人有著回應性的關係；(2) **物質**共鳴軸（materiale Resonanzachsen），意指與材料－物的世界（例如我們所加工的對象、環繞在我們身邊的家具、我們栽種的植物、我們演奏的樂器）有著回應性的關係；(3) **存在的**共鳴軸（existentiale Resonanzachsen），意思是我們在面對世界整體或最終的實在（在我們的定義裡，例如有：自然、生命、宇宙、歷史）時能（透過宗教實踐、藝術體驗、自然體驗）處於一種回應關係中；以及（四）最後則是**自我軸**（Selbstachse），它允許我們**與我們自己**，與我們的身體、情緒、人生等等一切彷彿不受掌控的他者產生共鳴。

我們**是否**能成功地建立與維持這些共鳴軸，不取決於我們個人的看法或我們是否有很好的意志力，而是取決於我們身處其中的制度脈絡和我們（必須）進行行動的實踐脈絡。因為制度和實踐內在地與傾向態度密切相關，片面改變我們態度不可能不會造成制度的功能失調，最終必定若不是摧毀了實踐，就是摧毀了主體。共鳴主體需要一種共鳴的、回應性的制度結構，反過來說這兩者缺一不可。在集體的層次上——這亦是前文提到的在概念上必須進行的第二方面的擴展——我們必須建立起一種體制，其制度化的世界關係不以掌控和提升，而是以半被動的聆聽與回應模式作為基礎。因為這樣一種體制不僅允許不受掌控，也重視生命力的召喚，所以它不會是一種侵占模式，也不會面臨怪物的回歸。

我們要如何設想這樣一種體制呢？也許實際上從認識論的角度看，我們不可能在現有的社會形態主流典範基礎上設想出另一種更好的典範輪廓。但今天已經有一種社會世界是可以想像得到的了，即對於**不受掌控的他者**，不論是外在還是內在都不以侵占模式或掌控模式，而是以轉化性的**聆聽與回應**姿態來對待。**社會軸**上的共鳴在這裡意指主體被當作公民來對待，**這些公民因為彼此有著差異，所以想說出某些事、願意聆聽、可以觸動**，而不是只把主體當作競爭者或顧客，認為彼此是對立的或會相互阻礙。**物質面向**的共鳴則特別意指自然關係，認為自然的本質、力量、動力**既非僅僅是某種可以掌控的東西，也不是**我們只能臣服於其下的東西。與自然產生共鳴事實

上是一種相互的轉化，但不是以摧枯拉朽的全能或面對怪物般的無能為力作為對待模式來進行的，而是以相互轉化的充滿生命力的方式來進行的。而**存在的共鳴**可以透過政治合作建立起來，也就是說不是錯誤地認為只能在極端的歷史獨立性和絕對認同於對現存傳統的屈服之間二擇一而已，而是與歷史處於**聆聽和回應**的關係。重新同步化於此便意指在過去與未來之間重新獲得一種時間共鳴軸，以將當下還給生活、連結與能量。

表一：對現代社會的最佳說明 —— 圖表概覽

	結構視角 （第三人稱視角）	文化視角 （第一人稱視角）
分析	動態穩定	擴大對世界的作用範圍 施加掌控
診斷	重新同步化	異化
「治療」	適應性的穩定	共鳴

現代性與批判

面對面對談

馬丁·鮑爾：如果我對兩位在這本書裡的文章的理解是正確的話，那麼我覺得兩位的立場是殊途同歸的。當問到對社會理論來說至關重要的形式是什麼的時候，兩位都認為要將社會理論當作歷史社會學來進行研究，意思是要用歷史社會學的框架來分析現代社會。我們是否可以說，兩位繼承了在韋伯的著作中最顯著地表現出來的那種傳統呢？

安德雷亞斯·萊克維茨：事實上我的確會把我自己歸於這種傳統。我們必須將社會學和歷史學緊密地連結起來。因為如果我們要推進現代理論，我們必然需要從一項事實出發，即：現代本身是有一段歷史的。現代不是當下的，亦即它不是一個我們剛好生活於其中的歷史時刻；現代是一段在至少 250 年間起起伏伏的特殊時期。所以，如果要去看現代的一貫性與重要性，就必須從歷史的層面去思考現代社會是在什麼時候變成社會學在建立理論時的對象的。這對於我的一些著作——例如《混合的主體》——來說非常重要。但也正是因為如此，我在面對「現代」這個概念時遇到了一些困難，因為人們常常不加區分地使用這個概念，認為**整個**現代（亦即把現代當作是同一的）有著某些特質，例如資本主義或功能分化。但人們在很多方面都必須「一點一點地」探討現代。就算是對於晚期現代，也要將之當作現代的一個特殊版本來看待，將之與資產階級現代或工業現代區分開來。因為從歷史層面來看，很多現象有著很重要的意義，所以對不同的現代進行區分是很重要的。

哈特穆特·羅薩：我跟你的看法有很多共通之處，但也有很顯著的差異。在你那邊，歷史層面被進行了很深入的探討，也很重要；但在我這邊，對系統的興趣是更強烈的。我完全不會優先明確地從歷史的角度來進行研究。當然，當我們將當代社會理解為一種獨特的形式時，無疑會相應地認為社會的形成過程是很重要的。我們必須理解社會的歷史生成，描述其系譜。

但是每次當人們在使用「現代」這個概念時，都已經是從不同的理論背景出發的了。雖然我同意安德雷亞斯和一些從歷史的角度來進行研究的社會學家——例如瓦格納（Peter Wagner）——的看法，即現代社會在歷史中可以分出不同的階段。這是毋庸置疑的。但我認為除了去看當中的差異之外，也應該要去解釋讓這個階段都能被稱為現代的東西是什麼。所以我會去指認出貫穿了整個現代的原則，亦即我的命題是：真正的現代貫穿著一種提升邏輯。這種提升邏輯造成了不同的文化變革。這種診斷是我們兩個人分道揚鑣之處，雖然我們共同的興趣是盡可能詳細地去對現代進行把握。

<u>馬丁・鮑爾</u>：嗯，您們兩位都在您們的社會學中分析了社會的歷史形成過程與系譜。萊克維茨強調現代的歷史，認為現代跨越了兩百多年的時間間隔，並且注意到這種過程隨著發展也產生了反作用力。社會學要觀察過程是很難的，我們在分析上該如何著手呢？

<u>哈特穆特・羅薩</u>：如果社會學認為自己要麼是一種純粹的秩序科學，要麼是一種嚴謹的結構分析，僅指出社會事物的結構類型就心滿意足了，那麼觀察過程當然對社會學來說就會是一件很困難的事。例如系統理論，在我看來就相對直接地用「前現代社會」和「現代社會」這一組二元論來進行探討，然後宣稱只要出現功能分化，那麼一切就是現代的，根本上不會再有變化了。但我會把現代結構的基本原則當作一種過程來看。像是加速，唯有透過歷史比較，我們才能觀察到它是一種構築出結構的過程；而加速從一開始就是過程性的。加速的核心特徵讓我得出一個命題，即動態穩定就是從結構上將現代加以標示出來的東西。這樣的定義就已經會讓人們將現代理解為過程性的了。

　　但是對我來說，要嘗試理解現代社會，就也必須發展出一種社會能量概念，而社會科學至今卻都缺乏這樣一種概念。例如當人們就階級結構來進行分析時，雖然這樣的分析當然很重要，但由於缺乏一種能對改變給予解釋的動態原理（而且這個動態原理本身也是會不斷改變的），因此使得人們在進行分析時會彷彿是在面對一個沒有生命的物質似的。所以我特別強調，不論是在結構層面上進行界定還是在文化層面上進行分析，都必須考量到基本的過程面向。此外，也因為我們都藉助敘事來進行研究，所以在方法程序上讓我們兩人的理論取向會蘊含一種基本的過程性。敘事當然會構築出一種過程形式，亦即構築出一種時間性的視角。

<u>安德雷亞斯・萊克維茨</u>：對我來說，指出不同版本的現代——亦即從資產階級現代到工業現代，再到晚期現代——當中各自不同的結構原則，是很重要的。這些現代的共通之處就是它們都有相同的張力領域：都在探究偶然性的開啟與偶然性的封閉問題，理性化邏輯與文化化邏輯之間的關係，以及應對進步與失去的方式。這就是典型的現代。但不同版本的現代各自會造就不同的「混合關係」。例如我們在晚期現代可以看到獨異性邏輯大幅擴張開來。

　　但於此我們可以提出一個問題，我將之稱為「傅柯問題」（Foucault-Problem）：我們要怎麼理解從一個社會形式到下一個社會形式之間的轉變？傅柯在《詞與物》裡

提出的模型指出在歷史上曾出現過哪些認識論斷裂，在一個知識型之後如何接續著另一個知識型。如果我們參照他的模型，那麼我們該如何呈現不同現代形態的接替順序？我有個非常一般性的假設，亦即一個版本的現代會在某個時間點出現了一定程度上的衰敗，讓人們感到有所不足或充滿矛盾，因此激起了批判運動或創新趨勢，從而引發了基本上的轉型。但我沒有認為這種轉型只有一種單一普世的機制，而是認為導致轉型的事實上是歷史偶然因素。舉個例子：如果我們問，為什麼獨特性邏輯在晚期現代會擴張開來，有哪些原因造成這種邏輯，那麼我們可以在 1970 和 1980 年代的轉變階段找到三個特殊因素。第一個因素是資本主義經濟的轉變，亦即朝向文化資本主義的內在轉型。這種文化資本主義服從於自身的擴張邏輯，也因此在這當中總不斷會有新的市場被拓展出來。第二個因素是數位化，第三個則涉及到一種促使新中產階級的形成的社會結構轉型。這三個因素是在彼此不相關的情況下形成的，但有趣的是卻會彼此強化。所以我從來不說只有單一種機制能解釋人們如何從 A 走向了 B。在 1970 年代，這三個因素同時在發生作用，不過我並不排除也還有其他因素很重要。而在二十世紀初，從資產階級現代轉向工業現代時，情況又不一樣了。所以我的研究是將社會學的結構分析與歷史解釋結合起來。若想要了解社會變遷，我們必須更具體地考察這些歷史轉變階段。

哈特穆特・羅薩：這裡可以看到我們兩個是有差異的，而且我可以馬上指出這個差異表現在我們不同的分析方式上，雖然這兩種分析方式各有自己的道理。你說，人們必須考慮到歷史偶然性，因為事情的發生是無法從宏觀結構推論出來的。但我的分析顯然不是這樣，因為我認為這種轉捩點就是從結構產生的。在《加速》裡，我曾系統性地呈現過轉型是如何在社會變遷過程步調的差異中表現出來的。我的想法是，我們首先面對的時期，是一個社會變遷要經過很多世代才會真的完成的時期，亦即社會變遷是很慢的，不同世代都生活在同一個歷史世界中。在這種情況下，各世代本身即是創新的擔綱者，帶動時期變化的是世代變遷速度，如同你在討論工業現代時指出的那樣。而在我的理解中，晚期現代的新穎之處則在於改變的速度再次加快了，文化變遷是一個世代就出現一次。這改變了文化的自我認知與世界認知。由於加速，或是更詳細地說，動態穩定邏輯，被我視為現代的結構原則，因此我——和你不一樣——對變革的解釋並不回溯到任何一種由此結構原則本身而來的偶然性。

安德雷亞斯・萊克維茨：雖然馬丁・鮑爾說我們兩個的理論都有韋伯的風格，但在我耳

朵裡聽起來你的說法更像涂爾幹。涂爾幹對於社會分工的構想乃基於一個社會內在機制上，不像在韋伯的社會過程分析中歷史主義的風格從一開始就非常濃厚。

哈特穆特・羅薩：但我現在可是韋伯高等研究院的院長喔〔笑〕。不過，說正經的，不論是內在機制還是外在機制，都不是我的主題。我在思考的是這些變革的發生時刻，並且我是從文化的角度來研究的，將這種變革時刻稱為經驗差異。我探討的是，個體或集體的感知是如何隨著社會變遷的步調而改變的。而關於這個問題，我則是從不同的在世存有的方式來把握的：如果人們生活的世界，是一個能很合理地期待在三個禮拜之後就會變成另一個樣子的世界，那麼這會產生什麼樣的文化經驗？

馬丁・鮑爾：羅薩教授，在您這裡，動態穩定原則造就了我們命名為「現代」的過程的同一性。不然這樣的整體其實會裂開成各種不同的經驗世界。所以是這種由提升邏輯造就的因果關係，在分析上保證了有一種同一性的現代嗎？

哈特穆特・羅薩：是現代**的**同一性還是**在現代中的**同一性？

馬丁・鮑爾：現代的同一性，我們所研究的這個現象的同一性。奎因（Willard Van Orman Quine）在提到「本體論的承諾」時說過：「沒有整體是沒有同一性的」，人們必須基於本體論的承諾，才能提出某些陳述而建立起一套理論。所以我的問題是，什麼樣的同一性，能將現代定義為一種時期。因為如我們已聽到的，萊克維茨和您不一樣，他特別不認為現代具有一個持續了兩百多年的同一性原則。

哈特穆特・羅薩：事實上我認為現代是一種唯有維持動態才能保持穩定的形式，也就是它系統性地仰賴於增長、加速、創新，因而才能維持其結構。但我沒有認為可以用同樣的界定方式來描繪現代在文化方面的自我理解。這種界定方式頂多會更可能得出某些自我詮釋、更不太可能得出其他自我詮釋，讓人們在現代社會中思考關於自我的文化議題時，會因此呈現出某些家族相似性或選擇的親近性（當然這種說法是很韋伯式的），並探問不同的生活運作形式。我會發展出什麼樣的關於成功生活的想像，以及我是否會（比如）為我自己規劃一個常態生平，將成家立業當作最重要的任務、將相對來說穩定的個人同一性當作目標，雖然都與社會變遷步調息息相關，但也不單純是由這種結構原則所決定的。由於我所繼承的思想不太是涂爾幹，而主要是泰勒，所

以我會認爲關於自我的理解與詮釋不能由像動態穩定這種體制所形塑，或被這種體制滲透，不能連結上某種以掌控世界爲目標的世界關係。這種世界關係本身更多是現代性的結構邏輯的基礎，而非其後果。

安德雷亞斯・萊克維茨：對於「現代性的同一性」這種看法，我是極爲小心的。「現代」在最近對社會學來說並不像以前（例如 1980 年代關於現代與後現代的大型討論）那樣是一個理所當然的話題。以此而言，「現代」這個概念從根本上是很需要再進一步討論的，而且顯然在討論的時候絕不能對現代有過度的迷戀。我偏好以實用主義的方式來運用概念，選出一些現代的特質作爲基礎，並將這些特質整合起來作爲工具。我說過，我的出發點不是單一個現代性的結構原則，而是我更多會去看各種堪爲現代社會特質的充滿張力的領域，並且在我的研究中將這些特質當作分析現代性的工具來運用。最首要也是最重要的張力領域，是秩序建立與批判之間的辯證，亦即偶然性的開放與偶然性的封閉之間的辯證。理性化與文化化這兩個相反的趨勢，以及普遍化與獨異化這兩個相反的趨勢，則是第二個張力領域。現代社會可以既非常極端地標準化、具體化、「齊一化」，卻又非常極端地以獨特性爲導向。最後，現代社會充滿張力的地方，也在於既追求進步，亦即偏愛創新，卻又暗地裡不斷借鑑已逝去的東西和歷史遺產。這是因爲有這些特質作爲分析現代社會的工具，所以我們可以用這些如此特殊的構成要素當作放大鏡來檢視不同階段的現代。那麼，晚期現代的運作方式，與資產階級現代有什麼不一樣呢？還有，與工業現代有什麼不一樣呢？這就是我提出且想回答的問題。

　　誠然，我在研究裡會使用「現代」這個概念，會說在三個張力領域裡我們都能看到很極端的現代，亦即前所未有地看到一個既以偶然爲導向，卻同時又很理性化與獨異性，且以未來爲導向的社會。但同時我也嘗試將艾森斯塔德在全球層面觀察到的「多元現代性」包含進我的討論中，並且將之賦予時間性。因爲我認爲不同的現代性不只存在於空間中，也存在於時間中。而且例如共產主義的現代性和法西斯的現代性，也是現代性的各版本當中的兩種。

馬丁・鮑爾：所以您堅信「現代」在現實中是一種時期或社會形式，對嗎？

安德雷亞斯・萊克維茨：原則上對。不過社會學家在與進行歷史研究的科學家進行交流時有時候會有點天眞，因爲社會學家有時會說這個現象或那個現象在現代中是全新的

事。例如中世紀學者會反駁社會學家說個體性在中世紀就已經有了。或是古代歷史學家會反駁社會學家說偶然性的開放在古代──例如在某種民主參與的形式中──就已經出現了。所以社會學的立場若更彈性點會更保險，意思是若能從「漸進的過程」出發來進行探討會更保險一些。這裡，「時態的混合」這個概念可以是有幫助的。如果有一個人說「現代」是在一個歷史斷裂中出現在世界上，是前所未見的，那麼這個人肯定是錯的。現代是緩慢形成的，是一步步發展的。某種關於個體性的觀念在現代開始之前怎麼就會不存在呢？但上述三個張力領域的所謂極端且高度發展的形式，我們可以有很好的理由在探討現代時特別著重強調。

哈特穆特・羅薩：的確，當歷史學家和社會學家在進行辯論時，很多歷史學家會傾向認為「明確的非連續性」是很值得商榷。歷史學家的基本論調是其實沒有什麼事是從根本上就改變了的，太陽底下並沒有新鮮事。但我必須說我實在很不喜歡這種說法。當然可憐的歷史學家也很不喜歡我們，因為我們這些社會學的現代理論家老是在說現代的事是全新的、前所未聞的。所以當你提到跨學科交流方面的事情時，我是同意的。

　　但這裡我有個疑問。「多重現代性」之間毋庸置疑有重要的地理上的與歷史上的差異，我們必須考慮到各種不同。但如果我們最後就只去談這些不同，或是更準確地說：都只去談**差異**，那就會顯得「這些現代」的多樣性當中（或背後）沒有任何同一性。可是如果這些現代都沒有共通點，那「現代」這個概念也就會崩解掉了。我知道你想說我們可以用不同端點間的張力來對現代以及現代的各種設定下定義。這包括偶然性的開啟與偶然性的封閉之間的張力、獨異化與普遍化之間的張力、理性化與文化化之間的張力。或是還有一個可以用來定義的特質，亦即現代性對進步的期待，這種期待造成了求新與守舊之間的衝突。但你的這些說法讓我會去想，這四個張力難道不是到處都存在的嗎？難道不是每個社會秩序都會伴隨著偶然性的封閉，並且相反的所有生命本身都必然會出現偶然性的開啟時刻嗎？當我們在討論一般性與特殊性之間有什麼關係、未來和過去有什麼關係的問題時，難道不都會習慣使用超時間的區分範疇嗎？這種張力原則難道不是普世的、超歷史的嗎？

安德雷亞斯・萊克維茨：你這裡正好重新提到了我們剛剛在討論歷史學家的立場時提到的「變動」，以及歷史學家說的太陽底下沒有新鮮事。但我不同意這種說法，因為我對一種哲學人類學化的偶然觀不感興趣。若從哲學人類學的觀點來看待偶然，那麼會

覺得只要人類出現了，就會有行動自由，亦即就會有讓事情變得不一樣的能力，並且認為這是人類天生就具備的能力。

但只有在現代才出現一種觀念，即社會整個都是偶然的，而且所有領域的社會事物根本上是可形塑與可轉變的，甚至是需要形塑的。只有在現代社會，社會事物才會有這樣一種轉型的情況，並且會根據進步觀念而來的指導方針來進行操控。在幾千年前的狩獵採集社會中，社會從來不會有如此劇烈的轉型，除非受到外在的影響，像是氣候變遷、大瘟疫或之類的。也因為這些社會實際上不太會有什麼變遷，因此李維史陀（Claude Lévi-Strauss）將之稱為「冷社會」。極端偶然的時刻只出現在現代。現代的前提，就是人們會感覺整個社會事物都是可形塑且需要形塑的。每一種社會秩序，不論是經濟、政治、國家、宗教、科學還是生活運作本身，現在都呈現為偶然且最終是不固定的。但在偶然性的開放之後，卻又會再出現極端的封閉性，亦即形成了秩序，並且總的來看有部分具有極權主義的特質。就連對極權主義的偏愛也是很現代的，此前沒有。

哈特穆特·羅薩：我們對於這個觀點的看法現在看起來並沒有太大分歧。你說，偶然性開啟的內因化（Endogenisierung）是現代社會的特徵。的確，我也會說，現代社會的運作本來就是開放的。但這裡我們還必須解釋，或首先必須確定一件事：這樣一種造就偶然性的開啟情況是怎麼來的。我的論點是，現代社會的結構特質是動態穩定化，而且這迫使原先存在的且運作順暢的社會及其秩序，不得不進行不斷的變換。

安德雷亞斯·萊克維茨：現代性的中心思想是變革。以前的社會不會這麼極端，頂多就只有小型的變遷過程。但現代社會的內在變動卻相反的在於開啟偶然性，因為事物都顯得需要不斷進行優化。我覺得，這種關於可形塑性與進步的文化觀念，在未來會變成偶然性導向的重要背後要素。寇瑟列克（Reinhart Koselleck）在他的歷史語義研究中非常漂亮地探討了這件事。而且，不論是理性化過程還是文化化過程，在現代社會當中都以偶然狀態與進步導向為前提。以此而言，上述三個張力狀態與此是息息相關的。

而在探討一般性邏輯與特殊性邏輯之間的張力時，我也很強調現代的特殊導向。當然人們一開始可能會說，我們某種程度上根據康德的認識論可以看到一般事物和特殊事物在任何文化秩序當中都會發生作用。人都會運用一般概念，並且都會經感官來理解特殊事物。這是毋庸置疑的。但現代社會在普遍化與特殊化方面都有一種很

特殊的極端性。它在這裡會凝結成社會秩序，產生片面且極端的齊平化與標準化。這種做法在以前的社會看來是極為不正常的。反過來，現代社會又傾向一種極端的特殊化過程，傾向要主體、事物、地點、事件、共同體都有一種與眾不同的獨異化。誇張一點說，這是現代中理性主義與浪漫主義之間持續了很久的衝突。

哈特穆特・羅薩：我們的分析到這裡可以說在一個要點上是一致的，即偶然性的開啟與偶然性的封閉這兩端都不斷加劇提升。但我認為，特殊化的提升與一般化的提升是同時發生的，是一枚硬幣的兩面。以性別秩序為例。一旦性別不再是非男即女的，我們在社會面向馬上就會遇到一種偶然性的開啟。我相信這是毋庸置疑的。然而這種開放性也會隨之伴隨一種新的偶然性的封閉。我們必須重新協商與約定出一種新秩序，並且再次將秩序給穩定下來。語言和行動中的性別公正性都要求之前人們接受的許多事物都不再能被接受、不再處於秩序中。開放與封閉是同時的，一來一往是同時的。而在我的假設裡，這跟我們想掌控偶然性的企圖密切相關。當我規劃到北極圈旅遊時，導遊理想上要保證我能看到極光。人們會想預約一個確定的體驗，想要有一個能提供保證的預定，雖然能不能看到極光顯然是高度偶然的。若說這只牽涉到偶然性的封閉，顯然不對。所以實際上這種旅遊活動應該都還會有個賠償條款，讓我如果沒有看到極光的話可以向某人進行控告與索求賠償。

安德雷亞斯・萊克維茨：我懂你的意思，但這是另外一回事。我這裡要談的不太是開放性與封閉性之間的關係，而是歷史方面的問題。例如在政治的新自由主義幾十年來支配下，我們彷彿再也沒有其他可能性，新自由主義已占據霸權地位，也就是說思想偶然性已經被封閉了。但後來思想空間又再次出現，人們又再次看到另外一種可能性。反過來說，昨天的另外一種可能性也可能是今天的霸權。六八學運開啟了偶然性，中產社會的生活形式似乎不再擁有強制力，而且還被強烈批判。但一段時間後，某些反主流文化的元素，例如認為「人應該要追求自我發展」的這種理念，本身就變得非常主流，而且似乎是理所當然的。換言之，開放性與封閉性之間的變動構成了一種歷史辯證。在一個時間段中，某種秩序模式會讓人覺得「沒有另外一種可能性」了。在這段時間裡沒有人可以想像其他種可能性。當中存在一種社會想像力的邊界。相反的，在歷史當中的衝突情境裡，人們會看到偶然性——用我的話來說——被開啟了，開啟偶然性的有像是批判運動，又或是創新活動。這種偶然性的開啟可能並不會帶來什麼後續效應，但如果它成功地構成了或長或短的新社會秩序的話，那當然就會很有趣了。

哈特穆特‧羅薩：這裡你是不是把「在開放性與封閉性之間來回擺動」，與「開放性與封閉性之間的辯證」（我們也可以將之視為一種提升過程）這兩個觀念混在一起了？

安德雷亞斯‧萊克維茨：不是，我沒有來回擺動的意思。來回擺動對我來說完全是非歷史性的，因為我們可以假設偶然性的開啟和偶然性的封閉可以在同一個時段當中發生。我的出發點更多是一種辯證過程中的序列。例如我在《混合的主體》中，就主體文化方面進行了考察。一種社會形式的出現會伴隨自身的矛盾與缺陷，它會形成相應的另外一種秩序以消除不足，然後之後某天自身又會再次出現矛盾。這是一種出現問題與解決問題之間的辯證運動，或是我們要的話也可以說這當中包含了問題邏輯與回答邏輯。但我這裡沒有要追隨黑格爾或馬克思的那種歷史哲學。他們認為歷史某種程度上是一種解放過程，總有一天會抵達一種毫無矛盾的終點。但我認為歷史更多是一種沒有最終結局的辯證。人們完全可以相信有一種生態性質的、持久的形式可以解決晚期現代的問題，但解決之後必然又會再出現新的矛盾，然後我們就會再進入到下一輪比賽。當然，對於現代社會的制度秩序和生活形式之內的偶然性的開放來說，「進步」是一種很重要的說法，但社會學分析不能不加思索地跟著認為歷史的進程必然都會是一種進步。

哈特穆特‧羅薩：我也這麼認為。

馬丁‧鮑爾：萊克維茨教授，您對現代的不同形式的描述是以一種結構性的敘事為基礎的。您呈現出一個從資產階級現代經過工業現代，到晚期現代的順序，但卻明確刻意不進行更高層次的因果解釋。羅薩教授，您則在解釋方面明顯有更強烈的宣稱，亦即認為現代歷史與現代社會總的來說可以用根本的動態穩定機制來解釋。

哈特穆特‧羅薩：對，而且這裡提到的機制是有兩個面向的。這種不可化約的二元論在我的分析工作中很重要，因為這讓我的理論和馬克思或涂爾幹的理論不一樣。他們都想透過結構面向來解釋文化面向，但我想和這種做法保持距離，所以我說的是「形態」，我根本上同時需要這兩個面向。我的意思是，將現代僅定義成一種經由提升（亦即經由增長、加速、創新）而來的（且這種提升有擴大趨勢的）社會形式，是不夠的。這種定義方式有兩個問題。一方面，在這種定義中，社會本身彷彿是靜態的，

這使得這種定義無法解釋現代社會在歷史中的改變，無法解釋我們剛剛討論過的現代的不同階段。另一方面，這種定義欠缺能量原則。我最近很常說，制度或結構本身不會創新或加速，制度或結構的創新或加速還需要主體和主體的推動能量，而推動能量遵循的是另外一種文化邏輯。這種邏輯只能用詮釋學的方式來進行揭示。我都是透過結構機制和文化推動環節的共同作用來界定出一種形態的。結構機制和文化推動環節之間有選擇的親近性，但這兩者並不是簡單的相互決定而已，而是彼此是有張力的。

馬丁·鮑爾： 對於現代社會的發展來說，文化有多大的因果作用力呢？

哈特穆特·羅薩： 這個問題很難回答，因為我一直想避免一種純粹的文化主義式的詮釋，就像我也一直想避免提出一套僅將文化當作附屬現象或「上層建築」的現代社會形態理論一樣。之所以我有這樣的抱負，是因為我繼承了泰勒的思想。對於像泰勒這樣的哲學家和社會理論家來說，自我詮釋是很基礎性的東西，但同時他又——很聰明地——預先避免落入過度的認知主義。基礎性的自我詮釋對於歷史進程或社會演化來說非常重要，但它不必然有著很理性的態度，它的命題內容也不必然很有說服力。我這麼說的意思是，世界關係既是情感性的也是認知性的，它在情感、認知和身體這三者的化合反應中涉及了很多事，它可不只涉及了我們一般理解為世界圖像的那種東西而已。這樣一種世界關係也會不斷建立起自我關係，並且詮釋性的環節（因此也是文化性的環節）亦是這種世界關係的構成要素，它允許人們進行自我理解。但另外一方面，世界關係當然也會受到制度結構的影響，或是在制度結構中被再生產出來，並且有部分是受到壓迫的。在「世界關係」這個概念裡，我嘗試將結構環節與文化環節結合起來。而這樣的世界關係，我認為是有因果作用力的。

安德雷亞斯·萊克維茨： 但你這樣一個分析不就從一開始便處於一種社會學的現代化理論中了？從帕森斯那裡發揚光大的現代化理論總是假設**整個**現代有一種一以貫之且不斷提升的結構原則，例如功能分化和價值普遍化。現代彷彿有一個固定的結構，並且同時遵循著發展邏輯。我一直對這種古典的現代化理論抱持懷疑態度。我感覺你的取向是一種負面的現代化理論：現代有一種結構核心和發展，但它會讓我們走向滅亡。動態穩定的基本原則某種程度上包含著自動毀滅的潛在可能性。

哈特穆特·羅薩： 我懂你的意思，因為當人們把我視為加速理論家時，就會出現這種

評論。但是我的分析和現代化理論之間有兩個很重要的差異。其中有一個你剛剛也提到了，即規範面向。現代化對我來說不是正面的，我沒有將現代化過程描述為一種進步史。我的焦點更多正好放在陰暗面，要看的是現代化會變成一種解構性的壓迫體制。所以非現代的社會關係對我來說從來不是一種缺陷或退步，而是另外一種可能性，並且當我們在找尋解救方案時，這種另類可能性可以是很重要的。第二個差異在於，在我這裡，現代化不是必然的，也不是不可倒退的，而是事實上僅是一種歷史偶然過程而已。像帕森斯那樣的進化共性觀認為歷史上的重大發現是不可逆轉的，因為發現對進化來說是好事；但我從來都不相信所有社會遲早都會要麼走向現代要麼走向衰亡。在本世紀之交，主流上都還有一種「追趕式的現代化」的觀念，認為「落後的」東方社會必須不斷追趕。這種觀念同樣基於一種觀念之上，即認為所謂的西方社會，因其政治民主、市場經濟、法治、大眾消費等特徵，所以堪為所有歷史發展的標竿。甚至有極端的觀點認為西方社會已經抵達歷史的終點了……

安德雷亞斯・萊克維茨：……而你想拋棄這種觀點。

哈特穆特・羅薩：對！我的觀點跟這種現代化理論完全不一樣，這是範疇上的差異。雖然我說，社會事物的本質或社會的本質會顯示出社會將會發展得如何、社會會朝什麼方向發展，或是雖然我堅持必須透過歷史現象的考察來進行研究；但我們的未來或社會接下來的發展絕對不是受到其過去或當下所決定的。

馬丁・鮑爾：就算我們可以假設羅薩教授的世界關係社會學重新界定了一條隱含著現代化理論的傳統軸線，但不論是在羅薩的社會學還是在萊克維茨教授的社會學，我都沒有看到社會學傳統意義上的秩序科學。「是什麼讓社會秩序得以可能」這個問題都不是您們的社會學討論的出發點。

安德雷亞斯・萊克維茨：如果要看社會學可以做什麼的話，我會把「秩序科學」這個概念稍微用另一種方式來看待。為此我們必須將社會事物理論和社會體理論區分開來。這是社會學理論的兩個不同類別。社會事物理論旨在提出基本語彙，解釋什麼是社會事物，如何將社會事物進行比較對照，解釋人們是否應探討行動或規範，是否要觀察溝通、互動或實踐，或是否要將「權力」當作一個社會學的基本概念來使用。相反的，社會體理論則是在具體的歷史脈絡當中把社會當作問題，例如對傳統社會與現代

社會之間的差異進行說明。

如果我們將社會事物理論和社會體理論區分開來的話，那麼我認為關於社會秩序可能性條件的問題本質上是一種社會事物理論的問題。社會學的傳統就是將社會事物理論等同於社會秩序理論。這個傳統無疑是從帕森斯開始的。帕森斯認為，上個世紀之交的古典學者都將「社會秩序如何可能」視作一個非常重要的問題。帕森斯當時是從霍布斯提出的一個謎題出發的：所有個體根本上都是自利的，但為什麼社會事物在這種情況下會出現呢？帕森斯的答案是：因為有規範。但不要忘了，他對這個問題所提出的大膽回答，其基本論點是認為人們會害怕無政府狀態，人們會害怕個體的自利主義會帶來混亂。

但我覺得我們今天已經不再會提出這種問題了。1970 年代之開始，社會事物理論的各種新的取向已經改變了提問方式。就我而言，這個改變的重要之處在於這些理論看到了社會事物的時間性。像是魯曼的系統理論，當中系統被設想為一個能量鏈。德希達的後結構主義那裡也可以看到（特別是他的關鍵字，延異）。又或是紀登斯的實踐理論當中也可以看到這條道路。從哲學史來看，這後面都隱藏著胡塞爾所謂的「意識的時間化」。如此一來，問題不再是「社會秩序如何可能」，而是「社會再生產與社會變遷是如何進行的」。這個問題要問的不再是利己主義是如何被克服的，而是從時間點 A 到時間點 B，某些事情是如何會不斷重複且持續的。而且有些事情並沒有重複，而是出現新的事情。某種程度上這是新的社會事物張力領域：重複與創新。所以我在構想社會事物理論時，完全不牽涉到古典的秩序範疇。

馬丁·鮑爾：這是不是德利茨（Heike Delitz）的著作《柏格森效果》想教會我們的那種青年世代的社會學家提問方式？在您的呈現當中，社會事物完全被當作一種過程、一種向未來開放的生成過程來把握的，而且要描述這種過程，柏格森（Henri Bergson）和尤其是他之後的德勒茲（Gilles Deleuze）提供了必要的概念工具……

安德雷亞斯·萊克維茨：……對，沒錯，他們那裡也可以看到這種過程思維。

馬丁·鮑爾：也就是說，您將之前的秩序科學轉化成具有變動性的社會生活的理論，而這尤其需要柏格森的概念（像是「綿延」），才能看到社會事物的時間性，並且同時又可以避免採用根本上源於牛頓力學的自然科學的時間觀念。萊克維茨教授，您之所以會這麼做，是因為您將社會事物理論與社會體理論區分開來了。我感覺社會事物

理論像是在發揮社會學的「預備考試」的功能，意思是它預先決定了兩個基本問題：一方面它在社會事物本體論方面定義了什麼是社會事物，另一方面它在社會事物認識論方面確定了我們可以用哪一些概念組來觀察生成性的、時間性的社會事物。但如果我沒有讀錯羅薩教授的書的話，這種將系統性的社會事物理論與歷史化的社會體理論區分開來的做法在羅薩教授這裡並不存在。不過在這裡，我想到黑格爾哲學可能可以提供另一個很有啟發性的想法。黑格爾將社會事物加以時間化，在他之前沒人這麼做；但是他又將所有描述社會事物的概念再配上歷史指標，所以他的歷史化的社會體理論也可以用於回答所有在萊克維茨教授的分類中屬於社會事物理論的那些問題。萊克維茨教授，您是不是也可以採用黑格爾的做法，遵循他的綱領，在社會體理論中討論社會事物本體論與社會事物認識論呢？亦即社會體理論是不是也可以指出，社會事物的生成本身如何會產生出一些概念和方法，讓社會事物的生成本身變成社會學的現代性理論的特殊探討對象？

安德雷亞斯·萊克維茨：是可以這樣子，但這種歷史化的做法在當下剛好是很難的一件事。在最近這幾十年間，社會事物理論都刻意不去探討自己是怎麼在歷史中形成與演變的。不論是理性選擇理論還是系統理論或實踐理論，都是這樣。而且社會學教科書也都同樣不去探討社會事物理論本身的歷史由來與變遷。所以社會學在方法論上一直都存在著整體主義與個體主義之間的抽象二元對立。但社會事物理論的各種概念的由來及其歷史脈絡當然很值得探討。我們不應該忘了，理性選擇理論最初源於資產階級的契約思想，亦即理性選擇理論最初是從霍布斯和洛克那裡來的。人們之所以會設想，並且在理論上假設有這樣一種追求效益最大化的行動者，是與人們當下所身處的社會文化背景有直接關係的。而帕森斯的結構功能論，提到了穩定的規範系統與價值系統；這種理論則「適用」於組織化的工業現代。同樣的，後結構主義或行動者網絡理論，談到社會事物的液態化，就適用於晚期現代社會。或是實踐理論也可以是適用於晚期現代社會的。

馬丁·鮑爾：但羅薩教授您並不談這個問題，是嗎？您的世界關係社會學是不是跟萊克維茨教授所偏愛的那種受實踐理論啟發的社會事物理論不一樣，並沒有要專門探討（社會事物的）本體論問題？

哈特穆特·羅薩：我的根本思想淵源可能實際上是新黑格爾主義的。這應該不難理

解，因爲我的立足點是批判理論，而批判理論跟黑格爾哲學一樣，其出發點都是認爲眞理或理論是有時間內核（Zeitkern）的。沒有理論可以超脫於自身所處的關係或情境，也沒有理論可以超脫於它與在歷史中生成的（它按照特定方法論所觀察到的）對象之間的聯繫。但最終我會想連結上泰勒或像德雷福斯（Hubert Dreyfus）這樣的社會人類學家再從根本上強調，**我們都在一路詮釋下去**。講白些這意思是，沒有一種範疇或概念機制可以先於詮釋者的行動而存在。嚴格來講我的看法甚至會再更極端一些，因爲我擁護一種完全的關係本體論。社會實體現在和未來是什麼，各種社會實體彼此之間有什麼樣的糾葛，它們的糾葛是以何種方式轉變的——在我看來這全都是一種過程。所有社會事物都具有關係性，並且都是在過程中構成的。基本上，我認爲先有關係，然後關係才產生某些表現爲社會事物的東西。或者至少關係與社會事物是同時出現。相反的，敵對論的社會事物本體論，尤其是當下我們可以視作在光譜上處於左派那一端的論述〔雖然我們也可以在另一端看到這種論述，例如施米特（Carl Schmitt）和他的支持者〕，會預設我們這些社會主體總是相互敵對的或好鬥的。但我們不應預設社會行動者本質上都在追求效益最大化。所以我會從歷史的角度去追問這樣的預設，並消解此預設。社會行動者彼此是怎麼產生關係的（例如是合作的、對立的或競爭的），這不是哲學人類學或本體論的問題，而是關係本身就是讓世界關係在歷史中不斷變動的一種要素。

安德雷亞斯・萊克維茨：說到自我歷史化，世界關係社會學本身不就是因爲特定的現代生活運作方式和現代社會生活所面對的特殊困難，所以才會被提出的嗎？

哈特穆特・羅薩：是啦，某種程度上來說當然是這樣啦。如果一、兩百年後，甚至是五百年後，還有人對我們兩個人的思想形式感興趣，那這個人當然不能忽視我們的思想之所以會形成的特殊歷史情境。但我還是會再一次用泰勒的話來說，人總是必然會不斷嘗試回答「身爲人或身爲一個行動著的存在究竟意味著什麼」這個問題，並且嘗試解釋人在給定的特殊條件下以這或那的方式來行動究竟意味著什麼。人，用梅洛龐蒂（Maurice Merleau-Ponty）的話來說，總是處於世界當中的，或總是朝向世界的，並且人也必須詮釋自己與詮釋世界。透過詮釋，人會發展出與世界的關係和與自己的關係。我們是自我詮釋的動物，而且我們的自我詮釋從來不是純粹任意進行的。它具有集體的面向，有歷史偶然性，而且也總是會運用泰勒所謂的「強評價」。同時，如果沒有將某些東西賦予更深層的意涵，自我詮釋是不可能進行的。正是因爲如此，所

以任何一種世界關係都會有文化的面向。我們也會因為這樣一種評價而與世界產生情感上的關係。「詮釋是必要的」以及「詮釋也蘊含著評價」這兩個現象我不認為是歷史性的，而是普世皆然的。行動著的人不論何時何地都是會進行自我詮釋的存在，人會運用一張強評價地圖來為自己找尋方向。更直接了當地說，這是我的兩個超歷史的命題。這樣一張地圖會在結構方面和文化方面以各種特殊的方式形成出來，並構成既隨歷史而異，也會在歷史各階段被加以制度化的世界關係。在這樣的層面上，我相信世界關係社會學不僅僅是一種晚期現代理論而已。

馬丁・鮑爾：當羅薩教授在他的社會學中用泰勒和黑格爾的思想彰顯出人是一種自我詮釋的生物時，有一種很強烈的反自然主義態度，反對技術科學文明化的趨勢。技術科學文明化的趨勢……怎麼說呢？……它背後的形上學都在企圖排除掉「不科學的」詮釋與伴隨著詮釋而來的評價，好讓我們可以用純物理學主義的方式描述所有世界現實。對了，我感覺萊克維茨教授在討論一種實踐社會學時，言詞中也帶有這樣一種反自然主義的看法。萊克維茨教授，我這樣說對嗎？當您在讚揚實踐社會學的社會事物理論時，是不是也認為我們不能用自然主義的態度來簡化時下的行動理論與主體理論？

安德雷亞斯・萊克維茨：沒錯。我和哈特穆特都有一種文化理論的取向。而且這種文化理論的或詮釋的取向對實踐理論來說也很重要。從哲學史來看，實踐理論背後尤其有晚期維根斯坦（Ludwig Wittgenstein）所謂的作為生活形式的語言遊戲概念。此外它也涉及到海德格（Martin Heidegger）的《存在與時間》。社會學沒有這樣一種實踐理論，但在布赫迪厄和紀登斯那裡有系統性的開端，此外沙茨基（Theodore Schatzki）也對此進行了很有趣的社會哲學式的系統化工作。從我自己的生命歷程來看，這對我也很重要，因為就是由於實踐理論，所以 1990 年代中期我才會去劍橋大學拜入紀登斯門下進行學習。我一開始將實踐理論當作另一種版本的詮釋取向或文化理論取向，這也是我的博士論文的主題。但是後來我之所以被實踐理論吸引，則是出於另外的原因。社會理論的某些古典二元論都和實踐理論有著很幽微的關係，像是結構與能動性之間的二元論，以及文化主義和唯物主義之間的二元論。實踐必然會有身體性的基礎，所有的知識——用泰勒的話來說——都是「具身性的知識」。同時，身體也都會與人造物交織在一起。沒有身體和人造物這兩種物質性，實踐是不可想像的。1990 年代末，我在柏克利聽了拉圖的演講，「發現」了拉圖，那時我清楚了解

到我們可以從人造物方面在根本上「擴建」實踐理論。沙茨基也是這麼做的。

最後我還發現，我們可以把實踐理論當作工具，用它來探討物質與研究具體現象。實踐理論有某種去本質化的內涵，因為它將表面上固定不變的本質消解成「**做出**」的過程，將社會事物某種程度上消解成一種產制過程。當我在寫《混合的主體》這本書時，特別有一種「哇！」的體驗。讓我覺得從社會學的角度來看很有趣的，不是主體本身，而是「**做出主體**」—— 亦即作為身體與物質的主體在（例如經濟的或家庭的）實踐中進行產制與自我產制——這件事。

馬丁・鮑爾：但為什麼我們可以說實踐是社會性的？為什麼我們可以說實踐是一個純粹的社會學議題？還有，實踐理論如何可以作為一個連結上社會體理論的橋梁？

安德雷亞斯・萊克維茨：實踐不是只單純涉及行為主義意義下的行為方式而已。規律的行為要得以可能，得要行動者吸收了知識，亦即在某些事物的影響下具有主動性；這即是布赫迪厄所謂的慣習。我們必須探討這種共用的知識秩序。這就是為什麼實踐是社會性的。

當然這裡我們可以問，關於行為，我們要怎麼從社會事物理論和社會體理論來進行思考。我的基本立場是，我們唯有藉助社會事物理論的基本概念才能為社會體理論提供貢獻，但是社會事物理論本身無法推導出社會體理論。如果社會出現了變遷，人們可以把社會事物理論當作工具來用，以對社會進行社會體理論式的描繪。這時候，社會事物理論是一種**敏銳化的工具**，可以讓我們看見或看不見某些社會事物基本現象，並因此讓某些社會體理論的假設得以可能或無法成立。如果沒有社會事物理論提供給我們一些情感方面的概念，我們又怎麼能分析出共鳴關係或獨異性呢？一個人如果就只以普通的理性主義的詞彙當作基礎，是不會看到這種承載著情感或情緒方面的關係的。

但這是一種相對鬆散的耦合。哈特穆特認為社會事物理論與社會體理論之間有確實的對應關係，但我不這麼認為。如果兩者之間存在著強烈的耦合關係，那麼社會事物理論作為工具的分析能力與分析可能性就會變弱、變低了。然而一個社會事物理論，例如理性選擇理論、實踐理論、新制度主義或行動者網絡理論，是可以為極為不同的社會體理論或社會體分析提供基礎的。例如我們可以用理性選擇理論來建立資本主義理論或進行資本主義分析，但我們也可以用實踐理論來支撐一個資本主義理論，即便基於不同社會事物理論而來的分析當然會有不同的發展方向。我完全可以想像也

許有一位女性實踐理論家，她和我有共同的社會事物理論假設，但我們對現代性的描述卻截然不同。社會事物理論是一種分析工具，如果這個工具是好的，那麼這個工具可以有多樣的用途。

哈特穆特・羅薩：但是理性選擇理論、系統理論，或是還有結構主義理論，無論如何都會侷限社會體理論的討論視野。不過對我來說，重點是另一個問題。每一個理論都會標示出它的對象領域，這毋庸置疑，我同意你的說法。我也絕不反對實踐理論是很有用的。的確，如果人們要理解社會事物，必須重視實踐。但我沒有只想談怎麼將物質面向和文化面向銜接起來而已，因為就我的理解，從實踐理論來看，這兩個面向本來就是不可區分開來的。而且若要說什麼對實踐來說很重要，我們完全可以列舉出一大堆不同的要素。對我來說實踐理論的問題在於它含括太多東西了，甚至我們多少可以說它什麼都含括進來了，含括了身體和空間環節、時間環節、社會環節、知識環節、論述形構。如果我們要持續進行社會學的診斷研究，那麼我們必須有取捨標準和對不同面向進行區分。換言之，我們必須將物質面向和文化面向區分開來。但在我印象裡實踐理論恰恰沒有做到這一點，反而它還需要援引其他理論。如果要發展一套社會體理論，我認為我們需要其他非常不同的工具。單單實踐完全不足以當作發展社會體理論的素材或工具。

安德雷亞斯・萊克維茨：我們當然無論如何都還需要其他非社會事物理論詞彙的工具。在我看來社會體理論一般都不是從社會事物理論推導出來的。這跟「實踐理論有沒有用？」這個問題無關，而是原則上理論研究就不是這樣進行的。原因很簡單：因為社會事物理論是作為一種普遍有效的語彙而提出的，人們基本上可以將它用在隨便一種社會和社會形式。某種程度上，概念本身不會只存在於特殊歷史階段，而是任何情況皆適用。慣習、利益、情感、制度、權力，這些東西自古有之、普世皆然。但社會體理論必然會關聯上特定歷史，且在特定歷史中具有偶然性的事物。意思是，它如果要形塑出某個關於具體社會的概念，就必須對具體社會有所了解。如果人們在資本主義當中看到一個現代社會的核心特質，那麼就必須關注特殊歷史現象，才能形塑出「資本主義」這個概念，這種概念即是韋伯所謂的「歷史個別事物」。這就是為什麼人們若要建立社會體理論，必須處理歷史經驗素材，而不能從社會事物理論來進行推導。因為社會事物理論某種程度上只是在製圖板上描繪出來的而已。例如在我這裡，「做出一般性」和「做出獨異性」這組區分，是從對現代現象進行觀察與結構化所

得出的，這不是我光去精讀沙茨基或維根斯坦的文獻就能建立起來的。但實踐理論在這裡是很有用的，因爲它讓我可以用「做出」來取代本質。我們可以從像是「做出性別」、「做出種族」等這些社會現象看到這件事。我這裡對一般性與特殊性的興趣也與此類似。我會用「做出」來看待這些現象，例如關於獨異性，我不只是提出假設而已，而是會去看這一類獨特性是在什麼樣的評價或接受等實踐中「產製」出來的。我認爲這種做法可以讓人們得出豐碩的成果。

哈特穆特・羅薩：我想接著這方面再問一個問題。如果我想理解社會的話，哪些「做出」是重要的？我們會不會最終就只一直在處理無數的「做出」然後陷入其中？就以你的文章中關於書寫的實踐爲例好了。如果我想開始探討有什麼屬於書寫實踐，那麼我們會不會最後就只得出一大堆要素，像是桌子、燈、筆等等成千上百個東西？這還不包括所寫下來的東西喔。哪些實踐或實踐面向對我作爲社會理論家來說是眞正重要的，是一件必須下定奪的事。在探討實踐的時候，你要怎麼選擇、怎麼鋪設道路呢？這種選擇標準是你在實踐理論本身當中無法獲得的。我們無疑需要引入這樣一種標準。

安德雷亞斯・萊克維茨：如同我已說過的，這些方面無法從社會事物理論本身得出來，它需要檢視歷史－經驗上的材料。我所謂的現代性的三種張力也是如此。就連例如韋伯所討論的形式理性，也不是僅從一般概念所推導出來的，而是必須去了解某些具體的歷史現象，像是普魯士的官僚體制或英國的工廠勞動。布赫迪厄討論階級的象徵鬥爭時也是如此。布赫迪厄不是從他的「實踐理論」中推導出象徵鬥爭的。這個概念是在他不只研究阿爾及利亞，而是也討論到法國時才提出的。所以我覺得這個對我的反駁沒有道理。即便是經驗研究，其作爲出發點的研究問題本身也已經是從對素材的解釋中提出的。我們來看另外一個例子。我最近有個假設：在現代社會中，我們與「失去」有著很矛盾的關係。我認爲我們可以用「失去」這個概念來掌握一個很重要但至今一直被忽略掉的社會特質。我觀察（我一直很習慣在進行觀察）到可以從人類行爲學的角度將「失去」看成「做出失去」（doing loss）。意思是，「失去」不單純只是心理上感覺到的，而是一種「失去實踐」。但「失去」這種現象爲何有一種特殊的、矛盾的重要性，不是社會事物理論能說明的，也不是實踐理論能說明的。我必須讓我自己身處在現代社會的現實當中，讓我自己對某些脈絡有著敏銳度。

哈特穆特・羅薩：的確，「失去」是一個很有趣的討論主題。我們當然可以去探討「做出失去」。但如果要用這個概念來推動社會理論，我還必須確定這個概念的哪些面向有重要性，它與其他的實踐——例如「做出進步」——有什麼關係，它對於社會在文化方面與在結構方面的發展總的來說有什麼意義。

安德雷亞斯・萊克維茨：順便說一下，理性選擇理論也是這樣。我們當然可以假設有無數進行效益計算的行動者不斷在進行抉擇。但我們必須解釋哪些抉擇是重要的，對研究問題來說哪些抉擇是我們必須特別挑出來進行詳細探討的。現象學社會學典範也是一例。它認為意義視域是多樣的，但同樣的，這個典範也必須指出哪些意義視域是重要的，才能為我們的研究問題提供令人滿意的答案。若做到這件事，那麼現象學社會學典範也可以是一個用於發展社會體理論的工具。雖然它不是我的工具，但很像我所謂的工具。

哈特穆特・羅薩：不過，你現在提到的這些微觀理論，也都有一個問題：我們如何從微觀層次走到宏觀層次？理性選擇理論作為一種微觀理論，很難真的提出一種社會體理論。現象學也一樣，實際上我們很難提出一種像是「現象學社會體理論」的東西。

安德雷亞斯・萊克維茨：是沒錯啦，但不好意思，哈特穆特，你可無法否認我做到這件事了喔。我提出了一套可以用於社會體理論的實踐理論。

哈特穆特・羅薩：是啦，你是做到了，而且做得很漂亮。我只是要說，社會體理論（包括你的理論）還是有實踐理論無法涵蓋到的一些事，因為這些事是從實踐理論的角度來看所無法觀察到的。例如你談到了實踐複合體、生活形式、制度秩序。這些東西要怎麼用實踐理論來確立與區分？此外你區分出社會事物的四種核心現象，即論述、情感、主體、生活形式／制度。你把這四個現象當作同屬於實踐元素，並且當作重要的元素而選出來討論，但在我看來你並非基於實踐理論而進行這樣的選取。你的做法我原則上不認為有什麼不對，我只是想說，你若只用實踐理論工具，並沒有辦法做到你所謂的社會發展重構。

安德雷亞斯・萊克維茨：我覺得我們這裡講的是三個不同的問題。第一：我在我的文章中選出論述、情感、主體、生活形式／制度，以此來論證這四種我們很熟悉、在我的

研究中也正好很重要的現象，如何可以從實踐理論的角度上提出新的觀點。但這不是一個框架或最終列表。人們還可以再繼續探討社會世界的所有其他現象，像是人造物、感官知覺、圖像、組織等等，這些都可以再用實踐理論來重新表述。就「理論轉換」這種做法來說，我的看法跟魯曼的系統理論很像。他將一般很常見的社會學現象，例如個體、互動、規範，用溝通理論的眼鏡給出一個新的視角。也就是說，所有這些現象和概念一開始就已經存在了，但是我們用新的方式來觀察它們。這種用特殊的眼鏡來對所有這些多采多姿的社會現象與文化現象進行「加工」的做法，也是實踐理論要進行推動的。

　　第二：在我看來，我們不能將社會事物理論與社會體理論之間的爭論，混淆成微觀與宏觀之爭。一個好的社會事物理論可以同時描寫到微觀現象與宏觀現象，並且理想上可以消解之間鮮明的二元論。現象學社會學或是理性選擇理論是否如此，這是另外一個問題；但至少實踐理論是這樣子的。誠然，紀登斯的結構、規則、資源、時空關係等等概念，或是沙茨基的「社會地點」概念，是宏觀層次上的表現；或是布赫迪厄談到社會場域中的遊戲規則或權力動力時也和紀登斯或沙茨基很像。但是，這些概念首先可以說是普世的、無歷史性的社會事物理論宏觀概念，可以很彈性地用於各種不同的社會。如果我們要提出一套探討現代社會的理論，我們需要的不只是這些概念，我們還需要躍進西方現代社會的歷史特殊性中，才能用這些概念提出隨歷史而異的概念。

　　不過，第三，我也會問我自己，為什麼我們必須能夠從社會事物理論中提出一套社會體理論，為什麼這兩類理論必須緊密結合在一起。我猜想，這可能是因為一項社會學理論總是某個思想家的理論，或某部作品中提出的理論，理論與理論提出者或理論的來源文獻是密不可分的；此外這也可能跟「理論是一套體系」這種觀念有關。因為事實上，例如我們大家在前面提到的那些經典的社會學家，他們常常兩種理論——即社會事物理論和社會體理論——都很有建樹。當然不是所有經典的社會學家都是這樣，例如舒茨（Alfred Schütz）的理論就不是社會體理論，而貝克（Ulrich Beck）的則不是社會事物理論。但大部分經典的社會學家是這樣的。因此我們應該在這些著作中讀出當中的體系邏輯，亦即讀出來這些理論家怎麼從社會事物理論中提出社會體理論，或相反。不過只有少數理論家的著作中這兩種理論之間的關係會比較明顯，例如德國的魯曼和哈伯瑪斯。如果我們去看一些提出理論工具的理論家，像是傅柯和拉圖，可能我們沒辦法在當中找到這種體系邏輯。傅柯對於論述和部署的興趣（社會事物理論）有讓他提出了「規訓社會」（社會體理論）嗎？拉圖的行動者網絡理論有讓

他提出了存在方式理論嗎？我不認為。但如果我們將理論理解為工具並由此出發，那麼我們可以想出許多不同的概念結合可能性。

<u>哈特穆特‧羅薩</u>：紀登斯和布赫迪厄的出發點是結構－能動的二元論問題。紀登斯說，如果我想認真探討這個問題，我必須將兩面向都包含進來。布赫迪厄則既提出了一套結構理論，亦即對不同資本的分配的分析，也提出了一套行動理論，亦即慣習。以此布赫迪厄將二元論的兩個面向都清楚探討到了。但這樣一種系統性的理論架構，我在你這裡沒有看到啊。

<u>安德雷亞斯‧萊克維茨</u>：是，我自己沒有要寫出一套像紀登斯的《社會的構成》或布赫迪厄的《實踐理論大綱》那樣的宏大社會理論，我沒有將之視為我的任務。我是實踐理論領域的參與者，我做這方面的研究，也以某些方式強調這方面的理論。但人們沒有必要不斷發明出新輪子。我們已經有實踐理論了，像是紀登斯和布赫迪厄就已經提出來了，而且對我來說這兩位學者一直都是我的靈感來源。當然社會事物理論必須有持續的發展和新的重點，尤其必須聯繫上社會體理論的問題來進行探討。哈特穆特，我們到現在都一直只在講我這裡的實踐理論，但我在你那邊也並沒有看到一個重點明確的社會事物理論啊。

<u>哈特穆特‧羅薩</u>：抗議！我得反駁你的說法。我嘗試同時從結構面和行動面——亦即弗雷澤所謂的「觀點二元論」——來進行掌握。我這裡牽涉到兩種說明，這兩種說明實際上要探討的是結構理論的問題和行動理論的問題。我承認這是很複雜的任務。不過我們也許是有共識的，這個共識可以用「反自然主義」這個關鍵字來指涉。這不是說我們完全否認或必須忽略自然科學的知識；而是我們都嘗試將我們的行動也包含進給出最佳說明的任務中。

<u>馬丁‧鮑爾</u>：關於「社會事物理論與社會體理論之間的關係」的爭論，我們也許就聊到這裡為止。兩位對此暫時都沒有最終的定論。但兩位都同意，社會事物理論可以界定出社會事物的構成元素是什麼，以此提出某種的（社會）本體論的**說法**。兩位可否談一談關於社會體理論的一些更一般化的方面。當社會體理論在探討社會形態的歷史面向的問題時，需要帶著批判的視角對社會的整體現象或個別現象進行規範判斷嗎？

　　萊克維茨教授，您主張我們對此應有所節制。雖然您認為社會體理論必須從歷史

的角度來看待現代社會，並刻意將資產階級現代、工業現代與晚期現代區分開來，但您的社會史敘事並不帶有歷史過程方向。您的理論不帶目的論，不認為不同的現代性有必然的順序。不同的現代之間沒有一種占據絕對意義的目的方向，而更多是偶然的變遷。

安德雷亞斯・萊克維茨：但這跟您說的社會學的社會批判的問題沒有關係啊。

馬丁・鮑爾：在您這裡是這樣。但羅薩教授跟您不一樣，在他的理論中現代的發展是有方向性的，對於他的現代批判來說這個方向性某種程度上是很重要的。

哈特穆特・羅薩：對，是有方向，但我這個不是**歷史的**目的論，而是**形態的**目的論。在現有的現代形態中有一種我們可以看得出來、實際上我也認為值得我們批判的方向。但我不談「終極目的」（Telos）。我沒有要從事歷史哲學研究。我要看的更多是一種過程邏輯，我認為這種邏輯是我上述的形態的特徵。

馬丁・鮑爾：您認為的現代社會的動態穩定結構是其中一項決定不同歷史過程因果順序的機制，這種機制也讓我們可以提出預測。

哈特穆特・羅薩：對。

馬丁・鮑爾：而您的現代性理論所給出的預測可能性，對您而言也意味著我們必須有所介入，亦即終究必須為了人類的持存而需要直接進行介入。

哈特穆特・羅薩：對，可以這麼說。

馬丁・鮑爾：我希望能再弄清楚這當中的連結，因為這對於您們的社會理論構想來說是很根本的。亦即我想知道您們的現代性批判在您們的理論內部是如何立足的。

安德雷亞斯・萊克維茨：我們兩人各自會擁護什麼樣的批判模式，跟我們怎麼理解歷史有關。我們首先應該要去看我們對於社會批判的理解有什麼不同。當然我們有一個共同的前提，就是在我們的社會體理論觀點中批判都扮演著必不可少的角色。我認為霍

克海默的文章〈傳統理論與批判理論〉有一個論點很有說服力，即科學必須連帶反思自身在社會中的位置。我們不應認為可以採取一個中立的、一定程度上外在於社會的觀察位置。但同時我自己並不與批判理論——尤其是法蘭克福學派的一些擁護者所說的那種批判理論——站在同一邊。

我在 1990 年代還在當學生的時候就是如此了。那時候哈伯瑪斯和魯曼的理論取徑在德國可以說占據了霸權地位。但我對這兩種立場因為不同的理由而都不滿意。不論哪種立場，我都無法，也不想採取。反而當時還很少被討論的一些理論取向，例如布赫迪厄和傅柯，更讓我感興趣。哈伯瑪斯的溝通理論即便很嚴謹，但我還是越來越覺得有問題。有問題的地方在於，溝通理論雖然是一種批判的社會理論，但它卻以規範的形式登場。這是一個宏大的社會哲學，然而作為一個社會學分析的話，它卻從一開始就被塞進了規範的緊身衣裡。這讓人們有陷入分析僵局的危險，因為這種理論等於是已經先知道要找尋溝通合理性的理念，然後再設想社會現實會削弱這種理念，而幾乎不是先去看社會矛盾。這會使得人們很難參與新的社會現象，不論是新的生活形式還是令人驚訝的日新月異的數位化。我覺得對社會學來說，以新奇的心態面對與嘗試理解這些新現象，而不要預先以規範的分析範疇作為出發點，是很重要的。

在我看來，採取批判的分析形式是需要的，但要少一些規範的定論。所以我對博爾東斯基在他的以批判為對象的社會學裡提出的另外一種觀點很感興趣。他將自己與批判理論區別開來，嚴謹地透過經驗研究來探討當代社會實際上出現了哪些批判實踐。博爾東斯基嘗試研究以各種特殊方式開啟了偶然性的批判運動。他的做法是很值得讚賞的，但有個問題，即這種批判社會學在經驗上完全只聚焦在參與者的觀點上，只研究何種行動者與行動團體實踐出何種類型的批判。

相反的，我的目標是第三種選項，我借用傅柯的說法將之稱為批判分析。這指的是一種社會學分析模式，透過這種模式我們可以辨別那些本應偶然卻讓我們以為理所當然的事情，讓它顯露出偶然的面貌，以此讓某種程度上隱藏在行動者背後、在正式的描述中看不到的社會脈絡變得可見。這樣一種不進行評價，而是一定程度上讓分析本身來說話的批判分析，我認為我們在很多地方都看得到。不只在傅柯和布赫迪厄或文化研究那裡，而是在馬克思或某些早期法蘭克福學派的學者那裡都存在，雖然他們不太會用上「批判分析」這個概念。我舉一個具體的例子。我那本討論創造性的書就是在談一件事：雖然創造性在今天被認為是一種社會要求，創造性的主體也被設想為一種理所當然的存在，但從歷史來看，不論是創造性還是創造性的主體都是在特定的社會脈絡與文化脈絡中才發展出來的。創造性常常被預設為一種人類幾近自然的特

質，但在我看來我們必須從系譜學的角度來看社會是如何生產出創造性的。由於與對象保持了一段距離，因此批判分析可以揭示出創造性的論述和這種論述的社會影響其實如何是偶然的，但不需要對創造性或創造性的主體提出批判。

哈特穆特·羅薩：雖然我自認是批判理論家，但你對批判理論提出的反對意見，我有一部分是同意的。批判理論的問題事實上在於評價標準都已經先被定好了，然後才再藉此推導出從批判理論來看人類遭遇了什麼痛苦。批判理論會覺得自己知道社會生了什麼病，認為要從理論上確認社會病徵，要對相應的現象加以範疇化，然後就不再認真看待社會現實了。所以我在我的世界關係社會學想嘗試採取另外一種做法。我作為出發點的問題不是規範性的，而是描述性的：實際上究竟發生了什麼事？在現有的實踐、特定的行動形式與結構形式中，形成了哪一種世界關係？主體想要什麼樣的世界關係，以及嘗試避免什麼樣的世界關係？以此而言，我和你一樣對描述有強烈的興趣。

　　只是除此之外我還嘗試盡可能認真地採取第一人稱的角度。主體究竟希望與欲求什麼？主體覺得什麼樣子是成功的、什麼又是失敗的？而對此問題的回答會關聯上批判。我們可以有理由說：大家看啊！這就是我們自己覺得是錯的，並且可能的話想要改變的東西！這種方法也讓我們可以對批判的可能性與實踐進行特殊的分析。原則上我會站在第一人稱的立場、從第一人稱的視角來看事情。我會這麼做是因為我堅信，人們之所以會提出理論就是因為人們想提出批判，因為人們感覺**這裡有什麼事不對勁了，有什麼事走偏了**。一直以來我總不斷重複地說：社會學理論（或是其他理論可能也是）最終是從憤怒或憂慮中形成的。即便是魯曼的理論，也源於他感覺到某些在社會中循環的自我描述就是不對的。所以我覺得，任何一種分析旨趣都會伴隨著一種批判旨趣。所以我也會說，批判的尺度不是來自於外在的，也不能將外在的批判套用到現象上。「我告訴你們，你們必須這麼做、必須這麼覺得。」我不會說這種話。我不會這樣，因為事情是在實踐中顯露出來的，而我所嘗試的就是對其進行描述。

馬丁·鮑爾：但是社會學家要如何進入到遭受痛苦的主體的視角呢？並且，從科學史的角度來說，就算某種情緒、某種主體的憤怒可以成為一個理論的「發現脈絡」（context of discovery），您宣揚的第一人稱的觀點在我看來還是很唐突。這種第一人稱觀點的方法論準則難道不會與社會學啟蒙所要求的客觀性產生——委婉一點地說——一種張力關係嗎？

哈特穆特・羅薩：是的，我希望以「我」或是「我們」的視角來做理論，而不是作為一位科學家然後整天擺著一副「我學富五車，我要啟蒙世人」的姿態。老實說，我甚至有點討厭這種啟蒙的觀念，除非所謂的啟蒙就是優先自我啟蒙。如我說過的，「最佳說明」這個概念對我來說非常重要。意思是，我想提供的是一種詮釋構想，從現象學來看這種構想首先是從第一人稱——我——出發的。這種將詮釋構想引進科學的做法必然是對話式的，亦即每個人都提出一套自己的詮釋方案，並且邀請彼此進行持續不斷的對話。就我對自己的理解，我作為社會學家就是因為從事這樣的詮釋工作而獲得薪資的。所以我會嘗試涉及所有可以用於最佳說明的材料，像是社會科學的經驗研究資料，乃至文學或電影。我想解釋和理解的是這些資料來源談到了什麼事，表述了哪一類的經驗類型或世界關係類型。在蒐集了這些材料後，詮釋者的野心必須是以盡可能寬廣與盡可能清晰的視野，為人們建議一套詮釋方案，並且去問：各位，我們是不是真的喜歡、想追求這樣的東西，並且正在遭受著那樣的痛苦？討論就是這樣開啟的。不是說我發表了什麼實證知識然後向外宣導，而是我所提議的說明必須放在各種所涉及到的意見的交換中接受檢驗。例如我就真的曾和巴西的拾荒者或街友，或是與印度的大學生和中學生，進行過這樣的討論。當然我會說，這樣一種對話非常複雜、曠日廢時，但我認為社會科學就該這樣運作。現象學最重要的一點在於，它超越了個別的和特殊的具體經驗，揭露出其背後可以普遍化的結構核心。要這樣做，就必須將內省與對話結合起來，而且對話參與者的內省當然也可以用以開啟對話。

安德雷亞斯・萊克維茨：回到批判理論、回到你的共鳴的話題來。共鳴是不是成功與否的判斷標準？我們是不是可以說，這種理論建立的技巧就像是哈伯瑪斯提出溝通合理性、霍耐特提出承認，然後你提出了共鳴？

哈特穆特・羅薩：是，可以這樣說。

安德雷亞斯・萊克維茨：你非常強調要援用參與者的視角。我們也當然可以在經驗的層面上問，參與者在互動和社會關係中是否真的感覺到了共鳴。但就我的理解，你在《共鳴》裡同時採用了一種觀察者的角度，以觀察者的角度去問這是否真的是共鳴。也就是說，你其實也需要一個固定的標準以判斷成功與否，否則你就會陷入主觀視角的任意性。

哈特穆特‧羅薩：對，你這裡講到了一個很重要也很棘手的點。但我直覺上還是強烈覺得這個問題是可以解決的。我可以從觀察者的角度來認識到共鳴是否形成了嗎？還是我必須詢問主體？例如我們這場對談吧。我想我們兩人都可以感覺到這場對談是否成功。這是對成功與否的判斷的一個面向。當我很感謝這場意見交流為我帶來了我之前沒有想到的想法時，或是當我覺得「欸，這個人提出了一個很好的觀點」，或是當我感覺到「我的論點動搖了你，讓你無法再繼續堅守自己原先的立場」時，我相信我們這場對談就是有共鳴的。如果雙方都共同感覺到彼此觸動了對方並且一起參與了腦力激盪的話，那麼對談的雙方會對這場對話有正面的感受。當然也不能排除有一種可能性，即只有我覺得這場對話有真正的共鳴，但事實上只有我不斷在重複一些無聊的話題，只有我不斷在老調重彈，然後你完全說不上話。我們可以架設一台攝影機拍攝這場對談，清楚地指出和可信地證實這件事。錄下來的影片可以反駁「我們的對談很有共鳴」這件事。因為共鳴關係永遠是兩面的，一方面要有主體的經驗面向，另一方面它也要必須是客觀的事件。這很顯然地可以與異化理論進行結構類比。在異化理論那裡，這種兩面性一樣很重要，亦即異化既是主觀的體驗，也是客觀的社會關係。如果人們採用我在方法方面很強調的「觀點二元論」的話，那麼就會同時考量到這兩個方面。簡單來說，共鳴經驗只能從第一人稱的觀點才能理解是什麼樣子的，但共鳴關係是否出現，原則上（也）必須採取第三人稱的觀點才能看到，或甚至進行測量。

安德雷亞斯‧萊克維茨：在我看來，共鳴概念對你來說滿足了兩個功能。一方面它是一個分析概念，同時另一方面也是你的批判理論的試金石。但這樣一種雙重功能難道不會讓人陷入困難嗎？批判理論家自己難道不也有感到很棘手的時候嗎？讓我們以戈培爾在柏林體育宮那惡名昭彰的演說為例。當時整場演說充滿感染力，從很多方面我們都可以看到共鳴關係。我認為有一件事很重要，即我們必須認識到法西斯不是理性的活動，而是以感染力來運作的。但我們也很容易可以想像得到，戈培爾的聽眾恰恰會覺得這種感染力是正面的共鳴關係。如果「第一人稱的視角」對共鳴關係批判理論而言如你所說是很重要的，那麼我會覺得這種理論有很大的問題。

哈特穆特‧羅薩：但我所謂的共鳴不單純只是感染力……

安德雷亞斯‧萊克維茨：當然，你將之稱為共鳴。

哈特穆特・羅薩：……但是，安德雷亞斯，並沒有人這麼說。日常生活中不會有人說「我有共鳴了！」……

安德雷亞斯・萊克維茨：……但就像相機會確實捕捉到的那樣，人們的眼睛是會發光的。

哈特穆特・羅薩：是，我同意你說的。納粹的例子曾經讓我感到非常棘手。當我剛開始發展共鳴理論時，在一次的研討會上有人跟我說：「當我只聽到『共鳴』時，我的背後感到一陣寒意，因為我隨即彷彿看到了法西斯大眾遊行。」我一開始沒想到這件事，所以隨後馬上修正我的理論。我援用了普雷斯納（Helmuth Plessner）將感動與觸動區分開來的做法，將共鳴與回音區分開來。我說要透過對話來進行理論的持續發展，就是這個意思。

安德雷亞斯・萊克維茨：是啊，所以你最終還是作為一位旁觀者在某種程度上進行了修正，說他們那些參與者雖然覺得受到感染而覺得演說活動很偉大，但事實上在那當中根本沒有真正的共鳴，只有表面上的共鳴。

哈特穆特・羅薩：我說過，這取決於兩種視角。我們現在這場對話就是一個例子，我們可以判斷對話過程，對話過程中對話參與者的感受也可能是不一致的。納粹的例子也是這樣。就我對共鳴關係的特殊性質的理解以及所提出的論證來說，納粹的例子裡並沒有共鳴關係。在我的定義裡，共鳴是一種運動，這種運動不只有感染力的要素，而是要同時包含四種要素：感染力、自我效能感、吸納轉化，以及開放地面對結果，亦即不受掌控。在柏林體育宮的那個例子裡，我會說四個要素中有三個要素都缺失了。面對任何情境時我們必須要問，這四個要素是否極端的不對稱。人們可以說，我在當中**感受到了美好生活**，但我作為觀察者必須提出反對並修正這種自我詮釋。但是讓我們看一下右派民粹主義者。他們做了什麼？仇恨、攻擊、憤怒。就算他們當中每一個人因為仇恨而讓眼睛也發光了，但以他們第一人稱的角度看也不會說他們感受到了美好生活。

安德雷亞斯・萊克維茨：但我們在這裡所面對的情境，難道不是首先經驗地觀察共鳴關係，然後第二步去分類出好與壞，而且是從倫理觀點來進行分類的……

哈特穆特・羅薩：不是，我得反對這種說法。不過我得承認，這是共鳴理論中最容易引起爭論的地方。很多人跟我說，共鳴本身無法定義為是好的或定義成好事，而是應該將共鳴區分成正面的和負面的，並且需要再額外補充倫理的評斷標準。但我不想這麼做，即便我知道我這樣子會有多麼麻煩。對我來說，最重要的問題在於例如厭惡、憤怒、殺戮等等情感是否真的會感受到成功的共鳴。舉個例子：我聽了戈培爾的演講，然後走出柏林體育宮時有股衝動想殺掉所有人，所有猶太人、殘障者、同性戀者、俄羅斯人、共產黨員。我的問題是，有這種態度的人真的自己會認真地說這樣子是一種美好生活嗎？老實說我自己覺得這是不可能的。

安德雷亞斯・萊克維茨：但是，共鳴關係和對於美好生活的看法不是兩回事嗎？在社會世界中常常有一種情況，即身在其中的人覺得自己的生活是成功的，但從社會哲學或倫理學的觀點來看卻覺得這是值得批判的。這兩個層面顯然是有落差的。但你在你理論的整個討論卻回避了這兩個層面的分歧。就像哈伯瑪斯在規範的溝通理性理論方面的企圖一樣，你們這種做法在我看來都沒有特別注意到當中的矛盾。你們這些著作難道不是一方面希望促成一種清楚明確的情境，但另一方面卻忽視了日常實踐和生活世界體驗中明明難以忽視的矛盾嗎？有可能參與者覺得有成功的共鳴，你作為觀察者從外面來看也同意這種感覺；但難道不也有可能參與者和觀察者的意見是不一樣的？

哈特穆特・羅薩：沒錯，「對成功的評估要有一致性」是一項基本的理論假設，或可以稱作規範假設（normative Setzung）。我所理解的規範假設，是建議一項詮釋必須自證有效，當然也必須可以被證偽。我們可以從我們談到的兩個方面來提出質疑：從第一人稱的觀點來看，一個人可以堅信自己經歷到的共鳴是不好的，所以這個人不尋求共鳴。但有趣的是幾乎沒有人會這樣，就算心理學上的確當然有一種機制，讓人們由於創傷經驗（亦即受到觸動意指受到傷害）因而發展出一種回避行為。相反的我很常遭遇到的質疑是，有一種共鳴從倫理的角度視之是不好的。但在我看來，好與不好的標準恰恰就在於是否對共鳴是「麻木的」。例如對我來說，種族主義或性別主義就是在面對某一類人的群體時有著結構性的共鳴麻木，不去聆聽對方的聲音。而像當今的動物倫理運動，我認為之所以如此盛行的原因就在於我們（如阿多諾很早已前就已經提到過的）在牲畜的眼中或在掃雷犬的嗚咽中可以感受到共鳴的呼喚。

馬丁・鮑爾：讓我們回到一開始的問題，亦即現代社會理論是否必須是批判的，以及

現代社會理論作為社會學該基於什麼以提出批判的標準。顯然，哈特穆特‧羅薩的標準是成功的共鳴關係，而這首先可以從第一人稱觀點來進行研究。安德雷亞斯‧萊克維茨則相反地基於一套他所謂的批判分析的程序。這套程序旨在從系譜學的觀點將社會中本來看來理所當然的事變得不那麼理所當然。如果「現代」這個標籤如萊克維茨強調的是一種沿革，那麼社會學家在面對理所當然的事情時就必須援用傅柯的理論來問，「現代」是如何在歷史中形成的，當中有哪些不同的力量在起作用而讓它可能是一種沿革。

安德雷亞斯‧萊克維茨：事實上，我所謂的批判分析跟我關於現代性的社會學研究的社會體理論框架是緊密結合在一起的。批判分析處於「偶然性的開啟」這個面向上。如果人們假設「現代」產生了偶然性的開啟與偶然性的封閉之間的辯證的話，那麼我會認為人文科學，連同社會學與社會體理論，必須一同探討偶然性的開啟。當然，這種探討是學科內部的實踐，是在理論的層次上透過系譜學的重構來揭示創造性的人為性，揭示獨異性與其他社會現象及社會實體。以此而言，這種探討無可避免會有或多或少的規範主義。即便我常聲明我的理論是非規範性的，但批判分析當然不會連一點規範性都完全沒有。重點在於人們已處於偶然性的開啟面向上了——而這就是現代。

　　不過我不會說在社會實踐中偶然性的封閉本身是不好的、必須將所有封閉的偶然性都打開。當然不是這樣的。好或不好本身是政治問題或倫理問題。在理論、知識、認知的面向上，重點在於我們必須澄清每個分析對象的人為性，探討造就了分析對象的結構與系譜，釐清分析對象運作中所隱含的規範化，分析僅在表面上具備普遍有效性的理性化觀念。至於在科學外部的實踐該怎麼做，是另外一回事。這是政治論述的問題，雖然這個問題在知識上當然可以透過科學內部的實踐來進行準備。有了批判分析作為基礎，我們就可以知道該怎麼做決定，因為我們已經透過社會學做好了準備、澄清了原先不清楚的脈絡。例如如果我們想判斷社會的獨異性邏輯是否是不好的或有害的，那麼很重要的一點是要先去理解這種邏輯的遊戲規則是什麼。因為通常行動者是在沒有意識到社會的獨異化邏輯的情況下覺得某事物「確實是」獨一無二的。但澄清當中的邏輯，完全不意味著我們一定要得出「我們的制度或生活形式不該想著獨異化」的結論。也可能我們最終下的判斷是「很好，我們現在知道這個邏輯是怎麼運作的了，而且這個邏輯沒什麼毛病。」批判分析的重點在於反思實踐。社會學並不示範要做什麼事或要開啟什麼偶然性。對文化資本主義機制進行批判分析，不意味著就一定要覺得這種機制該被廢止掉。批判分析的重點更多在於透過分析開啟可能性。或

是指出介入的可能性。至於這對於這個社會來說是否有用、是否有意義，是另外一個問題。

哈特穆特·羅薩：但你也說，這種開啟可能性、拓展可能視域的渴望，本身是一種現代的現象⋯⋯

安德雷亞斯·萊克維茨：⋯⋯對⋯⋯

哈特穆特·羅薩：⋯⋯所以你不也還是在現代社會當中採取了更為贊成某個觀點的立場嗎？

安德雷亞斯·萊克維茨：我是在理論的層次上採取立場的。如果是作為一位從政治的層次上進行思考的人的話，我當然會說「我們必須造就某種制度性的秩序，滿足某個標準。」但作為社會學家，我更多是在科學領域和知識領域當中遊走的，並且我旨在透過分析的工作呈現人為性。這不是說我完全沒有任何規範性的表述。人們也可以跨出分析的邊界，走進政治評價。但人們必須意識到，跨出去之後所進行的討論就是另外一回事了。如果獨異化邏輯某種程度上走得太遠，讓人們認為只有獨異性才算數，並將一般性完全給排擠掉的話，那麼我才可能會在政治上掉頭，說：這種情況下我們應該**做出一般性**。但這種嘗試已經是一種政治性的介入了，雖然當然不是不行，但不是必須得如此。其他的行動者從同樣的診斷可能會得出不同的後果。

哈特穆特·羅薩：你將科學分析與政治立場的採取區分開來，指出科學與政治論述是不同的領域。很多人也都這麼做，因為很有道理。但我則相反地嘗試給出一種說明，在說明中我將政治和規範結合在一起⋯⋯

安德雷亞斯·萊克維茨：⋯⋯這是典型的批判理論傳統，對於批判理論傳統來說這兩者是相互構成的。

哈特穆特·羅薩：根本上來說沒錯。我的分析強調對總體現代形態進行批判，而且是對其**兩方面**進行批判，一方面是結構邏輯，另一方面是文化視域。如我宣稱的，現代性的結構和文化都走向了一個我所批判的方向。如果人們將批判視為一種社會學式的

採取立場的做法，而且事實上社會學也認爲該這麼做的話，那麼這種做法就必須有一種——更準確地說——超越形態的視角。但就我的閱讀，你不是這樣的。用泰勒的話來說，我自認是現代蔑視者，或至少是現代批判者；但我相信你不是這樣的，你說你是在現代性的視域之內——亦即在偶然性的開啟這方面——進行探討的。

安德雷亞斯・萊克維茨：對，我是在現代的矛盾中游移的。當我表明立場，呼籲人們應懷疑整個現代的走向時，我的這種立場就會傾向反對主流邏輯——但這就是典型的現代邏輯。現代的邏輯就是用批判的偶然性的開啟回應偶然性的封閉。如果人們都發現獨異化邏輯已經發展得太過度了，那麼人們就會開始要求一般性邏輯。如果我們現在身處 1960 年代，亦即工業現代的發展高峰，那麼我們的批判就必然會傾向另一個方向，亦即會希望引入差異、支持獨異化。或是我們可能會高呼「請更感性一點！」但我懷疑，晚期現代文化可能已經太過強調感性了。我的這項判斷可能也標示了我們之間的另一個差異。我可能更加贊成要冷淡一點、去情感化。但如果我身處 1960 年代，一個太過冷淡的時代，我一定會站在另一個立場上，會更支持情感化。這樣看來，我所理解的批判分析所針對的是一個「不斷移動中的目標」。因爲歷史總是不斷在改變，因此批判也必須不斷改變。

哈特穆特・羅薩：當我在看你的三組對立——亦即理性化對上文化化，普遍化對上獨異化，偶然性的封閉對上偶然性的開啟——的時候，我感覺你的「不斷移動中的目標」在前兩組對立上認爲平衡是必要的，但在偶然性方面你卻明顯更傾向開放性。但你不認爲我們在某些情況下也需要偶然性的封閉嗎？我想到的是例如勞動保護法、租戶權益保障法等法規。尤其是新自由主義，在無數舞台上總是只打著偶然性的開放旗幟。

安德雷亞斯・萊克維茨：的確，但他們的做法也同時會造成封閉性……

哈特穆特・羅薩：從另外一面來看是這樣沒錯啦，但是……

安德雷亞斯・萊克維茨：……市場化是一件新的緊身衣。在開放態度、必要的動態化、適當的放鬆管制中，堅硬的結構都會被打破，使得偶然性的開放取而代之，但這隨後會導致市場的無處不在。認爲例如租戶權益保障法這類的事物會封閉了偶然性的想

法，其實更多是新自由主義的偏見。與新自由主義的想法相反的是，租戶權益保障法其實也可以開啟偶然性，例如它讓人們可以想像另一種基礎建設的可能性。

哈特穆特・羅薩：這裡的問題是，我們究竟該從哪個角度出發對偶然性進行規範判斷。很可能所有「正在移動中」的事物都包含兩者，所有決定都會伴隨著偶然性的封閉。

安德雷亞斯・萊克維茨：我們剛剛就已經提到這個角度了。從純邏輯的方面來看人們的確可以說所有決定都會伴隨著偶然性的封閉，但從歷史的方面來看更開放的階段和更封閉的階段還是可以被區分開來的。現代性的其中一項特質，就是對已存在的事物進行不斷的修正。今天也是這樣，任何事都不被允許一如往昔。有問題的限制、不公正、異化趨勢，都必須被排除掉。這會在某些要點上開啟偶然性趨勢。但這種開啟是一體兩面的，在一段時間之後它就會變成一種新的封閉了。曾經的解放，在某個時候總會變成某種壓迫或有問題的事物，而批判分析必須對這種辯證保持敏銳度。

哈特穆特・羅薩：我相信你在這裡需要行動者視角。這裡我再次看到我們兩人的共通點與差異。你講的是偶然性的開啟與偶然性的封閉，我講的是可受掌控與不受掌控。我認為，現代性的運動──這也是你根本上感興趣的議題之一──旨在擴展可受掌控的視域，這種視域亦是主體可行動的領域。偶然性是從第三人稱視角來看的事情。偶然性是提升了還是降低了，要從外在的角度進行觀察。然而不論是現代發展還是你的診斷，重點都在於主觀的視角。從主觀的視角來看，問題不在於偶然性的提升或降低，而在於自己可掌控的範圍大不大。

安德雷亞斯・萊克維茨：這對我來說完全是另一個問題。我的重點首先根本不在於偶然性的提升或降低，而在於封閉過程，以及這種封閉過程如何與霸權化策略關聯在一起。

馬丁・鮑爾：但您如此支持現代的革命原則，難道不是讓您的批判分析的系譜概念含有一種強烈的自由主義宣稱嗎？

安德雷亞斯・萊克維茨：我沒有在強烈宣稱什麼事。

<u>馬丁‧鮑爾</u>：是啦，萊克維茨教授，還好您不像我口氣那麼強烈……

安德雷亞斯‧萊克維茨：〔笑〕我會傾向說我這是一種最低限度的規範主義。「強烈宣稱」在我聽來太過攻擊性了。

<u>馬丁‧鮑爾</u>：但我是否依然可以認為您「優雅地」持有一種自由主義的立場呢？

安德雷亞斯‧萊克維茨：「自由主義」不是一個簡單的概念。美國也有所謂的「自由主義者」，而我完全不是這種人。但自由主義是一種偏好開啟新可能性的立場，不論是在制度方面、還是在生活形式方面。

哈特穆特‧羅薩：原則上我對這種立場是很有好感的。我會說在情感上我和你都是站在傅柯這一邊的。我的知識學習歷程是在批判理論的環境中進行的。我以前覺得傅柯對規範問題不感興趣，也未曾提出過規範準則。但後來我才領悟到，傅柯所謂的逾越，亦即人們可以在超出邊界瞬間突然開啟未曾想過的可能性，不僅關乎自由，而且也關乎我所謂的「成功」的經驗面向。

安德雷亞斯‧萊克維茨：傅柯在這方面的想法是比較隱諱的。我所謂的最低限度的規範主義無疑和現代的自由概念息息相關。這是一種在羅蒂的著作《偶然，反諷與團結》意義上的偶然意識中的自由。

<u>馬丁‧鮑爾</u>：我覺得很有啟發的是，您的社會體理論有很鮮明的偶然性意識，讓您因而提出了一種批判分析類型，並認為社會學啟蒙比具體情境的介入更為重要……

安德雷亞斯‧萊克維茨：沒錯……

<u>馬丁‧鮑爾</u>：您旨在回應某種歷史情境，並且可能會反對任何想進行具體情境介入的嘗試……

安德雷亞斯‧萊克維茨：……對。或是說，之所以介入是具體情境的，就是因為同樣的做法在其他地方和／或不同的時間點可能會變成另外一種值得批判的事。

哈特穆特・羅薩：我完全懂你的說法，事實上我在面對我自己的理論時也總是會猶豫不定，懷疑自己的想法是否會太偏頗，自己的觀念是否太過神聖，對於總體共鳴世界的看法是否太過烏托邦。這種偏頗也讓我時不時遭到批評，因爲這種偏頗很容易受到政治的濫用。只要奇蹟還沒有發生——我知道救世主終會降臨並審判一切——我作爲社會學家就當然不會假設我們可以期待有一個完全共鳴的世界。相反的，我基於概念上的理由認爲這是不可能的。也許這也是我們另一個共通點？無論如何，在我看來，社會科學、整個人文科學的任務，就在於具體且根據情境分析異化的時刻，分析共鳴如何遭受阻礙。我完全不會老是脫離現實地抱怨「以前的一切都比現在好」。壓迫的情境一直都存在著，共鳴遭到阻撓的情況一直都存在著，尤其是在家父長制的和獨裁式的統治情境中更是如此。而今天阻礙共鳴的是另外的情況和不同的場景。所以，就像你認爲的那樣，「對批判需要介入的場合進行重新表述」是一項持續的且必須不斷更新的任務。共鳴關係批判不是憑空出現的。

安德雷亞斯・萊克維茨：但你已經用上一種攻擊性的、規範性的尺度了。而我談的批判分析是另外一回事，它不會這麼做。

馬丁・鮑爾：在羅薩教授這裡，法蘭克福學派所謂的韋伯式的新馬克思主義——順帶一提，這也可以追溯到早期的盧卡奇（Georg Lukács）——是清晰可見的。包括羅薩教授的現代性理論中強調的「鐵籠」概念，霍克海默、阿多諾、馬庫塞等人的讀者們也不會感到陌生。不過您透過泰勒的哲學思想爲批判理論開闢了一個至今未曾被涉足的新的觀察領域。您換了另一種表達方式，認爲最關鍵的一件事在於介入必須不斷根據具體情況而定，而萊克維茨教授同樣認爲社會學必須不斷考慮到具體情況。

哈特穆特・羅薩：我相信這是我們的共識。

國家圖書館出版品預行編目(CIP)資料

危機中的晚期現代社會：社會理論能做什麼？／
Andreas Reckwitz, Hartmut Rosa著；鄭作彧
譯. -- 初版. -- 臺北市：五南圖書出版股
份有限公司, 2023.11
　面；　公分
ISBN 978-626-366-750-1(平裝)

1.CST: 社會學理論 2.CST: 社會學

540.2　　　　　　　　　　112018139

1J1F

危機中的晚期現代社會：
社會理論能做什麼？

作　　　者 — Andreas Reckwitz、Hartmut Rosa

譯　　　者 — 鄭作彧

發 行 人 — 楊榮川

總 經 理 — 楊士清

總 編 輯 — 楊秀麗

副總編輯 — 李貴年

責任編輯 — 黃淑真、何富珊

封面設計 — 陳亭瑋

出 版 者 — 五南圖書出版股份有限公司

地　　　址：106台北市大安區和平東路二段339號4樓

電　　　話：(02)2705-5066　　傳　　　真：(02)2706-6100

網　　　址：https://www.wunan.com.tw

電子郵件：wunan@wunan.com.tw

劃撥帳號：01068953

戶　　　名：五南圖書出版股份有限公司

法律顧問　林勝安律師

出版日期　2023年11月初版一刷

定　　　價　新臺幣330元

經典永恆・名著常在

五十週年的獻禮——經典名著文庫

五南，五十年了，半個世紀，人生旅程的一大半，走過來了。

思索著，邁向百年的未來歷程，能為知識界、文化學術界作些什麼？

在速食文化的生態下，有什麼值得讓人雋永品味的？

歷代經典・當今名著，經過時間的洗禮，千錘百鍊，流傳至今，光芒耀人；

不僅使我們能領悟前人的智慧，同時也增深加廣我們思考的深度與視野。

我們決心投入巨資，有計畫的系統梳選，成立「經典名著文庫」，

希望收入古今中外思想性的、充滿睿智與獨見的經典、名著。

這是一項理想性的、永續性的巨大出版工程。

不在意讀者的眾寡，只考慮它的學術價值，力求完整展現先哲思想的軌跡；

為知識界開啟一片智慧之窗，營造一座百花綻放的世界文明公園，

任君遨遊、取菁吸蜜、嘉惠學子！